古典名著白文本

战国策

[西汉]刘向 撰

李维琦 点校

CNS PUBLISHING & MEDIA 中南出版传媒
岳麓书社·长沙

图书在版编目(CIP)数据

战国策/(西汉)刘向撰. —长沙:岳麓书社,2015.2(2022.10 重印)
ISBN 978-7-5538-0313-5

Ⅰ.①战… Ⅱ.①刘… Ⅲ.①中国历史—战国时代—史籍
Ⅳ.①K231.04

中国版本图书馆 CIP 数据核字(2014)第 306993 号

ZHANGUOCE

战国策

撰　　者　[西汉]刘　向
责任编辑　彭卫才
责任校对　舒　舍
封面设计　刘　峰

岳麓书社出版发行
地址:湖南省长沙市爱民路 47 号
直销电话:0731-88804152　0731-88885616
邮编:410006

版次:2015 年 2 月第 1 版
印次:2022 年 10 月第 4 次印刷
开本:890mm×1240mm　1/32
印张:9.875
字数:248 千字
印数:15 101—18 100
ISBN 978-7-5538-0313-5
定价:45.80 元

承印:廊坊市博林印务有限公司

如有印装质量问题,请与本社印务部联系
电话:0731-88884129

出版说明

《战国策》是一部国别体史书,又称《国策》。它记载了东周、西周及秦、齐、楚、赵、魏、韩、燕、宋、卫、中山各国之事,记事年代起于战国初年,止于秦灭六国,约有240年。分为12策,33卷,共497篇。主要记述了战国时期的纵横家的政治主张和言行策略。本书亦展示了东周战国时代的历史特点和社会风貌,是研究战国历史的重要典籍。作者并非一人,成书并非一时,书中文章作者大多不知是谁。西汉末刘向编定为三十三篇,书名亦为刘向所拟定。《战国策》是古代汉民族的一部历史学名著。

20世纪80年代以来,我社以打造经典为己任,力倡“花最少的钱买最好的书”。此次出版的《战国策》是以《四库备要》为底本,并参照了其他诸本。原本只分卷而无篇目,现以每节句首为题而编为目录,以利阅读与翻检,力求“原汁原味”地满足广大读者的需要。

目　　录

卷一　东周

卷二 西周

卷三 秦一

卷四 秦二

卷七　秦五

卷八　齐一

卷九 齐二

卷十 齐三

卷十一 齐四

卷十二 齐五

卷十三 齐六

卷十四 楚一

卷十五　楚二

卷十六　楚三

卷十七　楚四

卷十八 赵一

卷十九　赵二

卷二十　赵三

卷二十一　赵四

卷二十二 魏一

卷二十三 魏二

卷二十四 魏三

卷二十五　魏四

卷二十六 韩一

卷二十七　韩二

卷二十八　韩三

卷二十九　燕一

卷三十　燕二

卷三十一　燕三

卷三十二　宋卫

卷三十三　中山

卷一 东周

秦兴师临周而求九鼎

秦兴师临周而求九鼎,周君患之,以告颜率。颜率曰:“大王勿忧,臣请东借救于齐。”

颜率至齐,谓齐王曰:“夫秦之为无道也,欲兴兵临周而求九鼎。周之君臣内自画计:与秦,不若归之大国。夫存危国,美名也;得九鼎,厚实也。愿大王图之!”齐王大悦,发师五万人,使陈臣思将,以救周,而秦兵罢。

齐将求九鼎,周君又患之。颜率曰:“大王勿忧,臣请东解之。”颜率至齐,谓齐王曰:“周赖大国之义,得君臣父子相保也,愿献九鼎,不识大国何途之从而致之齐?”齐王曰:“寡人将寄径于梁。”颜率曰:“不可。夫梁之君臣,欲得九鼎,谋之晖台之下,少海之上,其日久矣。鼎入梁,必不出。”齐王曰:“寡人将寄径于楚。”对曰:“不可。楚之君臣,欲得九鼎,谋之于叶庭之中,其日久矣。若入楚,鼎必不出。”王曰:“寡人终何途之从而致之齐?”颜率曰:“弊邑固窃为大王患之。夫鼎者,非效醯壶酱瓿耳,可怀挟提挈以至齐者;非效鸟集乌飞兔兴马逝,漓然可至于齐者。昔周之伐殷,得九鼎,凡一鼎而九万人挽之,九九八十一万人,士卒师徒器械被具所以备者称此。今大王纵有其人,何途之从而出?臣窃为大王私忧之。”齐王曰:“子之数来者,犹无与耳!”颜率曰:“不敢欺大国,疾定所从出,弊邑迁鼎以待命。”齐王乃止。

秦攻宜阳

秦攻宜阳,周君谓赵累曰:“子以为何如?”对曰:“宜阳必拔也。”君曰:“宜阳城方八里,材士十万,粟支数年;公仲之军二十万,景翠以楚之众临山而救之,秦必无功。”对曰:“甘茂,羁旅也。攻宜阳而有功,则周公旦也;无功,则削迹于秦。秦王不听群臣父兄之议而攻宜阳,宜阳不拔,秦王耻之。臣故曰拔。”君曰:“子为寡人谋,且奈何?”对曰:“君谓景翠曰:‘公爵为执圭,官为柱国。战而胜,则无加焉矣;不胜,则死。不如(背)[胥]秦拔宜阳,公进兵,秦恐公之乘其弊也,必以宝事公;公仲慕公之为己乘秦也,亦必尽其宝。’”

秦拔宜阳,景翠果进兵。秦惧,遽效煮枣。韩氏果亦效重宝。景翠得城于秦,受宝于韩,而德东周。

东周与西周战

东周与西周战,韩救西周。为东周谓韩王曰:“西周者,故天子之国也,多名器重宝。案兵而勿出,可以德东周,西周之宝可尽矣。”

东周与西周争

东周与西周争,西周欲和于楚、韩。齐明谓东周君曰:“臣恐西周之与楚、韩宝,令之为己求地于东周也。不如谓楚、韩曰:‘西周之欲入宝,持二端,今东周之兵不急西周,西周之宝不入楚、韩。’楚、韩欲得宝,即且趣我攻西周。西周宝出,是我为楚、韩取宝以德之也。西周弱矣。”

东周欲为稻

东周欲为稻,西周不下水,东周患之。苏了谓东周君口:“臣请使西周下水,可乎?”

乃往见西周之君曰:“君之谋过矣!今不下水,所以富东周也。今其民皆种麦,无他种矣。君若欲害之,不若一为下水,以病其所种。下水,东周必复种稻;种稻而复夺之。若是,则东周之民可令一仰西周而受命于君矣。”

西周君曰:“善。”遂下水。苏子亦得两国之金也。

昭献在阳翟

昭献在阳翟,周君将令相国往,相国将不欲。苏厉为之谓周君曰:“楚王与魏王遇也,主君令陈封之楚,令向公之魏。楚、韩之遇也,主君令许公之楚,令向公之韩。今昭献非人主也,而主君令相国往。若其王在阳翟,主君将令谁往?”周君曰:“善。”乃止其行。

秦假道于周以伐韩

秦假道于周以伐韩,周恐假之而恶于韩,不假而恶于秦。史黡谓周君曰:“君何不令人谓韩公叔曰:‘秦敢绝塞而伐韩者,信东周也。公何不与周地,发重使使之楚?秦必疑,不信周。是韩不伐也。’又谓秦王曰:‘韩强与周地,将以疑周于秦,寡人不敢弗受。’秦必无辞而令周弗受。是得地于韩,而听于秦也。”

楚攻雍氏

楚攻雍氏，周粻秦、韩。楚王怒周，周之君患之。为周谓楚王曰："以王之强而怒周，周恐，必以国合于所与粟之国，则是劲王之敌也。故王不如速解周恐，彼前得罪而后得解，必厚事王矣。"

周最谓吕礼

周最谓吕礼曰："子何不以秦攻齐？臣请令齐相子，子以齐事秦，必无处矣。子因令周最居魏以共之，是天下制于子也。子东重于齐，西贵于秦。秦、齐合，则子常重矣。"

周相吕仓见客于周君

周相吕仓见客于周君。前相工师藉恐客之伤己也，因令人谓周君曰："客者，辩士也。然而所以不可者，好毁人。"

周文君免工师藉

周文君免工师藉，相吕仓，国人不说也。君有闵闵之心。

谓周文君曰："国必有诽誉。忠臣令诽在己，誉在上。宋君夺民时以为台，而民非之，无忠臣以掩盖之也。子罕释相为司空，民非子罕而善其君。齐桓公宫中(七)[九]市，女闾七百，国人非之。管仲故为三归之家，以掩桓公(，非自伤于民也？)[之非也。]《春秋》记臣弑君者以百数，皆大臣见誉者也。故大臣得誉，非国家之美也。故众庶成强,增积成山。”周君遂不(免)[问]。

温人之周

温人之周,周不纳(客。即)[。问曰:“客耶?”]对曰:“主人也。”问其巷而不知也,吏因囚之。

君使人问之曰:“子非周人,而自谓非客,何也?”对曰:“臣少而诵《诗》,《诗》曰:‘普天之下,莫非王土。率土之滨,莫非王臣。’今周君天下,则我天子之臣,而又为客哉?故曰‘主人’。”君乃使吏出之。

或为周最谓金投曰

或为周最谓金投曰:“秦以周最之齐疑天下,而又知赵之难予齐人战;恐齐、韩之合,必先合于秦。秦、齐合,则公之国虚矣。公不如救齐,因佐秦而伐韩、魏,上党、长子,赵之有已!公东收宝于秦,南取地于韩,魏因以因徐为之东,则有合矣。”

周最谓金投曰

周最谓金投曰:“公负(令)[合]秦与强齐战,战胜,秦且收齐而封之,使无多割而(听)[德]天下之战;不胜,国大伤,不得不听秦。秦尽韩、魏之上党,大原之西,秦之有已!秦地,天下之半也,制齐、楚、三晋之命。复国,且身危,是何计之道也!”

石行秦谓大梁造曰

石行秦谓大梁造曰:“欲决霸王之名,不如备两周辩知之士。”谓周君曰:“君不如令辩知之士为君争于秦。”

谓薛公曰

谓薛公曰:“周最于齐王也而逐之。听祝弗相吕礼者,欲取秦。秦、齐合,弗与礼重矣。有用齐,秦必轻君。君弗如急北兵,趋赵以和秦、魏,收周最以(为后)[属]行。(且)[是]反齐王之信,又禁天下之率。齐无秦,天下(果)[谋],弗必走,齐王谁与为其国?”

齐听祝弗

齐听祝弗,外周最。谓齐王曰:“逐周最、听祝弗、相吕礼者,欲深取秦也。秦得天下,则伐齐深矣。夫齐合,则赵恐伐,故急兵以示秦。秦以赵攻,与之齐伐赵,其实同理,必不处矣。故用祝弗,即天下之理也。”

苏厉为周最谓苏秦曰

苏厉为周最谓苏秦曰:“君不如令王听最,以地合于魏、赵,故必怒合于齐。是君以合齐与强楚吏产子。君若欲因最之事,则合齐者,君也;割地者,最也。”

谓周最曰

谓周最曰:“仇赫之相宋,将以观秦之应赵、宋,败三国。三国不败,将兴赵、宋合于东方以孤秦。亦将观韩、魏之于齐也。不固,则将与宋败三国,则卖赵、宋于三国。公何不令人谓韩、魏之王曰:‘欲秦、赵之相卖乎?何不合周最兼相?视之不可离,则秦、赵必相卖以合于王也。’”

为周最谓魏王

为周最谓魏王曰:“秦知赵之难与齐战也,将恐齐、赵之合也,必阴劲之。赵不敢战,恐秦不己收也,先合于齐。秦、赵争齐而王无人焉,不可。王不去周最,合与收齐,而以兵之急,则伐齐无因事也。”

谓周最曰

谓周最曰:“魏王以国与先生,贵合于秦以伐齐。薛公故主,轻忘其薛,不顾其先君之丘墓。而公独修虚信为茂行,明群臣据故主,不与伐齐者,产以忿强秦,不可。公不如谓魏王、薛公曰:‘请为王入齐,天下不能伤齐。而有变,臣请为救之;无变,王遂伐之。且臣为齐奴也,如累王之交于天下,不可。王为臣赐厚矣,臣入齐,则王亦无齐之累也。’”

赵取周之祭地

赵取周之祭地，周君患之，告于郑朝。郑朝曰："君勿患也！臣请以三十金复取之。"周君予之。郑朝献之赵太卜，因告以祭地事。及王病，使卜之。太卜谴之曰："周之祭地为祟。"赵乃还之。

杜赫欲重景翠于周

杜赫欲重景翠于周，谓周君曰："君之国小，尽君之重宝珠玉以事诸侯，不可不察也。譬之如张罗者，张于无鸟之所，则终日无所得矣；张于多鸟处，则又骇鸟矣；必张于有鸟无鸟之际，然后能多得鸟矣。今君将施于大人，大人轻君；施于小人，小人无可以求，又费财焉。君必施于今之穷士不必且为大人者，故能得欲矣。"

周共太子死

周共太子死，有五庶子，皆爱之，而无适立也。司马翦谓楚王曰："何不封公子咎而为之请太子？"左成谓司马翦曰："周君不听，是公之知困而交绝于周也。不如谓周君曰：'孰欲立也？微告翦，翦令楚王资之以地。'公若欲为太子，因令人谓相国御展子、廧夫空曰：'王类欲令若为之，此健士也，居中不便于相国。'"相国令之为太子。

三国隘秦

三国隘秦。周令其相之秦，以秦之轻也，留其行。有人谓相国曰:“秦之轻重,未可知也。秦欲知三国之情,公不如遂见秦王,曰‘请为王听东方之处’,秦必重公。是公重周,重周以取秦也。齐重,故有周,而已取齐。是周常不失重国之交也。”

昌他亡西周

昌他亡西周,之东周,尽输西周之情于东周。东周大喜,西周大怒。冯且曰:“臣能杀之。”君予金三十斤。冯且使人操金与书,间遗昌他。书曰:“告昌他,事可成,勉成之;不可成,亟亡来。事久且泄,自令身死!”因使人告东周之候曰:“今夕有奸人当入者矣。”候得而献东周,东周立杀昌他。

昭翦与东周恶

昭翦与东周恶。或谓昭翦曰:“为公画阴计。”昭翦曰:“何也?”“西周甚憎东周,尝欲东周与楚恶。西周必令贼贼公,因宣言东周也,以西周之于王也[善]。”昭翦曰:“善。”(吾)又恐东周之贼己而以轻西周恶之于楚。遽和东周。

严氏为贼

严氏为贼,而阳竖与焉。道周,周君留之十四日,载以乘车驷马而遣之。韩使人让周,周君患之。客谓周君曰:“正语之曰:‘寡人知严氏之为贼,而阳竖与之,故留之十四日以待命也。小国不足,(亦)[其]以容贼?君之使又不至,是以遣之也。’”

卷二　西周

薛公以齐为韩魏攻楚

薛公以齐为韩魏攻楚，又与韩、魏攻秦，而借兵乞食于西周。韩庆为西周谓薛公曰："君以齐为韩、魏攻楚，九年而取宛、叶以北以强韩、魏，今又攻秦以益之。韩、魏南无楚忧，西无秦患，则地广而益重，齐必轻矣。夫本末更盛，虚实有时，窃为君危之。君不如令弊邑阴合于秦而君无攻，又无借兵乞食。君临函谷而无攻，令弊邑以君之情谓秦王曰：'薛公必破秦以张韩、魏。所以进兵者，欲王令楚割东国以与齐也。'秦王出，楚王以为和，君令弊邑以此忠秦，秦得无破，而以楚之东国自免也，必欲之。楚王出，必德齐。齐得东国而益强，而薛世世无患。秦不大弱，而处之三晋之西，三晋必重齐。"

薛公曰："善。"因令韩庆入秦，而使三国无攻秦，而使不借兵乞食于西周。

秦(攻)[败]魏将犀武军于伊阙

秦(攻)[败]魏将犀武军于伊阙，进兵而攻周。为周最谓李兑曰："君不如禁秦之攻周。赵之上计，莫如令秦、魏复战。今秦攻周而得之，则众必多伤矣。秦欲待周之得，必不攻魏；秦若攻周而不得，前有胜魏之劳，后有攻周之败，又必不攻魏。今君禁之，而秦未与魏讲也。而全赵令其止，必不敢不听，是君却秦而定周也。秦去周，必复攻魏，魏不能支，必因君而讲，则君重矣。若魏不讲而疾支之,是君存周而战秦、魏也,重亦尽在赵。”

秦令樗里疾以车百乘入周

秦令樗里疾以车百乘入周,周君迎之以卒,甚敬。楚王怒,让周,以其重秦客。

游腾谓楚王曰:“昔智伯欲伐厹由,遗之大钟,载以广车,因随入以兵,厹由卒亡,无备故也。桓公伐蔡也,号言伐楚,其实袭蔡。今秦者,虎狼之国也,兼有吞周之意,使樗里疾以车百乘入周,周君惧焉。以蔡、厹由戒之,故使长兵在前,强弩在后,名曰卫疾,而实囚之也。周君岂能无爱国哉?恐一日之亡国而忧大王。”楚王乃悦。

雍氏之役

雍氏之役,韩征甲与粟于周。周君患之,告苏代。苏代曰:“何患焉?代能为君令韩不征甲与粟于周,又能为君得高都。”周君大悦,曰:“子苟能,寡人请以国听。”

苏代遂往见韩相国公中,曰:“公不闻楚计乎?昭应谓楚王曰:‘韩氏罢于兵,仓廪空,无以守城,吾收之以饥,不过一月,必拔之。’今围雍氏五月,不能拔,是楚病也。楚王始不信昭应之计矣。今公乃征甲及粟于周,此告楚病也。昭应闻此,必劝楚王益兵守雍氏,雍氏必拔。”公中曰:“善。然吾使者已行矣。”代曰:“公何不以高都与周?”公中怒曰:“吾无征甲与粟于周,亦已多矣!何为与高都?”代曰:“与之高都,则周必折而入于韩。秦闻之,必大怒,而焚周之节,不通其使。是公以弊高都得完周也,何不与也?”

公中曰:“善。”不征甲与粟于周而与高都。楚卒不拔雍氏而去。

周君之秦

周君之秦。谓周最曰:“不如誉秦王之孝也,因以应为太后养地,秦王、太后必喜,是公有秦也。交善,周君必以为公功;交恶,劝周君入秦者,必有罪矣。”

苏厉谓周君

苏厉谓周君曰:“败韩、魏,杀犀武,攻赵,取蔺、离石、祁者,皆白起。是攻用兵,又有天命也。今攻梁,梁必破,破则周危,君不若止之。”

谓白起曰:“楚有养由基者,善射。去杨叶百步而射之,百发百中。左右皆曰‘善’。有一人过,曰:‘善射,可教射矣。’养由基曰:‘人皆善,子乃曰可教射。子何不代我射之也?’客曰:‘我不能教子支左屈右。夫射柳叶者,百发百中而不已善息,少焉气力倦,弓拨矢拘,一发不中,前功尽矣。’今公破韩、魏,杀犀武,而北攻赵,取蔺、离石、祁者,公也。公之功甚多。今公又以秦兵出塞,过两周,践韩而以攻梁。一攻而不得,前功尽灭。公不若称病不出也。”

楚兵在山南

楚兵在山南,吾得将为楚王属怒于周。或谓周君曰:“不如令太子将军正迎吾得于境,而君自郊迎,令天下皆知君之重吾得也。因泄之楚,曰:‘周君所以事吾得者器,名曰谋楚某。’楚王必求之,而吾得无效也,王必罪之。”

楚请道于二周之间

楚请道于二周之间，以临韩、魏，周君患之。苏秦谓周君曰："除道属之于河，韩、魏必恶之。齐、秦恐楚之取九鼎也，必救韩、魏而攻楚。楚不能守方城之外，安能道二周之间？若四国弗恶，君虽不欲与也，楚必将自取之矣。"

司寇布为周最谓周君曰

司寇布为周最谓周君曰："君使人告齐王以周最不肯为太子也，臣为君不取也。函冶氏为齐太公买良剑，公不知善，归其剑而责之金。越人请买之千金，折而不卖。将死，而属其子曰：'必无独知。'今君之使最为太子，独知之契也，天下未有信之者也。臣恐齐王之谓君实立果而让之于最，以嫁之齐也。君为多巧，最为多诈。君何不买信货哉？奉养无有爱于最也，使天下见之。"

秦召周君

秦召周君，周君难往。或为周君谓魏王曰："秦召周君，将以使攻魏之南阳。王何不出于河南？周君闻之，将以为辞于秦而不往。周君不入秦，秦必不敢越河而攻南阳。"

犀武败于伊阙

犀武败于伊阙，周君之魏求救。魏王以上党之急辞之。周君反,见梁囿而乐之也。綦母恢谓周君曰:“温囿不下此,而又近,臣能为君取之。”

反见魏王,王曰:“周君怨寡人乎?”对曰:“不怨,且谁怨王?臣为王有患也。周君,谋主也,而设以国为王捍秦,而王无之捍也,臣见其必以国事秦也。秦悉塞外之兵与周之众以攻南阳,而两上党绝矣。”魏王曰:“然则奈何?”綦母恢曰:“周君形不小利,事秦而好小利。今王许戍三万人与温囿,周君得以为辞于父兄百姓,而利温囿以为乐,必不合于秦。臣尝闻温囿之利,岁八十金,周君得温囿,其以事王者岁百二十金,是上党无患而赢四十金。”魏王因使孟卯致温囿于周君,而许之戍也。

韩魏易地

韩魏易地,西周弗利。樊馀为周谓楚王曰:“周必亡矣。韩、魏之易地,韩得二县,魏亡二县。所以为之者,尽包二周,多于二县,九鼎存焉。且魏有南阳、郑地、三川,而包二周,则楚方城之外危;韩兼两上党以临赵,即赵羊肠以上危。故易成之日,楚、赵皆轻。”楚王恐,因赵以止易也。

秦欲攻周

秦欲攻周,周最谓秦王曰:“为王之国计者,不攻周。攻周,实不足以利国,而声畏天下。天下以声畏秦,必东合于齐。兵弊于周而合天下于齐,则秦孤而不王矣。是天下欲罢秦,故劝王攻周。秦与天下俱罢,则令不横行于周矣。”

宫他谓周君曰

宫他谓周君曰："宛恃秦而轻晋，秦饥而宛亡；郑恃魏而轻韩，魏攻蔡而郑亡；邾、莒亡于齐，陈、蔡亡于楚。此皆恃援国而轻近敌也。今君恃韩、魏而轻秦，国恐伤矣。君不如使周最阴合于赵以备秦，则不毁。"

谓齐王曰

谓齐王曰："王何不以地赍周最以为太子也？"齐王令司马悍以赂进周最于周。左尚谓司马悍曰："周不听，是公之知困而交绝于周也。公不如谓周君曰：'何欲置？令人微告悍，悍请令王进之以地。'"左尚以此得事。

三国攻秦反

三国攻秦反，西周恐魏之借道也。为西周谓魏王曰："楚、宋不利秦之德三国也，彼且攻王之聚以利秦。"魏王惧，令军(设)[拔]舍速东。

犀　武　败

犀武败，周使周足之秦。或谓周足曰："何不谓周君曰：'臣之秦，秦、周之交必恶。主君之臣，又秦重而欲相者，且恶臣于秦，而臣为不能使矣。臣愿免而行。君因相之，彼得相，不恶周于秦矣。'君重秦，故使相往。行而免，且轻秦也，公必不免。公言是而行，交善于秦，是公之成事也；交恶于秦，不善于公，且诛矣。"

卷三　秦一

卫鞅亡魏入秦

卫鞅亡魏入秦，孝公以为相，封之于商，号曰商君。商君治秦，法令至行，公平无私，罚不讳强大，赏不私亲近。法及太子，黥劓其傅。期年之后，道不拾遗，民不妄取，兵革大强，诸侯畏惧。然刻深寡恩，特以强服之耳。

孝公行之八年，疾且不起，欲传商君，辞不受。孝公已死，惠王代后，莅政有顷，商君告归。人说惠王曰："大臣太重者，国危；左右太亲者，身危。今秦妇人婴儿皆言商君之法，莫言大王之法，是商君反为主，大王更为臣也。且夫商君，固大王仇雠也，愿大王图之！"商君归还，惠王车裂之，而秦人不怜。

苏秦始将连横

苏秦始将连横，说秦惠王曰："大王之国，西有巴、蜀、汉中之利，北有胡貉、代马之用，南有巫山、黔中之限，东有肴、函之固。田肥美，民殷富，战车万乘，奋击百万，沃野千里，蓄积饶多，地势形便，此所谓天府，天下之雄国也。以大王之贤，士民之众，车骑之用，兵法之教，可以并诸侯，吞天下，称帝而治。愿大王少留意，臣请奏其效。"

秦王曰："寡人闻之，毛羽不丰满者，不可以高飞；文章不成者，不可以诛罚；道德不厚者，不可以使民；政教不顺者，不可以烦大臣。

今先生俨然不远千里而庭教之，愿以异日。”

苏秦曰：“臣固疑大王之不能用也。昔者神农伐补遂，黄帝伐涿鹿而禽蚩尤，尧伐驩兜，舜伐三苗，禹伐共工，汤伐有夏，文王伐崇，武王伐纣，齐桓任战而伯天下。由此观之，恶有不战者乎？古者使车毂击驰，言语相结，天下为一；约从连横，兵革不藏；文士并饬，诸侯乱惑；万端俱起，不可胜理；科条既备，民多伪态；书策稠浊，百姓不足；上下相愁，民无所聊；明言章理，兵甲愈起；辩言伟服，战攻不息；繁称文辞，天下不治；舌弊耳聋，不见成功；行义约信，天下不亲。于是，乃废文任武，厚养死士，缀甲厉兵，效胜于战场。夫徒处而致利，安坐而广地，虽古五帝三王五伯、明主贤君，常欲坐而致之。其势不能，故以战续之。宽则两军相攻，迫则杖戟相撞，然后可建大功。是故兵胜于外，义强于内，威立于上，民服于下。今欲并天下，凌万乘，诎敌国，制海内，子元元，臣诸侯，非兵不可。今之嗣主，忽于至道，皆惛于教，乱于治，迷于言，惑于语，沉于辩，溺于辞。以此论之，王固不能行也！”

说秦王书十上，而说不行。黑貂之裘弊，黄金百镒尽。资用乏绝，去秦而归。羸縢履蹻，负书担橐，形容枯槁，面目犁黑，状有（归）［愧］色。归至家，妻不下纴，嫂不为炊，父母不与言。苏秦喟叹曰：“妻不以我为夫，嫂不以我为叔，父母不以我为子，是皆秦之罪也！”乃夜发书，陈箧数十，得《太公阴符》之谋，伏而诵之，简练以为揣摩。读书欲睡，引锥自刺其股，血流至踵，曰：“安有说人主不能出其金玉锦绣，取卿相之尊者乎？”期年，揣摩成，曰：“此真可以说当世之君矣！”

于是乃摩燕乌集阙，见说赵王于华屋之下，抵掌而谈。赵王大悦，封为“武安君”，受相印。革车百乘，绵绣千纯，白璧百双，黄金万镒，以随其后，约从散横，以抑强秦。故苏秦相于赵而关不通。当此之时，天下之大，万民之众，王侯之威，谋臣之权，皆欲决于苏秦之策。不费斗粮,未烦一兵,未战一士,未绝一弦,未折一矢,诸侯相亲,贤于兄弟。夫贤人在而天下服,一人用而天下从。故曰:式于政,不式于勇;式于廊庙之内,不式于四境之外。当秦之隆,黄金万镒为用。转毂连骑,炫熿于道,山东之国,从风而服,使赵大重。且夫苏秦特穷巷掘门桑户棬枢之士耳,伏轼撙衔,横历天下,廷说诸侯之主,杜左右之口,天下莫之能伉!

将说楚王,路过洛阳。父母闻之,清宫除道,张乐设饮,郊迎三十里。妻侧目而视,倾耳而听;嫂蛇行匍伏,四拜自跪而谢。苏秦曰:“嫂何前倨而后卑也?”嫂曰:“以季子之位尊而多金。”苏秦曰:“嗟乎!贫穷则父母不子,富贵则亲戚畏惧。人生世上,势位富贵,盖可忽乎哉!”

秦惠王谓寒泉子曰

秦惠王谓寒泉子曰:“苏秦欺寡人,欲以一人之智,反覆东山之君,从以欺秦。赵固负其众,故先使苏秦以币帛约乎诸侯。诸侯不可一,犹连鸡之不能俱止于栖之明矣。寡人忿然,含怒日久,吾欲使武安子起往喻意焉。”寒泉子曰:“不可!夫攻城堕邑,请使武安子。善我国家使诸侯,请使客卿张仪。”秦惠王曰:“敬受命。”

泠向谓秦王曰

泠向谓秦王曰:“向欲以齐事王,使攻宋也。宋破,晋国危,安邑王之有也。燕、赵恶齐、秦之合,必割地以交于王矣。齐必重于王。则向之攻宋也,且以恐齐而重王。王何恶向之攻宋乎?向以王之明为先知之,故不言。”

张仪说秦王曰

张仪说秦王曰："臣闻之，弗知而言为不智，知而不言为不忠。为人臣，不忠当死，言不审亦当死。虽然，臣愿悉言所闻，大王裁其罪。臣闻天下阴燕阳魏，连荆固齐，收馀韩成从，将西南以与秦为难。臣窃笑之。世有三亡，而天下得之，其此之谓乎！臣闻之曰：'以乱攻治者亡，以邪攻正者亡，以逆攻顺者亡。'今天下之府库不盈，囷仓空虚，悉其士民，张军数千百万，白刃在前，斧质在后，而皆去走不能死。罪其百姓不能死也，其上不能杀也。言赏则不与，言罚则不行。赏罚不行，故民不死也。

"今秦出号令而行赏罚，不攻无攻相事也。出其父母怀衽之中，生未尝见寇也，闻战，顿足徒裼，犯白刃，蹈煨炭，断死于前者，比是也。夫断死与断生也不同，而民为之者，是贵奋也。一可以胜十，十可以胜百，百可以胜千，千可以胜万，万可以胜天下矣。今秦地形，断长续短，方数千里，名师数百万，秦之号令赏罚，地形利害，天下莫如也。以此与天下，天下不足兼而有也。是知秦战未尝不胜，攻未尝不取，所当未尝不破也。开地数千里，此甚大功也。然而甲兵顿，士民病，蓄积索，田畴荒，囷仓虚，四邻诸侯不服，伯王之名不成，此无异故，谋臣皆不尽其忠也。

"臣敢言往昔。昔者，齐南破荆，中破宋，西服秦，北破燕，中使韩魏之君，地广而兵强，战胜攻取，诏令天下，济清河浊，足以为限，长城巨坊，足以为塞。齐，五战之国也，一战不胜而无齐。故由此观之，夫战者，万乘之存亡也。且臣闻之曰：'削株掘根，无与祸邻，祸乃不存。'秦与荆人战，大破荆，袭郢，取洞庭、五都、江南。荆王亡奔走，东伏于陈。当是之时，随荆以兵，则荆可举；举荆，则其民足贪也，地足利也。东以弱齐、燕，中陵三晋。然则是一举而伯王之名可成也，四邻诸侯可朝也。而谋臣不为，引军而退，与荆人和。今荆人收亡国，聚散民，立社主，置宗庙；令帅天下西面以与秦为难，此固已无伯王之道一矣。天下有比志而军华下，大王以诈破之，兵至梁郭。围梁数旬，则梁可拔；拔梁，则魏可举；举魏，则荆、赵之志绝；荆、赵之志绝，则赵危；赵危，而荆孤。东以弱齐、燕，中陵三晋。然则是一举而伯王之名可成也，四邻诸侯可朝也。而谋臣不为，引军而退，与魏氏和。令魏氏收亡国，聚散民，立社主，置宗庙，此固已无伯王之道二矣。前者穰侯之治秦也，用一国之兵，而欲以成两国之功。是故兵终身暴灵于外，士民潞病于内，伯王之名不成。此固已无伯王之道三矣。赵氏，中央之国也，杂民之所居也。其民轻而难用，号令不治，赏罚不信，地形不便，上非能尽其民力。彼固亡国之形也，而不忧民氓，悉其士民，军于长平之下，以争韩之上党。大王以诈破之，拔武安。当是时，赵氏上下不相亲也，贵贱不相信，然则是邯郸不守。拔邯郸，完河间，引军而去，西攻修武，逾羊肠，降代、上党。代三十六县，上党十七县，不用一领甲，不苦一民，皆秦之有也。代、上党不战而已为秦矣；东阳河外，不战而已反为齐矣；中呼池以北，不战而已为燕矣。然则是举赵则韩必亡，韩亡则荆、魏不能独立，荆、魏不能独立，则是一举而坏韩、蠹魏、挟荆，以东弱齐、燕，决白马之口，以流魏氏。一举而三晋亡，从者败。大王拱手以须，天下(徧)[编]随而伏，伯王之名可成也。而谋臣不为，引军而退，与赵氏为和。以大王之明，秦兵之强，伯王之业，地尊不可得，乃取欺于亡国，是谋臣之拙也。

“且夫赵当亡不亡，秦当伯不伯，天下固量秦之谋臣一矣。乃复悉卒以攻邯郸，不能拔也。弃甲(兵怒)[折弩]，战慄而却，天下固量秦力二矣。军乃引退，并于李下，大王又并军而致与战。非能厚胜之也，又交罢却，天下固量秦力三矣。内者量吾谋臣，外者极吾兵力。由是观之，臣以天下之从，岂其难矣？内者吾甲兵顿，士民病，蓄积索，田畴荒，囷仓虚；外者天下比志甚固。愿大王有以虑之也。

“且臣闻之：‘战战慄慄，日慎一日。’苟慎其道，天下可有也。何以知其然也？昔者纣为天子，帅天下将甲百万，左饮于淇谷，右饮于洹水，淇水竭而洹水不流，以与周武为难。武王将素甲三千领，战一日，破纣之国，禽其身，据其地而有其民，天下莫不伤。智伯帅三国之众，以攻赵襄主于晋阳，决水灌之，三年，城且拔矣。襄主错龟，数策占兆，以视利害，何国可降，而使张孟谈。于是潜行而出，反智伯之约，得两国之众，以攻智伯之国，禽其身，以成襄子之功。今秦地断长续短，方数千里，名师数百万，秦国号令赏罚，地形利害，天下莫如也。以此与天下，天下可兼而有也。

“臣昧死望见大王，言所以一举破天下之从，举赵亡韩，臣荆、魏，亲齐、燕，以成伯王之名，朝四邻诸侯之道。大王试听其说，一举而天下之从不破，赵不举，韩不亡，荆、魏不臣，齐、燕不亲，伯王之名不成，四邻诸侯不朝，大王斩臣以徇于国，以主为谋不忠者。”

张仪欲假秦兵以救魏

张仪欲假秦兵以救魏。左成谓甘茂曰：“不如予之。魏不反秦兵，张子不反秦；魏若反秦兵，张子得志于魏，不敢反于秦矣。张子不去秦，张子必高子。”

司马错与张仪争论于秦惠王前

司马错与张仪争论于秦惠王前。司马错欲伐蜀，张仪曰：“不如伐韩。”王曰：“请闻其说。”

对曰：“亲魏善楚，下兵三川，塞轘辕、缑氏之口，当屯留之道，魏绝南阳,楚临南郑,秦攻新城、宜阳,以临二周之郊,诛周主之罪,侵楚、魏之地。周自知不救,九鼎宝器必出。据九鼎,按图籍,挟天子以令天下,天下莫敢不听,此王业也。今夫蜀,西辟之国,而戎狄之长也。弊兵劳众,不足以成名;得其地,不足以为利。臣闻'争名者于朝,争利者于市'。今三川周室,天下之市朝也,而王不争焉,顾争于戎狄,去王业远矣。"

司马错曰:"不然!臣闻之:'欲富国者务广其地,欲强兵者务富其民,欲王者务博其德。三资者备,而王随之矣。'今王之地小民贫,故臣愿从事于易。夫蜀,西辟之国也,而戎狄之长也,而有桀纣之乱。以秦攻之,譬如使豺狼逐群羊也。取其地足以广国也,得其财足以富民,缮兵不伤众,而彼已服矣。故拔一国,而天下不以为暴;利尽西海,诸侯不以为贪。是我一举而名实两附,而又有禁暴正乱之名。今攻韩劫天子,劫天子,恶名也,而未必利也。又有不义之名,而攻天下之所不欲,危!臣请谒其故:周,天下之宗室也;齐,韩(周)之与国也。周自知失九鼎,韩自知亡三川,则必将二国并力合谋,以因于齐、赵,而求解乎楚、魏,以鼎与楚,以地与魏,王不能禁。此臣所谓'危'。不如伐蜀之完也。"

惠王曰:"善,寡人听子。"卒起兵伐蜀,十月取之,遂定蜀。蜀主更号为侯,而使陈庄相蜀。蜀既属,秦益强富厚,轻诸侯。

张仪之残樗里疾也

张仪之残樗里疾也,重而使之楚,因令楚王为之请相于秦。张子谓秦王曰:"重樗里疾而使之者,将以为国交也。今身在楚,楚王因为请相于秦。臣闻其言曰:'王欲穷仪于秦乎?臣请助王。'楚王以为然,故为请相也。今王诚听之,彼必以国事楚王。"秦王大怒,樗里疾出走。

张仪欲以汉中与楚

张仪欲以汉中与楚，请秦王曰：“有汉中，蠹。种树不处者，人必害之；家有不宜之财，则伤本。汉中南边为楚利，此国累也。”甘茂谓王曰：“地大者固多忧乎！天下有变，王割汉中以为和楚，楚必畔天下而与王。王今以汉中与楚，即天下有变，王何以市楚也？”

楚　攻　魏

楚攻魏。张仪谓秦王曰：“不如与魏以劲之。魏战胜，复听于秦，必入西河之外；不胜，魏不能守，王必取之。”王用仪言，取皮氏卒万人，车百乘，以与魏。犀首战胜威王，魏兵罢弊，恐畏秦，果献西河之外。

田莘之为陈轸说秦惠王曰

田莘之为陈轸说秦惠王曰：“臣恐王之如郭君。夫晋献公欲伐郭，而惮舟之侨存。荀息曰：‘《周书》有言，美女破舌。’乃遗之女乐以乱其政。舟之侨谏而不听，遂去。因而伐郭，遂破之。又欲伐虞，而惮宫之奇存。荀息曰：‘《周书》有言，美男破老。’乃遗之美男，教之恶宫之奇，宫之奇以谏而不听，遂亡。因而伐虞，遂取之。今秦自以为王，能害王之国者，楚也。楚知横门君之善用兵与陈轸之智，故骄张仪以五国。来，必恶是二人。愿王勿听也。”

张仪果来辞，因言轸也，王怒而不听。

张仪又恶陈轸于秦王

张仪又恶陈轸于秦王,曰:“轸驰走秦、楚之间,今楚不加善秦而善轸,然则是轸自为而不为国也。且轸欲去秦而之楚,王何不听乎?”

王谓陈轸曰:“吾闻子欲去秦而之楚,信乎?”陈轸曰:“然。”王曰:“仪之言果信也!”曰:“非独仪知之也,行道之人皆知之。曰:‘孝己爱其亲,天下欲以为子;子胥忠其君,天下欲以为臣。卖仆妾售乎闾巷者,良仆妾也;出妇嫁乡曲者,良妇也。’吾不忠于君,楚亦何以轸为忠乎?忠且见弃,吾不之楚,何适乎?”秦王曰:“善。”乃必之也。”

陈轸去楚之秦

陈轸去楚之秦。张仪谓秦王曰:“陈轸为王臣,常以国情输楚。仪不能与从事,愿王逐之。即复之楚,愿王杀之。”王曰:“轸安敢之楚也?”王召陈轸,告之曰:“吾能听子言,子欲何之?请为子约车。”对曰:“臣愿之楚。”王曰:“仪以子为之楚,吾又自知子之楚,子非楚,且安之也?”轸曰:“臣出,必故之楚,以顺王与仪之策,而明臣之楚与不也。楚人有两妻者,人诛其长者,詈之;诛其少者,少者许之。居无几何,有两妻者死。客谓诛者曰:‘汝取长者乎?少者乎?’‘取长者。’客曰:‘长者詈汝,少者报汝,汝何为取长者?’曰:‘居彼人之所,则欲其报我也;今为我妻,则欲其为我詈人也。’今楚王,明主也;而昭阳,贤相也。轸为人臣,而常以国输楚王,王必不留臣。昭阳将不与臣从事矣。以此明臣之楚与不。”

轸出，张仪入，问王曰："陈轸果安之？"王曰："夫轸，天下之辩士也，孰视寡人曰：'轸必之楚。'寡人遂无奈何也。寡人因问曰：'子必之楚也，则仪之言果信矣。'轸曰：'非独仪之言也，行道之人皆知之。昔者，子胥忠其君，天下皆欲以为臣；孝己爱其亲，天下皆欲以为子。故卖仆妾不出里巷而取者，良仆妾也；出妇嫁于乡里者，善妇也。臣不忠于王，楚何以轸为？忠尚见弃，轸不之楚而何之乎？'"王以为然，遂善待之。

卷四　秦二

齐助楚攻秦

齐助楚攻秦,取曲沃。其后,秦欲伐齐,齐楚之交善,惠王患之。谓张仪曰:“吾欲伐齐,齐楚方欢,子为寡人虑之,奈何?”张仪曰:“王其为臣约车并币,臣请试之。”

张仪南见楚王,曰:“弊邑之王所说甚者,无大大王;唯仪之所甚愿为臣者,亦无大大王。弊邑之王所甚憎者,亦无先齐王;唯仪之所甚憎者,亦无大齐王。今齐王之罪,其于弊邑之王甚厚,弊邑欲伐之,而大国与之欢,是以弊邑之王不得事令,而仪不得为臣也。大王苟能闭关绝齐,臣请使秦王献商於之地方六百里。若此,齐必弱;齐弱,则必为王役矣。则是北弱齐,西德于秦,而私商於之地以为利也。则此一计而三利俱至。”

楚王大说,宣言之于朝廷,曰:“不穀得商於之地方六百里。”群臣闻见者毕贺,陈轸后见,独不贺。楚王曰:“不穀不烦一兵,不伤一人,而得商於之地六百里,寡人自以为智矣。诸士大夫皆贺,子独不贺,何也?”陈轸对曰:“臣见商於之地不可得,而患必至也,故不敢妄贺。”王曰:“何也?”对曰:“夫秦所以重王者,以王有齐也。今地未可得,而齐先绝,是楚孤也。秦又何重孤国?且先出地绝齐,秦计必弗为也。先绝齐,后责地,且必受欺于张仪。受欺于张仪,王必惋之。是西生秦患,北绝齐交,则两国兵必至矣。”楚王不听,曰:“吾事善矣!子其弭口无言,以待吾事!”楚王使人绝齐,使者未来,又重绝之。

张仪反,秦使人使齐,齐、秦之交阴合。楚因使一将军受地于秦,张仪至,称病不朝。楚王曰:“张子以寡人不绝齐乎?”乃使勇士往詈齐王。张仪知楚绝齐也,乃出见使者,曰:“从某至某,广从六里。”使者曰:“臣闻六百里,不闻六里。”仪曰:“仪固以小人,安得六百里?”使者反报楚王,楚王大怒,欲兴师伐秦。陈轸曰:“臣可以言乎?”王曰:“可矣。”轸曰:“伐秦,非计也,王不如因而赂之一名都,与之伐齐。是我亡于秦而取偿于齐也。楚国不尚全事。王今已绝齐,而责欺于秦,是吾合齐秦之交也。国必大伤!”楚王不听,遂举兵伐秦。秦与齐合,韩氏从之,楚兵大败于杜陵。

故楚之土壤士民非削弱,仅以救亡者,计失于陈轸,过听于张仪。[计听知覆逆者,唯王可也。计者,事之本也;听者,存亡之机。计失而听过,能有国者寡也。故曰:“计有一二者难悖也,听无失本末者难惑。”]

楚　绝　齐

楚绝齐,齐举兵伐楚。陈轸谓楚王曰:“王不如以地东解于齐,西讲于秦。”楚王使陈轸之秦。秦王谓轸曰:“子秦人也,寡人与子故也,寡人不佞,不能亲国事也,故子弃寡人,事楚王。今齐楚相伐,或谓救之便,或谓救之不便。子独不可以忠为子主计,以其馀为寡人乎?”陈轸曰:“王独不闻吴人之游楚者乎?楚王甚爱之,病,故使人问之,曰:‘诚病乎?意亦思乎?’左右曰:‘臣不知其思与不思,诚思,则将吴吟。’今轸将为王‘吴吟’。王不闻夫管与之说乎?有两虎诤人而斗者,管庄子将刺之,管与止之曰:‘虎者戾虫,人者甘饵,今两虎诤人而斗,小者必死,大者必伤。子待伤虎而刺之,则是一举而兼两虎也。无刺一虎之劳,而有刺两虎之名。’齐楚今战,战必败。败,王起兵救之,有救齐之利,而无伐楚之害。”(计听知覆逆者,唯王可也。计者,事之本也;听者,存亡之机。计失而听过,能有国者寡也。故曰:“计有一二者难悖也,听无失本末者难惑。”)

秦惠王死

秦惠王死,公孙衍欲穷张仪。李雠谓公孙衍曰:“不如召甘茂于魏,召公孙显于韩,起樗里子于国。三人者,皆张仪之仇也。公用之,则诸侯必见张仪之无秦矣。”

义渠君之魏

义渠君之魏,公孙衍谓义渠君曰:“道远,臣不得复过矣!请谒事情。”义渠君曰:“愿闻之。”对曰:“中国无事于秦,则秦且烧(焫)[焫]获君之国;中国为有事于秦,则秦且轻使重币而事君之国也。”义渠君曰:“谨闻令。”

居无几何,五国伐秦。陈轸谓秦王曰:“义渠君者,蛮夷之贤君,王不如赂之以抚其心。”秦王曰:“善。”因以文绣千匹,好女百人,遗义渠君。义渠君致群臣而谋曰:“此乃公孙衍之所谓也。”因起兵袭秦,大败秦人于李帛之下。

医扁鹊见秦武王

医扁鹊见秦武王,武王示之病,扁鹊请除。左右曰:“君之病,在耳之前,目之下,除之未必已也,将使耳不聪,目不明。”君以告扁鹊。扁鹊怒而投其石:“君与知之者谋之,而与不知者败之!使此(知)[如]秦国之政也,则君一举而亡国矣!”

秦武王谓甘茂曰

秦武王谓甘茂曰："寡人欲车通三川，以窥周室，而寡人死不朽乎？"甘茂对曰："请之魏，约伐韩。"王令向寿辅行。

甘茂至魏，谓向寿："子归，告王曰：'魏听臣矣，然愿王勿攻也。'事成，尽以为子功。"向寿归以告王，王迎甘茂于息壤。

甘茂至，王问其故，对曰："宜阳，大县也，上党、南阳，积之久矣，名为县，其实郡也。今王倍数险，行千里而攻之，难矣！臣闻张仪西并巴蜀之地，北取西河之外，南取上庸，天下不以为多张仪而贤先王。魏文侯令乐羊将，攻中山，三年而拔之。乐羊反而语功，文侯示之谤书一箧，乐羊再拜稽首曰：'此非臣之功，主君之力也！'今臣，羁旅之臣也，樗里疾、公孙衍二人者，挟韩而议，王必听之，是王欺魏，而臣受公仲侈之怨也。昔者，曾子处费，费人有与曾子同名族者而杀人。人告曾子母曰：'曾参杀人。'曾子之母曰：'吾子不杀人！'织自若。有顷焉，人又曰：'曾参杀人！'其母尚织自若也。顷之，一人又告之曰：'曾参杀人！'其母惧，投杼逾墙而走。夫以曾参之贤与母之信也，而三人疑之，则慈母不能信也。今臣之贤不及曾子，而王之信臣又未若曾子之母也，疑臣者不适三人，臣恐王为臣之投杼也！"王曰："寡人不听也，请与子盟！"于是与之盟于息壤。

果攻宜阳，五月而不能拔也。樗里疾、公孙衍二人在，争之王，王将听之，召甘茂而告之。甘茂对曰："息壤在彼。"王曰："有之。"因悉起兵，复使甘茂攻之，遂拔宜阳。

宜阳之役

宜阳之役，冯章谓秦王曰："不拔宜阳，韩、楚乘吾弊，国必危矣！

不如许楚汉中以欢之。楚欢而不进，韩必孤，无奈秦何矣！”王曰：“善。”果使冯章许楚汉中，而拔宜阳。楚王以其言责汉中于冯章。冯章谓秦王曰：“王遂亡臣。固谓楚王曰‘寡人固无地而许楚王’。”

甘茂攻宜阳

甘茂攻宜阳，三鼓之而卒不上。秦之右将有尉对曰：“公不论兵，必大困。”甘茂曰：“我羁旅而得相秦者，我以宜阳饵王。今攻宜阳而不拔，公孙衍、樗里疾挫我于内，而公中以韩穷我于外，是无伐之日已！请明日鼓之，而不可下，因以宜阳之郭为墓。”于是出私金以益公赏。明日鼓之，宜阳拔。

宜阳未得

宜阳未得，秦死伤者众，甘茂欲息兵。左成谓甘茂曰：“公内攻于樗里疾、公孙衍；而外与韩侈为怨。今公用兵无功，公必穷矣。公不如(进)[尽]兵攻宜阳，宜阳拔，则公之功多矣。是樗里疾、公孙衍无事也，秦众尽怨之深矣。”

宜阳之役

宜阳之役，楚畔秦而合于韩。秦王惧。甘茂曰：“楚虽合韩，不为韩氏先战，韩亦恐战而楚有变其后。韩楚必相御也。楚言与韩，而不馀怨于秦，臣是以知其御也。”

秦王谓甘茂曰

秦王谓甘茂曰:“楚客来使者多健,与寡人争辞,寡人数穷焉,为之奈何?”甘茂对曰:“王勿患也!其健者来使者,则王勿听其事;其需弱者来使,则王必听之。然则需弱者用而健者不用矣,王因而制之。”

甘茂亡秦

甘茂亡秦,且之齐,出关遇苏子。曰:“君闻夫江上之处女乎?”苏子曰:“不闻。”曰:“夫江上之处女,有家贫而无烛者,处女相与语,欲去之。家贫无烛者将去矣,谓处女曰:‘妾以无烛,故常先至,扫室布席。何爱馀明之照四壁者?幸以赐妾,何妨于处女?妾自以有益于处女,何为去我?’处女相语以为然而留之。今臣不肖,弃逐于秦而出关,愿为足下扫室布席,幸无我逐也!”苏子曰:“善。请重公于齐。”

乃西说秦王曰:“甘茂,贤人,非恒士也。其居秦累世重矣,自殽塞、谿谷,地形险易,尽知之。彼若以齐约韩、魏,反以谋秦,是非秦之利也。”秦王曰:“然则奈何?”苏代曰:“不如重其贽、厚其禄以迎之。彼来,则置之槐谷,终身勿出。天下何从图秦?”秦王曰:“善。”与之上卿,以相迎之齐。甘茂辞不往。

苏代伪谓王曰:“甘茂,贤人也。今秦与之上卿,以相迎之,茂德王之赐,故不往,愿为王臣。今王何以礼之?王若不留,必不德王。彼以甘茂之贤,得擅用强秦之众,则难图也!”齐王曰:“善。”赐之上卿,命而处之。

甘茂相秦

甘茂相秦。秦王爱公孙衍，与之间有所立，因自谓之曰：“寡人且相子。”甘茂之吏道（而）［穴］闻之，以告甘茂。甘茂因入见王，曰：“王得贤相，敢再拜贺。”王曰：“寡人托国于子，焉更得贤相？”对曰：“王且相犀首。”王曰：“子焉闻之？”对曰：“犀首告臣。”王怒于犀首之泄也，乃逐之。

甘茂约秦魏而攻楚

甘茂约秦魏而攻楚。楚之相秦者屈盖，为楚和于秦，秦启关而听楚使。甘茂谓秦王曰：“怵于楚而不使魏制和，楚必曰：‘秦鬻魏。’不悦而合于楚，楚魏为一，国恐伤矣。王不如使魏制和。魏制和必悦。王不恶于魏，则寄地必多矣。”

陉山之事

陉山之事，赵且与秦伐齐。齐惧，令田章以阳武合于赵，而以顺子为质。赵王喜，乃案兵，告于秦曰：“齐以阳武赐弊邑，而纳顺子，欲以解伐。敢告下吏。”

秦王使公子他之赵，谓赵王曰：“齐与大国救魏而倍约，不可信恃，大国弗义，以告弊邑，而赐之二社之地，以奉祭祀。今又案兵，且欲合齐而受其地，非使臣之所知也。请益甲四万，大国裁之！”

苏代为齐献书穰侯曰：“臣闻往来者之言曰：‘秦且益赵甲四万人以伐齐。’臣窃必之弊邑之王曰：‘秦王明而熟于计，穰侯智而习于事,必不益赵甲四万人以伐齐。'是何也？夫三晋相结,秦之深仇也。三晋百背秦,百欺秦,不为不信？不为无行？今破齐以肥赵,赵,秦之深仇,不利于秦,一也。秦之谋者必曰:'破齐弊晋,而后制晋楚之胜。'大齐,罢国也,以天下击之,譬犹以千钧之弩溃痈也。秦王安能制晋楚哉？二也。秦少出兵,则晋楚不信;多出兵,则晋楚为制于秦;齐恐,则必不走于秦,且走晋楚,三也。齐割地以实晋楚,则晋楚安;齐举兵而为之顿剑,则秦反受兵,四也。是晋楚以秦破齐,以齐破秦,何晋楚之智而齐秦之愚？五也。秦得安邑,善齐以安之,亦必无患矣。秦有安邑,则韩魏必无上党哉！夫取三晋之肠胃,与出兵而惧其不反也,孰利？故臣窃必之弊邑之王曰:'秦王明而熟于计,穰侯智而习于事,必不益赵甲四万人以伐齐矣。'"

秦宣太后爱魏丑夫

秦宣太后爱魏丑夫。太后病,将死,出令曰:"为我葬,必以魏子为殉!"魏子患之。

庸芮为魏子说太后曰:"以死者为有知乎?"太后曰:"无知也。"曰:"若太后之神灵,明知死者之无知矣,何为空以生所爱,葬于无知之死人哉？若死者有知,先王积怒之日久矣,太后救过不赡,何暇乃私魏丑夫乎?"太后曰:"善。"乃止。

卷五　秦三

薛公为魏谓魏冉曰

薛公为魏谓魏冉曰："文闻秦王欲以吕礼收齐，以济天下，君必轻矣。齐、秦相聚以临三晋，礼必并相之，是君收齐以重吕礼也。齐免于天下之兵，其仇君必深。君不如劝秦王令弊邑卒攻齐之事。齐破，文请以所得封君。齐破晋强，秦王畏晋之强也，必重君以取晋；齐予晋弊邑，而不能支秦，晋必重君以事秦。是君破齐以为功，操晋以为重也。破齐定封，而秦晋皆重君；若齐不破，吕礼复用，子必大穷矣。"

秦客卿造谓穰侯曰

秦客卿造谓穰侯曰："秦封君以陶，藉君天下数年矣。攻齐之事成，陶为万乘，长小国，率以朝天子，天下必听，五伯之事也；攻齐不成，陶为邻恤，而莫之据也。故攻齐之于陶也，存亡之机也。君欲成之，何不使人谓燕相国曰：'圣人不能为时，时至而弗失。舜虽贤，不遇尧也，不得为天子；汤、武虽贤，不当桀、纣不王。故以舜、汤、武之贤，不遭时，不得帝王。今攻齐，此君之大时也已！因天下之力，伐仇国之齐，报惠王之耻，成昭王之功，除万世之害，此燕之长利而君之大名也。《书》云：'树德莫如滋，除害莫如尽。'吴不亡越，越故亡吴；齐不亡燕，燕故亡齐。齐亡于燕，吴亡于越，此除疾不尽也。以非此时也，成君之功，除君之害，秦卒有他事而从齐，齐、赵合，其仇君必深矣。挟君之仇以诛于燕，后虽悔之，不可得也已。君悉燕兵而疾僭之，天下之从君也，若报父子之仇。诚能亡齐，封君于河南，为万乘，达途于中国，南与陶为邻，世世无患。愿君之专志于攻齐而无他虑也。'"

魏谓魏冉曰

魏谓魏冉曰："公闻东方之语乎？"曰："弗闻也。"曰："辛、张阳毋泽说魏王、薛公、公叔也，曰：'臣战，载主契国，以与王约，必无患矣。若有败之者，臣请挈领。然而臣有患也。夫楚王之以其臣请挈领然而臣有患也。夫楚王之以其国依冉也，而事臣之主，此臣之甚患也。'今公东而因言于楚，是令张仪之言为禹，而务败公之事也。公不如反公国，德楚而观薛公之为公也；观三国之所求于秦而不能得者，请以号三国以自信也。观张仪与泽之所不能得于薛公者也，而公请之以自重也。"

谓魏冉曰

谓魏冉曰："和不成，兵必出。白起者，且副将。战胜，必穷公；不胜，必事赵。从公，公又轻，公不若毋多，则疾到。"

谓穰侯曰

谓穰侯曰："为君虑封，若于除宋罪，重齐怒；须残伐乱宋，德强齐，定身封。此亦百世之时也已！"

谓魏冉曰

谓魏冉曰:“楚破秦,不能与齐县衡矣。秦三世积节于韩、魏,而齐之德新加与。齐、秦交争,韩、魏东听,则秦伐矣。齐有东国之地方千里。楚苞九夷,又方千里,南有符离之塞,北有甘鱼之口。权县宋、卫,宋、卫乃当阿、甄耳。利有千里者二,富擅越隶,秦乌能与齐县衡,韩、魏,支分方城膏腴之地以薄郑?兵休复起,足以伤秦,不必待齐。”

五国罢成皋

五国罢成皋,秦王欲为成阳君求相韩、魏,韩、魏弗听。秦太后为魏冉谓秦王曰:“成阳君以王之故,穷而居于齐,今王见其达而收之,亦能翕其心乎?”王曰:“未也。”太后曰:“穷而不收,达而报之,恐不为王用,且收成阳君,失韩、魏之道也。”

范子因王稽入秦

范子因王稽入秦,献书昭王曰:“臣闻明主莅正,有功者不得不赏,有能者不得不官,劳大者其禄厚,功多者其爵尊,能治众者其官大。故不能者不敢当其职焉,能者亦不得蔽隐。使以臣之言为可,则行而益利其道;若将弗行,则久留臣无为也。语曰:‘庸主赏所爱而罚所恶。明主则不然,赏必加于有功,刑必断于有罪。’今臣之胸不足以当椹质,要不足以待斧钺,岂敢以疑事尝试于王乎?虽以臣为贱而轻辱臣,独不重任臣者后无反覆于王前耶?臣闻周有砥厄,宋有结绿，梁有悬黎，楚有和璞。此四宝者，工之所失也，而为天下名器。然则圣王之所弃者，独不足以厚国家乎？臣闻善厚家者，取之于国；善厚国者，取之于诸侯。天下有明主，则诸侯不得擅厚矣。是何故也？为其凋荣也。良医知病人之死生，圣主明于成败之事，利则行之，害则舍之，疑则少尝之，虽尧、舜、禹、汤复生，弗能改已！语之至者，臣不敢载之于书；其浅者，又不足听也。意者，臣愚而不阖于王心耶？（已）［亡］其言臣者将贱而不足听耶？非若是也，则臣之志：愿少赐游观之间，望见足下而入之。”

书上，秦王说之，因谢王稽，使人持车召之。

范雎至秦

范雎至秦，王庭迎，谓范雎曰：“寡人宜以身受令久矣！今者义渠之事急，寡人日自请太后。今义渠之事已，寡人乃得以身受命。躬窃闵然不敏，敬执宾主之礼。”范雎辞让。是日见范雎，见者无不变色易容者。秦王屏左右，宫中虚无人。秦王跪而请曰：“先生何以幸教寡人？”范雎曰：“唯唯！”有间，秦王复请，范雎曰：“唯唯！”若是者三。秦王跽曰：“先生不幸教寡人乎？”范雎谢曰：“非敢然也！臣闻始时吕尚之遇文王也，身为渔父而钓于渭阳之滨耳，若是者，交疏也。已一说，而立为太师，载与俱归者，其言深也。故文王果收功于吕尚，卒擅天下，而身立为帝王。即使文王疏吕望而弗与深言，是周无天子之德，而文、武无与成其王也。今臣，羁旅之臣也，交疏于王，而所愿陈者，皆匡君臣之事，处人骨肉之间，愿以陈臣之陋忠，而未知王心也，所以王三问而不对者是也。臣非有所畏而不敢言也，知今日言之于前，而明日伏诛于后，然臣弗敢畏也。大王信行臣之言，死，不足以为臣患；亡，不足以为臣忧；漆身而为厉，被发而为狂，不足以为臣耻。五帝之圣而死，三王之仁而死，五伯之贤而死，乌获之力而死，奔、育之勇而死。死者，人之所必不免也。处必然之势，可以少有补于秦，此臣之所大愿也，臣何患乎？伍子胥橐载而出昭关，夜行而昼伏，至于蔆水，无以饵其口，坐行蒲服，乞食于吴市，卒兴吴国，阖庐为霸。使臣得进谋如伍子胥，加之以幽囚，终身不复见，是臣说之行也，臣何忧乎？箕子、接舆，漆身而为厉，被发而为狂，无益于殷、楚。使臣得同行于箕子、接舆，漆身可以补所贤之主，是臣之大荣也，臣又何耻乎？臣之所恐者，独恐臣死之后，天下见臣尽忠而身蹶也，是以杜口裹足，莫肯即秦耳。足下上畏太后之严，下惑奸臣之态；居深宫之中，不离保傅之手；终身闇惑，无与照奸；大者宗庙灭覆，小者身以孤危。此臣之所恐耳！若夫穷辱之事，死亡之患，臣弗敢畏也。臣死而秦治，贤于生也。"

秦王跽曰："先生是何言也！夫秦国僻远，寡人愚不肖，先生乃幸至此，此天以寡人慁先生，而存先王之庙也。寡人得受命于先生，此天所以幸先王而不弃其孤也。先生奈何而言若此？事无大小，上及太后，下至大臣，愿先生悉以教寡人，无疑寡人也！"

范雎再拜，秦王亦再拜。范雎曰："大王之国，北有甘泉、谷口，南带泾、渭，右陇、蜀，左关、阪；战车千乘，奋击百万。以秦卒之勇，车骑之多，以当诸侯，譬若驰韩卢而逐蹇兔也，霸王之业可致。今反闭关而不敢窥兵于山东者，是穰侯为国谋不忠，而大王之计有所失也。"王曰："愿闻所失计。"雎曰："大王越韩、魏而攻强齐，非计也。少出师，则不足以伤齐；多之，则害于秦。臣意王之计欲少出师而悉韩、魏之兵，则不义矣！今见与国之不可亲，越人之国而攻，可乎？疏于计矣！昔者，齐人伐楚，战胜，破军杀将，再辟千里，肤寸之地无得者，岂齐不欲地哉？形弗能有也。诸侯见齐之罢露，君臣之不亲，举兵而伐之，主辱军破，为天下笑。所以然者，以其伐楚而肥韩、魏也。此所谓借贼兵而赍盗食者也。王不如远交而近攻，得寸，则王之寸；得尺，亦王之尺也。今舍此而远攻，不亦缪乎？且昔者中山之地方五百里，赵独擅之，功成、名立、利附，则天下莫能害。今韩、魏，中国之处，而天下之枢也。王若欲霸，必亲中国而以为天下枢，以威楚、赵。赵强则楚附，楚强则赵附，楚、赵附则齐必惧，惧必卑辞重币以事秦；齐附而韩、魏可虚也。”王曰：“寡人欲亲魏，魏多变之国也，寡人不能亲。请问亲魏奈何？”范睢曰：“卑辞重币以事之。不可，削地而赂之；不可，举兵而伐之。”

于是举兵而攻邢丘，邢丘拔而魏请附。曰：“秦、韩之地形，相错如绣。秦之有韩，若木之有蠹，人之病心腹。天下有变，为秦害者，莫大于韩。王不如收韩。”王曰：“寡人欲收韩，韩不听，为之奈何？”范睢曰：“举兵而攻荥阳，则成皋之路不通；北斩太行之道，则上党之兵不下；一举而攻荥阳，则其国断而为三。魏、韩见必亡，焉得不听？韩听，而霸事可成也。”王曰：“善。”

范睢曰：“臣居山东，闻齐之内有田单，不闻其王；闻秦之有太后、穰侯、泾阳、华阳，不闻其有王。夫擅国之谓王，能专利害之谓王，制杀生之威之谓王。今太后擅行不顾，穰侯出使不报，泾阳、华阳击断无讳，四贵备而国不危者，未之有也。为此四者，下乃所谓无王已。然则权焉得不倾，而令焉得从王出乎？臣闻善为国者，内固其威，而外重其权。穰侯使者操王之重，决裂诸侯，剖符于天下，征敌伐国，莫敢不听。战胜攻取，则利归于陶，国弊，御于诸侯；战败，则怨结于百姓，而祸归社稷。《诗》曰：‘木实繁者披其枝，披其枝者伤其心。大其都者危其国，尊其臣者卑其主。’淖齿管齐之权，缩闵王之筋，县之庙梁，宿昔而死。李兑用赵，减食主父，百日而饿死。今秦，太后、穰侯用事，高陵、泾阳佐之，卒无秦王，此亦淖齿、李兑之类已！臣今见王独立于庙朝矣，且臣将恐后世之有秦国者，非王之子孙也！”

秦王惧，于是乃废太后，逐穰侯，出高陵，走泾阳于关外。昭王谓范睢曰：“昔者齐公得管仲，时以为‘仲父’。今吾得子，亦以为父。”

应侯谓昭王曰

应侯谓昭王曰：“亦闻恒思有神丛与？恒思有悍少年，请与丛博，曰：‘吾胜丛，丛籍我神三日；不胜丛，丛困我。’乃左手为丛投，右手自为投，胜丛。丛籍其神。三日，丛往求之，遂弗归。五日而丛枯，七日而丛亡。今国者王之丛，势者王之神，籍人以此，得无危乎？臣未尝闻指大于臂，臂大于股。若有此，则病必甚矣。百人舆瓢而趋，不如一人持而走疾。百人诚舆瓢，瓢必裂。今秦国，华阳用之，穰侯用之，太后用之，王亦用之。不称瓢为器则已，已称瓢为器，国必裂矣。臣闻之也：‘木实繁者枝必披，枝之披者伤其心。都大者危其国，臣强者危其主。’其令邑中自斗食以上，至尉、内史及王左右，有非相国之人者乎？国无事，则已；国有事，臣必闻见王独立于庭也！臣窃为王恐，恐万世之后，有国者非王子孙也！臣闻古之善为政也，其威内扶，其辅外布，四治政不乱不逆，使者直道而行，不敢为非。今太后使者，分裂诸侯而符布天下，操大国之势，强征兵，伐诸侯。战胜攻取，利尽归于陶；国之币帛，竭入太后之家；竟内之利，分移华阳。古之所谓危主灭国之道，必从此起。三贵竭国以自安，然则令何得从王出？权何得毋分？是王果处三分之一也。”

秦攻韩

秦攻韩，围陉。范雎谓秦昭王曰：“有攻人者，有攻地者。穰侯十攻魏而不得伤者，非秦弱而魏强也，其所攻者，地也。地者，人主所甚爱也。人主者，人臣之所乐为死也。攻人主之所爱，与乐死者斗,故十攻而弗能胜也。今王将攻韩围陉,臣愿王之毋独攻其地,而攻其人也。王攻韩围陉,以张仪为言。张仪之力多,且削地而以自赎于王,几割地而韩不尽。张仪之力少,则王逐张仪,而更与不如张仪者市。则王之所求于韩者,言可得也。"

应 侯 曰

应侯曰:"郑人谓玉未理者,璞;周人谓鼠未腊者,朴。周人怀璞过郑贾,曰:'欲买朴乎?'郑贾曰:'欲之。'出其朴。视之,乃鼠也,因谢不取。今平原君自以贤显名于天下,然降其主父沙丘而臣之。天下之王,尚犹尊之,是天下之王不如郑贾之智也,眩于名,不知其实也。"

天下之士合从相聚于赵

天下之士合从相聚于赵,而欲攻秦。秦相应侯曰:"王勿忧也!请令废之。秦于天下之士,非有怨也,相聚而攻秦者,以己欲富贵耳。王见大王之狗,卧者卧,起者起,行者行,止者止,毋相与斗者;投之一骨,轻起相牙者,何则?有争意也。"

于是使唐雎载音乐,予之五十金,居武安,高会相与饮。谓:"邯郸人谁来取者?"于是,其谋者固未可得予也,其可得与者,与之昆弟矣。"公与秦计功者,不问金之所之,金尽者功多矣。今令人复载五十金随公。"

唐雎行,行至武安,散不能三千金,天下之士大相与斗矣。

谓应侯曰

谓应侯曰:“君禽马服乎?”曰:“然。”“又即围邯郸乎?”曰:“然。”“赵亡,秦王王矣,武安君为三公。武安君所以为秦战胜攻取者七十馀城,南亡鄢郢、汉中,禽马服之军,不亡一甲,虽周吕望之功,亦不过此矣。赵亡,秦王王,武安君为三公,君能为之下乎?虽欲无为之下,固不得之矣。秦尝攻韩邢,困于上党,上党之民皆返为赵。天下之民不乐为秦民之日固久矣!今攻赵,北地入燕,东地入齐,南地入楚、魏,则秦所得(不一)[亡]几何。故不如因而割之,因以为武安功。”

应侯失韩之汝南

应侯失韩之汝南。秦昭王谓应侯曰:“君亡国,其忧乎?”应侯曰:“臣不忧。”王曰:“何也?”曰:“梁人有东门吴者,其子死而不忧。其相室曰:‘公之爱子也,天下无有,今子死而不忧,何也?’东门吴曰:‘吾尝无子,无子之时不忧;今子死,乃即与无子时同也,吾奚忧焉?’臣亦尝为子,为子时不忧;今亡汝南,乃与即为梁馀子同也,臣何为忧?”

秦王以为不然,以告蒙傲曰:“今也,寡人一城围,食不甘味,卧不便席,今应侯亡地而言不忧,此其情也?”蒙傲曰:“臣请得其情。”蒙傲乃往见应侯,曰:“傲欲死!”应侯曰:“何谓也?”曰:“秦王师君,天下莫不闻,而况于秦国乎?今傲势得秦王为将,将兵。臣以韩之细也,显逆诛,夺君地,傲尚奚生?不若死。”应侯拜蒙傲曰:“愿委之卿!”蒙傲以报于昭王。

自是之后,应侯每言韩事者,秦王弗听也,以其为汝南虏也。

秦攻邯郸

秦攻邯郸,十七月不下。庄谓王稽曰:“君何不赐军吏乎?”王稽曰:“吾与王也,不用人言。”庄曰:“不然!父之于子也,令有必行者,必不行者。曰‘去贵妻,卖爱妾’,此令必行者也;因曰‘毋敢思也’,此令必不行者也。守闾妪曰:‘其夕,某孺子内某士。’贵妻已去,爱妾已卖,而心不有。欲教之者,人心固有。今君虽幸于王,不过父子之亲;军吏虽贱,不卑于守闾妪。且君擅主轻下之日久矣。闻‘三人成虎,十夫楺椎,众口所移,毋翼而飞’。故曰:不如赐军吏而礼之。”王稽不听。军吏穷,果恶王稽、杜挚以反。

秦王大怒,而欲兼诛范雎,范雎曰:“臣,东鄙之贱人也,开罪于楚、魏,遁逃来奔。臣无诸侯之援、亲习之故,王举臣于羁旅之中,使职事。天下皆闻臣之身与王之举也。今遇惑或与罪人同心,而王明诛之,是王过举显于天下,而为诸侯所议也。臣愿请药赐死,而恩以相葬臣。王必不失臣之罪,而无过举之名。”王曰:“有之。”遂弗杀而善遇之。

蔡泽见逐于赵

蔡泽见逐于赵,而入韩、魏,遇夺釜鬲于涂。闻应侯任郑安平、王稽,皆负重罪,应侯内惭,乃西入秦。将见昭王,使人宣言以感怒应侯,曰:“燕客蔡泽,天下骏雄弘辩之士也。彼一见秦王,秦王必相之而夺君位。”应侯闻之,使人召蔡泽。

蔡泽入,则揖应侯。应侯固不快,及见之,又倨。应侯因让之,曰:“子常宣言代我相秦,岂有此乎?”对曰:“然。”应侯曰:“请闻其说。”蔡泽曰:“吁!何君见之晚也。夫四时之序,成功者去。夫人生手足坚强,耳目聪明圣知,岂非士之所愿与?”应侯曰:“然。”蔡泽曰:“质仁秉义,行道施德于天下,天下怀乐敬爱,愿以为君王,岂不辩智之期与?”应侯曰:“然。”蔡泽复曰:“富贵显荣,成理万物,万物各得其所;生命寿长,终其年而不夭伤;天下继其统,守其业,传之无穷,名实纯粹,泽流千世,称之而毋绝,与天下终。岂非道之符而圣人所谓吉祥善事与?”应侯曰:“然。”泽曰:“若秦之商君,楚之吴起,越之大夫种,其卒亦可愿矣。”

应侯知蔡泽之欲困己以说,复曰:“何为不可?夫公孙鞅事孝公,极身毋二,尽公不还私,信赏罚以致治,竭智能,示情素,蒙怨咎,欺旧交,虏魏公子卬,卒为秦禽将,破敌军,攘地千里;吴起事悼王,使私不害公,谗不蔽忠,言不取苟合,行不取苟容,行义不固毁誉,必有伯主强国,不辞祸凶;大夫种事越王,主离困辱,悉忠而不解,主虽亡绝,尽能而不离,多功而不矜,贵富不骄怠。若此三子者,义之至,忠之节也。故君子杀身以成名,义之所在,身虽死,无憾悔。何为不可哉?”

蔡泽曰:“主圣臣贤,天下之福也;君明臣忠,国之福也;父慈子孝,夫信妇贞,家之福也。故比干忠,不能存殷;子胥知,不能存吴;申生孝,而晋惑乱。是有忠臣孝子,国家灭乱。何也?无明君贤父以听之。故天下以其君父为戮辱,怜其臣子。夫待死而后可以立忠成名,是微子不足仁,孔子不足圣,管仲不足大也。”于是应侯称善。

蔡泽得少间,因曰:“商君、吴起、大夫种,其为人臣,尽忠致功,则可愿矣。闳夭事文王,周公辅成王也,岂不亦忠乎?以君臣论之,商君、吴起、大夫种,其可愿孰与闳夭、周公哉?”应侯曰:“商君、吴起、大夫种不若也。”蔡泽曰:“然则君之主慈仁任忠、不欺旧故,孰与秦孝公、楚悼王、越王乎?”应侯曰:“未知何如也。”蔡泽曰:“主固亲忠臣,不过秦孝、越王、楚悼。君之为主,正乱、批患、折难、广地、殖谷、富国、足家、强主,威盖海内,功章万里之外,不过商君、吴起、大夫种。而君之禄位贵盛、私家之富,过于三子,而身不退,窃为君危之。语曰:‘日中则移,月满则亏。’物盛则衰,天之常数也;进退、盈缩、变化,圣人之常道也。昔者,齐桓公九合诸侯,一匡天下,至葵丘之会,有骄矜之色,畔者九国;吴王夫差无敌于天下,轻诸侯,凌齐、晋,遂以杀身亡国;夏育、太史启叱呼骇三军,然而身死于庸夫。此皆乘至盛不及道理也。夫商君为孝公平权衡,正度量,调轻重,决裂阡陌,教民耕战,是以兵动而地广,兵休而国富,故秦无敌于天下,立威诸侯。功已成,遂以车裂。楚地持戟百万,白起率数万之师,以与楚战,一战举鄢郢,再战烧夷陵,南并蜀、汉,又越韩、魏,攻强赵,北坑马服,诛屠四十馀万之众,流血成川,沸声若雷,使秦业帝。自是之后,赵、楚慑服,不敢攻秦者,白起之势也。身所服者,七十馀城。功已成矣,赐死于杜邮。吴起为楚悼罢无能,废无用,损不急之官,塞私门之请,壹楚国之俗,南攻杨越,北并陈、蔡,破横散从,使驰说之士无所开其口。功已成矣,卒支解。大夫种为越王垦草耕邑,辟地殖谷,率四方士,上下之力,以禽劲吴,成霸功。句践终(棓)[倍]而杀之。此四子者,成功而不去,祸至于此。此所谓信而不能诎,往而不能反者也。范蠡知之,超然避世,长为陶朱。君独不观博者乎?或欲大投,或欲分功,此皆君之所明知也。今君相秦,计不下席,谋不出廊庙,坐制诸侯,利施三川,以实宜阳,决羊肠之险,塞太行之口,又斩范、中行之途,栈道千里于蜀汉,使天下皆畏秦。秦之欲得矣,君之功极矣,此亦秦之分功之时也!如是不退,则商君、白公、吴起、大夫种是也。君何不以此时归相印,让贤者而授之?必有伯夷之廉,长为应侯,世世称孤,而有乔松之寿。孰与以祸终哉?此则君何居焉?”应侯曰:“善。”乃延入坐,为上客。

后数日,入朝,言于秦昭王曰:“客新有从山东来者蔡泽,其人辩士。臣之见人甚众,莫有及者。臣不如也!”秦昭王召见,与语,大说之,拜为客卿。应侯因谢病,请归相印。昭王强起应侯,应侯遂称笃,因免相。昭王新说蔡泽计画,遂拜为秦相,东收周室。

蔡泽相秦王数月,人或恶之,惧诛,乃谢病归相印,号为刚成君。秦十馀年,昭王、孝文王、庄襄王,卒事始皇帝,为秦使于燕,三年而燕使太子丹入质于秦。

卷六 秦四

秦取楚汉中

秦取楚汉中,再战于蓝田,大败楚军。韩、魏闻楚之困,乃南袭至邓,楚王引归。后三国谋攻楚,恐秦之救也。或说薛公:“可发使告楚曰:‘今三国之兵且去楚,楚能应而共攻秦,虽蓝田,岂难得哉!况于楚之故地?’楚疑于秦之未必救己也,而今三国之辞去,则楚之应之也必劝,是楚与三国谋出秦兵矣。秦为知之,必不救也。三国疾攻楚,楚必走秦以急,秦愈不敢出。则是我离秦而攻楚也,兵必有功。”薛公曰:“善。”遂发重使之楚,楚之应之果劝。于是三国并力攻楚,楚果告急于秦,秦遂不敢出兵。大臣有功。

薛公入魏而出齐女

薛公入魏而出齐女。韩春谓秦王曰:“何不取为妻?以齐、秦劫魏,则上党,秦之有也。齐、秦合而立负刍,负刍立,其母在秦,则魏,秦之县也已。呡欲以齐、秦劫魏而困薛公,佐欲定其弟,臣请为王因呡与佐也。魏惧而复之,负刍必以魏殁世事秦。齐女入魏而怨薛公,终以齐奉事王矣。”

三国攻秦

三国攻秦,入函谷。秦王谓楼缓曰:“三国之兵深矣,寡人欲割河东而讲。”对曰:“割河东,大费也;免于国患,大利也。此父兄之任也,王何不召公子池而问焉?”

王召公子池而问焉,对曰:“讲亦悔,不讲亦悔。”王曰:“何也?”对曰:“王割河东而讲,三国虽去,王必曰:‘惜矣!三国且去,吾特以三城从之。’此讲之悔也。王不讲,三国入函谷,咸阳必危,王又曰:‘惜也!吾爱三城而不讲。’此又不讲之悔也。”王曰:“钧吾悔也,宁亡三城而悔,无危咸阳而悔也。寡人决讲矣。”卒使公子池以三城讲于三国,三国之兵乃退。

秦昭王谓左右曰

秦昭王谓左右曰:“今日韩、魏,孰与始强?”对曰:“弗如也。”王曰:“今之如耳、魏齐,孰与孟尝、芒卯之贤?”对曰:“弗如也。”王曰:“以孟尝、芒卯之贤,帅强韩、魏之兵以伐秦,犹无奈寡人何也!今以无能之如耳、魏齐,帅弱韩、魏以攻秦,其无奈寡人何亦明矣!”左右皆曰:“甚然。”

中期推琴对曰:“王之料天下过矣!昔者六晋之时,智氏最强,灭破范、中行,帅韩、魏以围赵襄子于晋阳,决晋水以灌晋阳,城不沉者三板耳。智伯出行水,韩康子御,魏桓子骖乘。智伯曰:‘始吾不知水之可亡人之国也,乃今知之。汾水利以灌安邑,绛水利以灌平阳。’魏桓子肘韩康子,康子履魏桓子,蹑其踵。肘、足接于车上,而智氏分矣。身死国亡,为天下笑。今秦之强,不能过智伯;韩、魏虽弱,尚贤在晋阳之下也。此乃方其用肘、足时也,愿王之勿易也!”

楚魏战于陉山

楚魏战于陉山。魏许秦以上洛,以绝秦于楚。魏战胜,楚败于南阳。

秦责赂于魏,魏不与。营浅谓秦王曰:“王何不谓楚王曰:‘魏许寡人以地,今战胜,魏王倍寡人也。王何不与寡人遇?魏畏秦、楚之合,必与秦地矣。是魏胜楚而亡地于秦也;是王以魏地德寡人,秦之楚者多资矣。魏弱,若不出地,则王攻其南,寡人绝其西,魏必危。’”

秦王曰:“善。”以是告楚。楚王扬言与秦遇,魏王闻之恐,效上洛于秦。

楚使者景鲤在秦

楚使者景鲤在秦,从秦王与魏王遇于境。楚怒秦合,周最为楚王曰:“魏请无与楚遇而合于秦,是以鲤与之遇也。弊邑之于与遇善之,故齐不合也。”楚王因不罪景鲤而德周、秦。

楚王使景鲤如秦

楚王使景鲤如秦。客谓秦王曰:“景鲤,楚王所甚爱,王不如留之以市地。楚王听,则不用兵而得地;楚王不听,则杀景鲤,更不与不如景鲤者。是便计也。”秦王乃留景鲤。

景鲤使人说秦王曰:“臣见王之权轻天下,而地不可得也。臣之来使也,闻齐、魏皆且割地以事秦。所以然者,以秦与楚为昆弟国。今大王留臣,是示天下无楚也,齐、魏有何重于孤国也?楚知秦之孤,不与地而外结交诸侯以图,则社稷必危。不如出臣。”秦王乃出之。

秦王欲见顿弱

秦王欲见顿弱,顿弱曰:“臣之义不参拜。王能使臣无拜,即可矣;不,即不见也。”秦王许之。于是顿子曰:“天下有其实而无其名者,有无其实而有其名者,有无其名又无其实者,王知之乎?”王曰:“弗知。”顿子曰:“有其实而无其名者,商人是也。无把铫推耨之劳,而有积粟之实,此有其实而无其名者也。无其实而有其名者,农夫是也。解冻而耕,暴背而耨,无积粟之实,此无其实而有其名者也。无其名又无其实者,王乃是也。已立为万乘,无孝之名;以千里养,无孝之实。”秦王悖然而怒。

顿弱曰:“山东战国有六,威不掩于山东而掩于母,臣窃为大王不取也。”秦王曰:“山东之建国可兼与?”顿子曰:“韩,天下之咽喉;魏,天下之胸腹。王资臣万金而游,听之韩、魏,入其社稷之臣于秦,即韩、魏从,韩、魏从而天下可图也。”秦王曰:“寡人之国贫,恐不能给也。”顿子曰:“天下未尝无事也,非从即横也。横成则秦帝,从成则楚王。秦帝,即以天下恭养;楚王,即王虽有万金,弗得私也。”

秦王曰:“善。”乃资万金,使东游韩、魏,入其将相;北游燕、赵,而杀李牧。齐王入朝,四国毕从。顿子之说也。

顷襄王二十年

顷襄王二十年,秦白起拔楚西陵,或拔鄢郢、夷陵,烧先王之墓。王徙东北,保于陈城,楚遂削弱,为秦所轻。于是白起又将兵来伐。

楚人有黄歇者,游学博闻,襄王以为辩,故使于秦,说昭王曰:“天下莫强于秦、楚。今闻大王欲伐楚,此犹两虎相斗,而驽犬受其弊,不如善楚。臣请言其说。臣闻之:‘物至而反,冬夏是也。致至而危,累棋是也。’今大国之地半天下,有二垂,此从生民以来,万乘之地未尝有也。先帝文王、庄王,王之身,三世而不接地于齐,以绝从亲之要。今王三使盛桥守事于韩,成桥以(北入燕)[其地入秦],是王不用甲,不申威,而出百里之地。王可谓能矣!王又举甲兵而攻魏,杜大梁之门,举河内,拔燕、酸枣、虚、桃人,楚、燕之兵云翔而不敢校,王之功亦多矣。王申息众二年,然后复之,又取蒲、衍、首垣,以临仁、平丘、小黄、济阳婴城,而魏氏服矣。王又割濮、磨之北属之燕,断齐、赵之要,绝楚、魏之脊。天下五合六聚而不敢救也,王之威亦惮矣!王若能持功守威,省攻伐之心而肥仁义之诫,使无复后患,三王不足四,五伯不足六也。王若负人徒之众,杖兵甲之强,壹毁魏氏之威,而欲以力臣天下之主,臣恐有后患。

“《诗》云:‘靡不有初,鲜克有终。’《易》曰:‘狐濡其尾。’此言始之易、终之难也。何以知其然也?智氏见伐赵之利,而不知榆次之祸也;吴见伐齐之便,而不知干隧之败也。此二国者,非无大功也,(设)[没]利于前,而易患于后也。吴之信越也,从而伐齐,既胜齐人于艾陵,还为越王禽于三江之浦。智氏信韩、魏,从而伐赵,攻晋阳之城,胜有日矣,韩、魏反之,杀智伯瑶于凿台之上。今王妒楚之不毁也,而忘毁楚之强韩、魏也。臣为大王虑而不取。

“《诗》云:‘大武远宅不涉。’从此观之,楚国,援也;邻国,敌也。《诗》云:‘他人有心,予忖度之,跃跃毚兔,遇犬获之。’今王中道而信韩、魏之善王也,此正吴信越也。臣闻‘敌不可易,时不可失’,臣恐韩、魏之卑辞虑患而实欺大国也。此何也?王既无重世之德于韩、魏,而有累世之怨矣。夫韩、魏父子兄弟接踵而死于秦者,百世矣。本国残,社稷坏,宗庙隳,刳腹折颐,首身分离,暴骨草泽,头颅僵仆,相望于境;父子、老弱系虏,相随于路,鬼神狐祥无所食,百姓不聊生,族类离散,流亡为臣妾,满海内矣。韩、魏之不亡,秦社稷之忧也。今王之攻楚,不亦失乎?

“且王攻楚之日,则恶出兵?王将借路于仇雠之韩、魏乎?兵出之日,而王忧其不反也。是王以兵资于仇雠之韩、魏。王若不借路于仇雠之韩、魏,必攻随阳、右壤。随阳、右壤,此皆广川大水、山林谿谷不食之地,王虽有之,不为得地。是王有毁楚之名,无得地之实也。且王攻楚之日,四国必悉起应王。秦、楚之构而不离,魏氏将出兵而攻留、方与、铚、胡陵、砀、萧、相,故宋必尽。齐人南面,泗北必举。此皆平原四达膏腴之地也,而王使之独攻。王破楚以肥韩、魏于中国而劲齐,韩、魏之强,足以校于秦矣。齐南以泗为境,东负海,北倚河,而无后患,天下之国,莫强于齐。齐、魏得地葆利,而详事下吏,一年之后,为帝若未能,于以禁王之为帝有馀。

“夫以王壤土之博,人徒之众,兵革之强,一举众而注地于楚,诎令韩、魏归帝重于齐,是王失计也!臣为王虑,莫若善楚。秦、楚合而为一,临以韩,韩必授首。王襟以山东之险,带以河曲之利,韩必为关中之候。若是,王以十万戍郑,梁氏寒心,许、鄢陵婴城,上蔡、召陵不往来也。如此,而魏亦关内候矣。王一善楚,而关内二万乘之主注地于齐,齐之右壤,可拱手而取也。是王之地,一任两海,要绝天下也。是燕、赵无齐、楚,齐、楚无燕、赵也。然后危动燕、赵,持齐、楚,此四国者,不待痛而服矣。”

或为六国说秦王曰

或为六国说秦王曰:“土广不足以为安,人众不足以为强。若土广者安,人众者强,则桀、纣之后将存。昔者,赵氏亦尝强矣。曰赵强何若?举左案齐,举右案魏。厌案万乘之国,二国,千乘之宋也。筑刚平,卫无东野,刍牧薪采,莫敢窥东门。当是时,卫危于累卵。天下之士相从谋曰:‘吾将还其委质而朝于邯郸之君乎?’于是天下有称伐邯郸者,莫不令朝行。魏伐邯郸,因退为逢泽之遇,乘夏车,称‘夏王’,朝为天子,天下皆从。齐太公闻之,举兵伐魏,壤地两分,国家大危。梁王身抱质执璧,请为陈侯臣,天下乃释梁。郢威王闻之,寝不寐,食不饱,帅天下百姓以与申缚遇于泗水之上,而大败申缚。赵人闻之,至枝桑;燕人闻之,至格道。格道不通,平际绝。齐战则不胜,谋则不得,使陈毛释剑掫,委南听罪,西说赵,北说燕,内喻其百姓,而天下乃齐释。于是夫积薄而为厚,聚少而为多,以同言郢威王于侧纣之间。臣岂以郢威王为政衰谋乱以至于此哉?郢为强,临天下诸侯,故天下乐伐之也。”

卷七　秦五

谓秦王曰

谓秦王曰:“臣窃惑王之轻齐易楚而卑畜韩也!臣闻:‘王兵胜而不骄,伯主约而不忿。’胜而不骄,故能服世;约而不忿,故能从邻。今王广德魏、赵而轻失齐,骄也;战胜宜阳,不恤楚交,忿也。骄忿非伯主之业也。臣窃为大王虑之而不取也!

“《诗》云:‘靡不有初,鲜克有终。’故先王之所重者,唯始与终。何以知其然?昔智伯瑶残范、中行,围逼晋阳,卒为三家笑;吴王夫差栖越于会稽,胜齐于艾陵,为黄池之遇,无礼于宋,遂与句践禽,死于干隧;梁君伐楚胜齐,制赵、韩之兵,驱十二诸侯以朝天子于孟津,后子死,身布冠而拘于秦。三者,非无功也,能始而不能终也。今王破宜阳,残三川,而使天下之士不敢言;雍天下之国,徙两周之疆,而世主不敢交阳侯之塞,取黄棘,而韩、楚之兵不敢进。王若能为此尾,则三王不足四,五伯不足六;王若不能为此尾,而有后患,则臣恐诸侯之君,河、济之士,以王为吴、智之事也。

“《诗》云:‘行百里者,半于九十。’此言末路之难也。今大王皆有骄色,以臣之心观之,天下之事,依世主之心,非楚受兵,必秦也。何以知其然也?秦人援魏以拒楚,楚人援韩以拒秦,四国之兵敌,而未能复战也。齐、宋在绳墨之外以为权,故曰:‘先得齐、宋者伐秦。’秦先得齐、宋,则韩氏铄;韩氏铄,则楚孤而受兵也。楚先得齐,则魏氏铄,魏氏铄则秦孤而受兵矣。若随此计而行之,则两国者必为天下笑矣!”

秦王与中期争论

秦王与中期争论，不胜。秦王大怒，中期徐行而去。或为中期说秦王曰："悍人也，中期适遇明君故也，向者遇桀、纣，必杀之矣！"秦王因不罪。

献则谓公孙消曰

献则谓公孙消曰："公，大臣之尊者也，数伐有功。所以不为相者，太后不善公也。芈戎者，太后之所亲也，今亡于楚，在东周。公何不以秦、楚之重，资而相之于周乎？楚必便之矣。是芈戎有秦、楚之重，太后必悦公，公必相矣。"

楼許约秦魏

楼許约秦魏，魏太子为质。纷强欲败之，谓太后曰："国与还者也，败秦而利魏，魏必负之。负秦之日，太子为粪矣！"太后坐王而泣。

王因疑于太子，令之留于酸枣。楼子患之。昭衍为周之梁，楼子告之。昭衍见梁王，梁王曰："何闻？"曰："闻秦且伐魏。"王曰："为期与我约矣。"曰："秦疑于王之约，以太子之留酸枣而不之秦。秦王之计曰：'魏不与我约，必攻我。我与其处而待之见攻，不如先伐之。'以秦强折节而下与国，臣恐其害于东周。"

濮阳人吕不韦贾于邯郸

濮阳人吕不韦贾于邯郸，见秦质子异人，归而谓父曰：“耕田之利几倍？”曰：“十倍。”“珠玉之赢几倍？”曰：“百倍。”“立国家之主赢几倍？”曰：“无数。”曰：“今力田疾作，不得暖衣馀食。今建国立君，泽可以遗世。愿往事之。”

秦子异人质于赵，处于扅城。故往说之，曰：“子傒有承国之业，又有母在中。今子无母于中，外托于不可知之国，一日倍约，身为粪土。今子听吾计事，求归，可以有秦国。吾为子使秦，必来请子。”乃说秦王后弟阳泉君曰：“君之罪至死，君知之乎？君之门下，无不居高尊位，太子门下无贵者。君之府藏珍珠宝玉，君之骏马盈外厩，美女充后庭。王之春秋高，一日山陵崩，太子用事，君危于累卵，而不寿于朝生。说有可以一切，而使君富贵千万岁，其宁于太山四维，必无危亡之患矣。”阳泉君避席曰：“请闻其说。”不韦曰：“王年高矣，王后无子。子傒有承国之业，士仓又辅之。王一日山陵崩，子傒立，士仓用事，王后之门，必生蓬蒿！子异人，贤材也，弃在于赵，无母于内，引领西望，而愿一得归。王后诚请而立之，是子异人无国而有国，王后无子而有子也。”阳泉君曰：“然。”入说王后，王后乃请赵而归之。

赵未之遣。不韦说赵曰：“子异人，秦之宠子也，无母于中，王后欲取而子之。使秦而欲屠赵，不顾一子以留计，是抱空质也。若使子异人归而得立，赵厚送遣之，是不敢倍德畔施，是自为德讲。秦王老矣，一日晏驾，虽有子异人，不足以结秦。”赵乃遣之。

异人至，不韦使楚服而见。王后悦其状，高其知，曰：“吾楚人也。”而自子之，乃变其名曰楚。王使子诵，子曰：“少弃捐在外，尝无师傅所教学，不习于诵。”王罢之，乃留止。间曰：“陛下尝轫车于赵矣,赵之豪桀得知名者不少。今大王反国,皆西面而望。大王无一介之使以存之,臣恐其皆有怨心,使边境早闭晚开。”王以为然,奇其计。王后劝立之。王乃召相,令之曰:“寡人子莫若楚。”立以为太子。

子楚立,以不韦为相,号曰文信侯,食蓝田十二县。王后为华阳太后,诸侯皆致秦邑。

文信侯欲攻赵

文信侯欲攻赵,以广河间,使刚成君蔡泽事燕三年,而燕太子质于秦。文信侯因请张唐相燕,欲与燕共伐赵,以广河间之地。张唐辞曰:“燕者,必径于赵,赵人得唐者,受百里之地。”文信侯去而不快。少庶子甘罗曰:“君侯何不快甚也?”文信侯曰:“吾令刚成君蔡泽事燕三年,而燕太子已入质矣。今吾自请张卿相燕而不肯行。”甘罗曰:“臣行之。”文信君叱曰:“[去!]我自行之而不肯,汝安能行之也?”甘罗曰:“夫项橐生七岁而为孔子师,今臣生十二岁于兹矣,君其试臣,奚以遽言叱也!”

甘罗见张唐曰:“卿之功,孰与武安君?”唐曰:“武安君战胜攻取,不知其数;攻城堕邑,不知其数。臣之功不如武安君也。”甘罗曰:“卿明知功之不如武安君与?”曰:“知之。”“应侯之用秦也,孰与文信侯专?”曰:“应侯不如文信侯专。”曰:“卿明知为不如文信侯专与?”曰:“知之。”甘罗曰:“应侯欲伐赵,武安君难之,去咸阳七里,绞而杀之。今文信侯自请卿相燕,而卿不肯行,臣不知卿所死之处矣!”唐曰:“请因孺子而行。”令库具车,厩具马,府具币,行有日矣。甘罗谓文信侯曰:“借臣车五乘,请为张唐先报赵。”

见赵王。赵王郊迎。谓赵王曰:“闻燕太子丹之入秦与?”曰:“闻之。”“闻张唐之相燕与?”曰:“闻之。”“燕太子入秦者,燕不欺秦也;张唐相燕者,秦不欺燕也。秦、燕不相欺,则伐赵,危矣!燕、秦所以不相欺者,无异故,欲攻赵而广河间也。今王赍臣五城以广河间,请归燕太子,与强赵攻弱燕。”赵王立割五城以广河间,归燕太子。赵攻燕,得上谷三十六县,与秦什一。

文信侯出走

文信侯出走,与司空马之赵,赵以为守相。秦下甲而攻赵。

司空马说赵王曰:“文信侯相秦,臣事之,为尚书,习秦事。今大王使守小官,习赵事。请为大王设秦、赵之战,而亲观其孰胜。赵孰与秦大?”曰:“不如。”“民孰与之众?”曰:“不如”“金钱粟米孰与之富?”曰:“弗如。”“国孰与之治?”曰:“不如。”“相孰与之贤?”曰:“不如。”“将孰与之武?”曰:“不如。”“律令孰与之明?”曰:“不如。”司空马曰:“然则大王之国百举而无及秦者,大王之国亡!”赵王曰:“卿不远赵,而悉教以国事,愿于因计。”司空马曰:“大王裂赵之半以赂秦,秦不接刃而得赵之半,秦必悦。内恶赵之守,外恐诸侯之救,秦必受之。秦受地而郄兵,赵守半国以自存。秦衔赂以自强,山东必恐;亡赵自危,诸侯必惧;惧而相救,则从事可成。臣请大王约从。从事成,则是大王名亡赵之半,实得山东以敌秦,秦不足亡。”赵王曰:“前日秦下甲攻赵,赵赂以河间十二县,地削兵弱,卒不免秦患。今又割赵之半以强秦,力不能自存,因以亡矣。愿卿之更计。”司空马曰:“臣少为秦刀笔,以官长而守小官,未尝为兵首,请为大王悉赵兵以遇。”赵王不能将。司空马曰:“臣效愚计,大王不用,是臣无以事大王,愿自请。”

司空马去赵,渡平原。平原津令郭遗劳而问:“秦兵下赵,上客从赵来,赵事何如?”司空马言其为赵王计而弗用,赵必亡。平原令曰:“以上客料之,赵何时亡?”司空马曰:“赵将武安君,期年而亡;若杀武安君，不过半年。赵王之臣有韩仓者，以曲合于赵王，其交甚亲，其为人疾贤妒功臣。今国危亡，王必用其言，武安君必死。”

韩仓果恶之，王使人代。武安君至，使韩仓数之，曰：“将军战胜，王觞将军。将军为寿于前而(捍)[捭]匕首，当死！”武安君曰：“缳病钩，身大臂短，不能及地，起居不敬，恐惧死罪于前，故使工人为木材以接手。上若不信，缳请以出示。”出之袖中，以示韩仓，状如(振梱)[枨捆]，缠之以布。“愿公入明之。”韩仓曰：“受命于王，赐将军死，不赦。臣不敢言。”武安君北面再拜赐死，缩剑将自诛，乃曰：“人臣不得自杀宫中！”遇司马门，趣甚疾，出諔门也。右举剑将自诛，臂短不能及，衔剑征之于柱以自刺。

武安君死五月，赵亡。平原令见诸公，必为言之曰：“嗟嗞乎！司空马！”又以为司空马逐于秦，非不知也；去赵，非不肖也。赵去司空马而国亡。国亡者，非无贤人，不能用也。

四国为一

四国为一，将以攻秦。秦王召群臣宾客六十人而问焉，曰：“四国为一，将以图秦，寡人屈于内，而百姓靡于外，为之奈何？”群臣莫对。姚贾对曰：“贾愿出使四国，必绝其谋而安其兵。”乃资车百乘，金千斤，衣以其衣，冠舞以其剑。姚贾辞行，绝其谋，止其兵，与之为交以报秦。秦王大说，封贾千户，以为上卿。

韩非(知)[短]之曰：“贾以珍珠重宝，南使荆、吴，北使燕、代之间三年，四国之交未必合也，而珍珠重宝尽于内。是贾以王之权、国之宝，外自交于诸侯。愿王察之！且梁监门子，尝盗于梁，臣于赵而逐。取世监门子、梁之大盗、赵之逐臣，与同知社稷之计，非所以厉群臣也。”

王召姚贾而问曰：“吾闻子以寡人财交于诸侯，有诸？”对曰：

“有。”王曰:“有何面目复见寡人?”对曰:“曾参孝其亲,天下愿以为子;子胥忠于君,天下愿以为臣;贞女工巧,天下愿以为妃。今贾忠王而王不知也。贾不归四国,尚焉之?使贾不忠于君,四国之王尚焉用贾之身?桀听谗而诛其良将,纣闻谗而杀其忠臣,至身死国亡。今王听谗,则无忠臣矣!”王曰:“子监门子,梁之大盗,赵之逐臣。”姚贾曰:“太公望,齐之逐夫,朝歌之废屠,子良之逐臣,棘津之雠不庸;文王用之而王。管仲,其鄙人之贾人也,南阳之弊幽,鲁之免囚,桓公用之而伯。百里奚,虞之乞人,传卖以五羊之皮,穆公相之而朝西戎。文公用中山盗,而胜于城濮。此四士者,皆有诟丑,大诽天下,明主用之,知其可与立功。使若卞随、务光、申屠狄,人主岂得其用哉?故明主不取其污,不听其非,察其为己用。故可以存社稷者,虽有外诽者不听,虽有高世之名而无咫尺之功者不赏。是以群臣莫敢以虚愿望于上。”

秦王曰:“然。”乃可复使姚贾而诛韩非。

卷八　齐一

楚威王战胜于徐州

楚威王战胜于徐州，欲逐婴子于齐，婴子恐。张丑谓楚王曰："王战胜于徐州也，盼子不用也。盼子有功于国，百姓为之用。婴子不善，而用申缚。申缚者，大臣与百姓弗为用，故王胜之也。今婴子逐，盼子必用，复整其士卒以与王遇，必不便于王也。"楚王因弗逐。

齐将封田婴于薛

齐将封田婴于薛。楚王闻之，大怒，将伐齐。齐王有辍志。

公孙闬曰："封之成与不，非在齐也，又将在楚。闬说楚王，令其欲封公也又甚于齐。"婴子曰："愿委之于子。"公孙闬谓楚王曰："鲁、宋事楚而齐不事者，齐大而鲁、宋小。王独利鲁、宋之小，不恶齐大，何也？夫齐削地而封田婴，是其所以弱也。愿勿止。"

楚王曰："善。"因不止。

靖郭君将城薛

靖郭君将城薛，客多以谏。靖郭君谓谒者："无为客通！"

齐人有请者，曰："臣请三言而已矣！益一言，臣请烹！"靖郭君因见之。客趋而进，曰："海大鱼。"因反走。君曰："客有于此。"客曰："鄙臣不敢以死为戏。"君曰："亡，更言之。"对曰："君不闻大鱼乎？网不能止，钩不能牵，荡而失水，则蝼蚁得意焉。今夫齐，亦君之水也。君长有齐阴，奚以薛为？失齐，虽隆薛之城到于天，犹之无益也。”

君曰：“善。”乃辍城薛。

靖郭君谓齐王曰

靖郭君谓齐王曰：“五官之计，不可不日听也而数览。”王曰：“说五而厌之。”今与靖郭君。

靖郭君善齐貌辨

靖郭君善齐貌辨。齐貌辨之为人也多疵，门下弗说。士尉以证靖郭君，靖郭君不听，士尉辞而去。孟尝君又窃以谏，靖郭君大怒，曰：“刬而类，破吾家。苟可慊齐貌辨者，吾无辞为之。”于是舍之上舍，令长子御，旦暮进食。

数年，威王薨，宣王立。靖郭君之交，大不善于宣王，辞而之薛，与齐貌辨俱留。无几何，齐貌辨辞而行，请见宣王。靖郭君曰：“王之不说婴甚，公往，必得死焉。”齐貌辨曰：“固不求生也，请必行！”靖郭君不能止。

齐貌辨行至齐，宣王闻之，藏怒以待之。齐貌辨见宣王，王曰：“子，靖郭君之所听爱夫。”齐貌辨曰：“爱则有之，听则无有。王之方为太子之时，辨谓靖郭君曰：‘太子相不仁，过颐豕视，若是者信反。不若废太子，更立卫姬婴儿郊师。’靖郭君泣而曰：‘不可！吾不忍也。’若听辨而为之，必无今日之患也。此为一。至于薛，昭阳请以数倍之地易薛，辨又曰：‘必听之。’靖郭君曰：‘受薛于先王，虽恶于后王,吾独谓先王何乎！且先王之庙在薛,吾岂可以先王之庙与楚乎！'又不肯听辨。此为二。"宣王太息,动于颜色,曰:"靖郭君之于寡人,一至此乎！寡人少,殊不知此。客肯为寡人来靖郭君乎?"齐貌辨对曰:"敬诺。"

靖郭君衣威王之衣冠,带其剑。宣王自迎靖郭君于郊,望之而泣。靖郭君至,因请相之。靖郭君辞,不得已而受。七日,谢病强辞不得,三日而听。当是时,靖郭君可谓能自知人矣！能自知人,故人非之不为沮。此齐貌辨之所以外生乐患趣难者也。

邯郸之难

邯郸之难,赵求救于齐。田侯召大臣而谋,曰:"救赵孰与勿救?"邹子曰:"不如勿救。"段干纶曰:"弗救,则我[且]不利。"田侯曰:"何哉?""夫魏氏兼邯郸,其于齐何利哉!"

田侯曰:"善。"乃起兵,曰:"军于邯郸之郊。"段干纶曰:"臣之求利且不利者,非此也。夫救邯郸,军于其郊,是赵不拔而魏全也,故不如南攻襄陵以弊魏。邯郸拔而承魏之弊,是赵破而魏弱也。"

田侯曰:"善。"乃起兵南攻襄陵。七月,邯郸拔。齐因承魏之弊,大破之桂陵。

南梁之难

南梁之难,韩氏请救于齐。田侯召大臣而谋曰:"早救之,孰与晚救之便?"

张丐对曰:"晚救之,韩且折而入于魏,不如早救之。"田臣思曰:"不可！夫韩、魏之兵未弊,而我救之,我代韩而受魏之兵,顾反听命于韩也。且夫魏有破韩之志，韩且见亡，必东诉于齐。我因阴结韩之亲，而晚承魏之弊，则国可重，利可得，名可尊矣。”

田侯曰：“善。”乃阴告韩使者而遣之。韩自（以专）[恃]有齐国，五战五不胜。东诉于齐，齐因起兵击魏，大破之马陵。魏破韩弱，韩、魏之君因田婴北面而朝田侯。

成侯邹忌为齐相

成侯邹忌为齐相，田忌为将，不相说。公孙闬谓邹忌曰：“公何不为王谋伐魏？胜，则是君之谋也，君可以有功；战不胜，田忌不进，战而不死，曲挠而诛。”邹忌以为然，乃说王而使田忌伐魏。

田忌三战三胜，邹忌以告公孙闬。公孙闬乃使人操十金而往卜于市，曰：“我，田忌之人也，吾三战而三胜，声威天下，欲为大事，亦吉否？”卜者出，因令人捕为人卜者，亦验其辞于王前。田忌遂走。

田忌为齐将

田忌为齐将，系梁太子申，禽庞涓。孙子谓田忌曰：“将军可以为大事乎？”田忌曰：“奈何？”孙子曰：“将军无解兵而入齐。使彼罢弊于先弱守于主。主者，循轶之途也，锴击摩车而相过。使彼罢弊先弱守于主，必一而当十，十而当百，百而当千。然后背泰山，左济，右天唐，军重踵高宛，使轻车锐骑冲雍门。若是，则齐君可正，而成侯可走。不然，则将军不得入于齐矣！”田忌不听，果不入齐。

田忌亡齐而之楚

田忌亡齐而之楚，邹忌代之相。齐恐田忌欲以楚权复于齐。杜赫曰:“臣请为君留[之]楚。”谓楚王曰:“邹忌所以不善楚者,恐田忌之以楚权复于齐也。王不如封田忌于江南,以示田忌之不返齐也,邹忌以齐厚事楚。田忌,亡人也,而得封,必德王。若复于齐,必以齐事楚。此用二忌之道也。”楚果封之于江南。

邹忌事宣王

邹忌事宣王,仕人众,宣王不悦。晏首贵而仕人寡,王悦之。邹忌谓宣王曰:“忌闻以为有一子之孝,不如有五子之孝。今首之所进仕者,以几何人?”宣王因以晏首壅塞之。

邹忌修八尺有馀

邹忌修八尺有馀,(身体)[形貌]昳丽。朝服衣冠,窥镜,谓其妻曰:“我孰与城北徐公美?”其妻曰:“君美甚！徐公何能及公也?”城北徐公,齐国之美丽者也。忌不自信,而复问其妾,曰:“吾孰与徐公美?”妾曰:“徐公何能及君也!”旦日,客从外来,与坐谈,问之客曰:“吾与徐公孰美?”客曰:“徐公不若君之美也。”明日,徐公来,孰视之,自以为不如;窥镜而自视,又弗如远甚。暮,寝而思之,曰:“吾妻之美我者,私我也;妾之美我者,畏我也;客之美我者,欲有求于我也。”

于是入朝见威王,曰:“臣诚知不如徐公美,臣之妻私臣,臣之妾畏臣,臣之客欲有求于臣,皆以美于徐公。今齐地方千里,百二十城;宫妇左右,莫不私王;朝廷之臣,莫不畏王;四境之内,莫不有求于王。由此观之,王之蔽甚矣!”王曰:“善。”乃下令:“群臣吏民,能面刺寡人之过者,受上赏;上书谏寡人者,受中赏;能谤议于市朝,闻寡人之耳者,受下赏。”

令初下,群臣进谏,门庭若市。数月之后,时时而间进。期年之后,虽欲言,无可进者。燕、赵、韩、魏闻之,皆朝于齐。此所谓战胜于朝廷。

秦假道韩魏以攻齐

秦假道韩魏以攻齐,齐威王使章子将而应之。与秦交和而舍,使者数相往来,章子为变其徽章,以杂秦军。

候者言:“章子以齐入秦。”威王不应。顷之间,候者复言:“章子以齐兵降秦。”威王不应。而此者三。有司请曰:“言章子之败者,异人而同辞。王何不发将而击之?”王曰:“此不叛寡人明矣,曷为击之?”顷间,言:“齐兵大胜,秦军大败。”于是秦王拜西藩之臣而谢于齐。

左右曰:“何以知之?”曰:“章子之母启得罪其父,其父杀之而埋马栈之下。吾使章子将也,勉之曰:‘夫子之强,全兵而还,必更葬将军之母。’对曰:‘臣非不能更葬先妾也。臣之母启得罪臣之父,臣之父未教而死。夫不得父之教而更葬母,是欺死父也。故不敢。’夫为人子而不欺死父,岂为人臣欺生君哉?”

楚将伐齐

楚将伐齐,鲁亲之,齐王患之。张丏曰:“臣请令鲁中立。”

乃为齐见鲁君。鲁君曰:“齐王惧乎?”曰:“非臣所知也。臣来吊足下!”鲁君曰:“何吊?”曰:“君之谋过矣!君不与胜者而与不胜者,何故也?”鲁君曰:“子以齐、楚为孰胜哉?”对曰:“鬼且不知也。”

“然则子何以吊寡人?”曰:“齐、楚之权,敌也,不用有鲁与无鲁。足下岂如全众而合二国之后哉? 楚大胜齐,其良士选卒必殪,其馀兵(足)[亡]以待天下;齐为胜,其良士选卒亦殪。而君以鲁众合战胜后,此其为德也亦大矣,其见恩德亦甚大也!”

鲁君以为然,乃退师。

秦伐魏

秦伐魏,陈轸合三晋而东,谓齐王曰:“古之王者之伐也,欲以正天下而立功名,以为后世也。今齐、楚、燕、赵、韩、梁六国之递甚也,不足以立功名,适足以强秦而自弱也,非山东之上计也。能危山东者,强秦也。不忧强秦,而递相罢弱,而两归其国于秦,此臣之所以为山东之患。天下为秦相割,秦曾不出力;天下为秦相烹,秦曾不出薪。何秦之智而山东之愚耶! 愿大王之察也。古之五帝、三王、五伯之伐也,伐不道者。今秦之伐天下不然,必欲反之,主必死辱,民必死虏。今韩、梁之目未尝干而齐民独不也,非齐亲而韩、梁疏也,齐远秦而韩、梁近。今齐将近矣! 今秦欲攻梁绛、安邑,秦得绛、安邑以东下河,必表里河而东攻齐。举齐属之海,南面而孤楚、韩、梁,北向而孤燕、赵,齐无所出其计矣。愿王熟虑之! 今三晋已合矣,复为兄弟约,而出锐师以戍梁绛、安邑,此万世之计也。齐非急以锐师合三晋,必有后忧。三晋合,秦必不敢攻梁,必南攻楚。楚、秦构难,三晋怒齐不与己也,必东攻齐。此臣之所谓齐必有大忧,不如急以兵合于三晋。”

齐王敬诺,果以兵合于三晋。

苏秦为赵合从

苏秦为赵合从，说齐宣王曰："齐南有太山，东有琅邪，西有清河，北有渤海，此所谓四塞之国也。齐地方二千里，带甲数十万，粟如丘山。齐车之良，五家之兵，疾如锥矢，战如雷电，解如风雨。即有军役，未尝倍太山，绝清河，涉渤海也。临淄之中七万户，臣窃度之，下户三男子，三七二十一万，不待发于远县，而临淄之卒固以二十一万矣。临淄甚富而实，其民无不吹竽、鼓瑟、击筑、弹琴、斗鸡、走犬、六博、蹹鞠者。临淄之途，车𫍲击，人肩摩，连衽成帷，举袂成幕，挥汗成雨。家敦而富，志高而扬。夫以大王之贤与齐之强，天下不能当。今乃西面事秦，窃为大王羞之！

"且夫韩、魏之所以畏秦者，以与秦接界也。兵出而相当，不至十日，而战胜存亡之机决矣。韩、魏战而胜秦，则兵半折，四境不守；战而不胜，以亡随其后。是故韩、魏之所以重与秦战，而轻为之臣也。今秦攻齐则不然，倍韩、魏之地，至卫阳晋之道，径亢父之险，车不得方轨，马不得并行，百人守险，千人不能过也。秦虽欲深入，则狼顾，恐韩、魏之议其后也。是故恫疑虚猲，高跃而不敢进，则秦不能害齐，亦已明矣。夫不深料秦之不奈我何也，而欲西面事秦，是群臣之计过也。今无臣事秦之名，而有强国之实，臣固愿大王之少留计！"

齐王曰："寡人不敏，今主君以赵王之教诏之，敬奉社稷以从。"

张仪为秦连横说齐王

张仪为秦连横，说齐王曰："天下强国，无过齐者；大臣父兄殷众富乐，无过齐者。然而为大王计者，皆为一时说而不顾万世之利。从人说大王者，必谓'齐西有强赵，南有韩、魏，负海之国也。地广人众，兵强士勇，虽有百秦，将无奈我何！'大王览其说，而不察其至实。夫从人朋党比周，莫不以从为可。臣闻之，齐与鲁三战而鲁三胜，国以危，亡随其后，虽有胜名，而有亡之实，是何故也？齐大而鲁小。今赵之与秦也，犹齐之与鲁也。秦、赵战于河漳之上，再战而再胜秦；战于番吾之下，再战而再胜秦。四战之后，赵亡卒数十万，邯郸仅存，虽有胜秦之名，而国破矣！是何故也？秦强而赵弱也。今秦、楚，嫁子取妇，为昆弟之国。韩献宜阳，魏效河外，赵入朝黾池，割河间以事秦。大王不事秦，秦驱韩、魏攻齐之南地，悉赵涉河关，指搏关，临淄、即墨，非王之有也。国一日被攻，虽欲事秦，不可得也。是故愿大王熟计之。"

齐王曰："齐僻陋隐居，托于东海之上，未尝闻社稷之长利。今大客幸而教之，请奉社稷以事秦。"献鱼盐之地三百于秦也。

卷九　齐二

韩齐为与国

韩齐为与国。张仪以秦、魏伐韩。齐王曰："韩，吾与国也。秦伐之，吾将救之。"田臣思曰："王之谋过矣！不如听之。子哙与子之国，百姓不戴，诸侯弗与。秦伐韩，楚、赵必救之。是天以燕赐我也。"王曰："善。"乃许韩使者而遣之。

韩自以得交于齐，遂与秦战。楚、赵果遽起兵而救韩，齐因起兵攻燕，三十日而举燕国。

张仪事秦惠王

张仪事秦惠王。惠王死，武王立。左右恶张仪曰："仪事先王不忠。"言未已，齐让又至。

张仪闻之，谓武王曰："仪有愚计，愿效之王。"王曰："奈何？"曰："为社稷计者，东方有大变，然后王可以多割地。今齐王甚憎张仪，仪之所在，必举兵而伐之。故仪愿乞不肖身而之梁，齐必举兵而伐之。齐、梁之兵连于城下，不能相去，王以其间伐韩，入三川，出兵函谷而无伐，以临周，祭器必出，挟天子，案图籍，此王业也。"王曰："善。"乃具革车三十乘，纳之梁。

齐果举兵伐之，梁王大恐。张仪曰："王勿患，请令罢齐兵。"乃使其舍人冯喜之楚，藉使之齐。

齐、楚之事已毕，因谓齐王："王甚憎张仪，虽然，厚矣王之托仪于秦王也!”齐王曰:“寡人甚憎仪,仪之所在,必举兵伐之,何以托仪也?”对曰:“是乃王之托仪也! 仪之出秦,因与秦王约曰:‘为王计者,东方有大变,然后王可以多割地。齐王甚憎仪,仪之所在,必举兵伐之。故仪愿乞不肖身而之梁,齐必举兵伐梁。梁、齐之兵连于城下不能去,王以其间伐韩,入三川,出兵函谷而无伐,以临周,祭器必出,挟天子,案图籍,是王业也!’秦王以为然,与革车三十乘而纳仪于梁。而果伐之,是王内自罢而伐与国,广邻敌以自临,而信仪于秦王也。此臣之所谓托仪也!”

王曰:“善。”乃止。

犀首以梁为齐战于承匡而不胜

犀首以梁为齐战于承匡而不胜。张仪谓梁王:“不用臣言以危国!”梁王因相仪。仪以秦、梁之齐合横亲。犀首欲败[之],谓卫君曰:“衍非有怨于仪也,值所以为国者不同耳! 君必解衍!”卫君为告仪,仪许诺,因与之参坐于卫君之前。犀首跪行,为仪千秋之祝。

明日,张子行,犀首送之,至于齐疆。齐王闻之,怒于仪,曰:“衍也吾仇,而仪与之俱,是必与衍鬻吾国矣!”遂不听。

昭阳为楚伐魏

昭阳为楚伐魏,覆军杀将,得八城,移兵而攻齐。陈轸为齐王使,见昭阳,再拜,贺战胜,起而问:“楚之法,覆军杀将,其官爵何也?”昭阳曰:“官为上柱国,爵为上执珪。”陈轸曰:“异贵于此者,何也?”曰:“唯令尹耳。”

陈轸曰:“令尹贵矣! 王非置两令尹也! 臣窃为公譬可也。楚有祠者，赐其舍人[一]卮酒，舍人相谓曰：'数人饮之不足，一人饮之有馀，请画地为蛇，先成者饮酒。'一人蛇先成，引酒且饮之，乃左手持卮，右手画蛇，曰：'吾能为之足。'未成，一人之蛇成，夺其卮曰：'蛇固无足，子安能为之足？'遂饮其酒。为蛇足者，终亡其酒。今君相楚而攻魏，破军杀将，得八城，又弱兵，欲攻齐，齐畏公甚，公以是为名居足矣，官之上非可重也。战无不胜而不知止者，身且死，爵且后归，犹为蛇足也。"

昭阳以为然，解军而去。

秦攻赵

秦攻赵。赵令楼缓以五城求讲于秦，而与之伐齐。齐王恐，因使人以十城求讲于秦。楼子恐，因以上党二十四县许秦王。赵足之齐，谓齐王曰："王欲秦、赵之解乎？不如从合于赵。赵必倍秦，倍秦则齐无患矣！"

权之难

权之难，齐、燕战。秦使魏冉之赵，出兵助燕击齐。薛公使魏处之赵，谓李向曰："君助燕击齐，齐必急。急，必以地和于燕而身与赵战矣。然则是君自为燕东兵，为燕取地也。故为君计者，不如按兵勿出。齐必缓，缓必复与燕战。战而胜，兵罢弊，赵可取唐、曲逆；战而不胜，命悬于赵。然则吾中立而割穷齐与疲燕也，两国之权，归于君矣！"

秦攻赵长平

秦攻赵长平,齐、燕救之。秦计曰:“齐、燕救赵,亲则将退兵,不亲则且遂攻之。”

赵无以食,请粟于齐,而齐不听。苏秦谓齐王曰:“不如听之,以却秦兵;不听,则秦兵不却。是秦之计中,而齐、燕之计过也!且赵之于燕、齐,隐蔽也,犹齿之有唇也,唇亡则齿寒。今日亡赵,则明日及齐、(楚)[燕]矣。且夫救赵之务,宜若奉漏瓮,沃燋釜。夫救赵,高义也;却秦兵,显名也。义救亡赵,威却强秦兵,不务为此而务爱粟,则为国计者过矣。”

或谓齐王曰

或谓齐王曰:“周、韩西有强秦,东有赵、魏。秦伐周、韩之西,赵、魏不伐,周、韩为割,韩却周害也。及韩却周割之,赵、魏亦不免与秦为患矣。令齐、秦伐赵、魏,则亦不异于赵、魏之应秦而伐周、韩。令齐入于秦而伐赵、魏,赵、魏亡之后,秦东面而伐齐,齐安得救天下乎?”

卷十　齐三

楚王死

楚王死，太子在齐质。苏秦谓薛公曰："君何不留楚太子以市其下东国？"薛公曰："不可！我留太子，郢中立王，然则是我抱空质而行不义于天下也！"苏秦曰："不然！郢中立王，君因谓其新王曰：'与我下东国，吾为王杀太子；不然，吾将与三国共立之。'然则下东国必可得也。"

苏秦之事，可以请行；可以令楚王亟入下东国；可以益割于楚；可以忠太子而使楚益入地；可以为楚王走太子；可以忠太子，使之亟去；可以恶苏秦于薛公；可以为苏秦请封于楚；可以使人说薛公以善苏子；可以使苏子自解于薛公。

苏秦谓薛公曰："臣闻'谋泄者事无功，计不决者名不成'。今君留太子者，以市下东国也。非亟得下东国者，则楚之计变，变则是君抱空质而负名于天下也。"薛公曰："善。为之奈何？"对曰："臣请为君之楚，使亟入下东国之地。楚得成，则君无败矣。"

薛公曰："善。"因遣之。谓楚王曰："齐欲奉太子而立之。臣观薛公之留太子者，以市下东国也。今王不亟入下东国，则太子且倍王之割而使齐奉己。"楚王曰："谨受命。"因献下东国。故曰可以使楚亟入地也。

谓薛公曰："楚之势可多割也。"薛公曰："奈何？""请告太子其故，使太子谒之君，以忠太子。使楚王闻之，可以益入地。"故曰可以益割于楚也。

谓太子曰："齐奉太子而立之,楚王请割地以留太子,齐少其地,太子何不倍楚之割地而资齐？齐必奉太子。"太子曰："善。"倍楚之割而延齐。楚王闻之恐,益割地而献之,尚恐事不成。故曰可以使楚益入地也。

谓楚王曰："齐之所以敢多割地者,挟太子也。今已得地而求不止者,以太子权王也。故臣能去太子。太子去,齐无辞,必不倍于王也。王因驰强齐而为交,齐辞,必听王。然则是王去仇而得齐交也。"楚王大悦,曰："请以国因!"故曰可以为楚王使太子亟去也。

谓太子曰："夫剬楚者,王也;以空名市者,太子也。齐未必信太子之言也,而楚功见矣。楚交成,太子必危矣。太子其图之!"太子曰："谨受命。"乃约车而暮去。故曰可以使太子急去也。

苏秦使人请薛公曰："夫劝留太子者,苏秦也。苏秦非诚以为君也,且以便楚也。苏秦恐君之知之,故多割楚以灭迹也。今劝太子者,又苏秦也。而君弗知,臣窃为君疑之!"薛公大怒于苏秦。故曰可以使人恶苏秦于薛公也。

又使人谓楚王曰："夫使薛公留太子者,苏秦也;奉王而代立楚太子者,又苏秦也;割地固约者,又苏秦也;忠王而走太子者,又苏秦也。今人恶苏秦于薛公,以其为齐薄而为楚厚也。愿王之知之。"楚王曰："谨受命。"因封苏秦为武贞君。故曰可以为苏秦请封于楚也。

又使景鲤请薛公曰："君之所以重于天下者,以能得天下之士,而有齐权也。今苏秦,天下之辩士也,世与少有。君因不善苏秦,则是围塞天下士而不利说途也。夫不善君者且奉苏秦,而于君之事殆矣！今苏秦善于楚王,而君不蚤亲,则是身与楚为仇也！故君不如因而亲之,贵而重之,是君有楚也。"薛公因善苏秦。故曰可以为苏秦说薛公以善苏秦也。

齐王夫人死

齐王夫人死，有七孺子皆近。薛公欲知王所欲立，乃献七珥，美其一。明日，视美珥所在，劝王立为夫人。

孟尝君将入秦

孟尝君将入秦，止者千数而弗听。苏秦欲止之，孟尝君曰："人事者，吾已尽知之矣；吾所未闻者，独鬼事耳！"苏秦曰："臣之来也，固不敢言人事也，固且以鬼事见君！"孟尝君见之。谓孟尝君曰："今者臣来，过于淄上，有土偶人与桃梗相与语。桃梗谓土偶人曰：'子，西岸之土也，(挺)[埏]子以为人，至岁八月，降雨下，淄水至，则汝残矣！'土偶曰：'不然。吾西岸之土也，(土)[吾残]则复西岸耳。今子，东国之桃梗也，刻削子以为人，降雨下，淄水至，流子而去，则子漂漂者将何如耳？'今秦，四塞之国，譬若虎口，而君入之，则臣不知君所出矣！"孟尝君乃止。

孟尝君在薛

孟尝君在薛，荆人攻之。淳于髡为齐使于荆，还反过薛，而孟尝君令人体貌而亲郊迎之。谓淳于髡曰："荆人攻薛，夫子弗忧，文无以复侍矣！"淳于髡曰："敬闻命。"

至于齐，毕报。王曰："何见于荆？"对曰："荆甚固，而薛亦不量其力。"王曰："何谓也？"对曰："薛不量其力，而为先王立清庙。荆固而攻之，清庙必危。故曰薛不量力，而荆亦甚固。"齐王和其颜色，曰："譆！先君之庙在焉！"疾兴兵救之。

颠蹶之请，望拜之谒，虽得则薄矣。善说者，陈其势，言其方，人之急也，若自在隘窘之中，岂用强力哉！

孟尝君奉夏侯章以四马百人之食

孟尝君奉夏侯章以四马百人之食，遇之甚欢。夏侯章每言，未尝不毁孟尝君也。或以告孟尝君，孟尝君曰："文有以事夏侯公矣，勿言！"董之繁菁以问夏侯公，夏侯公曰："孟尝君重非诸侯也，而奉我四马百人之食。我无分寸之功而得此。然吾毁之，以为之也；君所以得为长者，以吾毁之也。吾以身为孟尝君，岂得持言也？"

孟尝君燕坐

孟尝君燕坐，谓三先生曰："愿闻先生有以补之阙者。"一人曰："訾！天下之主，有侵君者，臣请以臣之血湔其衽。"田瞀曰："车轶之所能至，请掩足下之短者，诵足下之长。千乘之君与万乘之相，其欲有君也，如使而弗及也。"胜瞀曰："臣愿以足下之府库财物，收天下之士，能为君决疑应卒，若魏文侯之有田子方、段干木也。此臣之所为君取矣。"

孟尝君舍人有与君之夫人相爱者

孟尝君舍人有与君之夫人相爱者。或以闻孟尝君曰："为君舍人而内与夫人相爱，亦甚不义矣，君其杀之！"君曰："睹貌而相悦者，人之情也。其错之，勿言也！"

居期年,君召爱夫人者而谓之曰:“子与文游久矣,大官未可得,小官公又弗欲。卫君与文布衣交,请具车马皮币,愿君以此从卫君游。”于卫甚重。

齐、卫之交恶,卫君甚欲约天下之兵以攻齐。是人谓卫君曰:“孟尝君不知臣不肖,以臣欺君。且臣闻齐、卫先君,刑马压羊,盟曰:‘齐、卫后世,无相攻伐,有相攻伐者,令其命如此!’今君约天下之兵以攻齐,是足下倍先君盟约而欺孟尝君也。愿君勿以齐为心!君听臣则可;不听臣者,若臣不肖也,臣辄以颈血湔足下衿!”卫君乃止。

齐人闻之,曰:“孟尝君可语善为事矣,转祸为功!”

孟尝君有舍人而弗悦

孟尝君有舍人而弗悦,欲逐之。鲁连谓孟尝君曰:“猿猴错木据水,则不若鱼鳖;历险乘危,则骐骥不如狐狸。曹沫之奋三尺之剑,一军不能当;使曹沫释其三尺之剑,而操铫镈,与农夫居垅亩之中,则不若农夫。故物舍其所长,之其所短,尧亦有所不及矣!今使人而不能,则谓之不肖;教人而不能,则谓之拙。拙则罢之,不肖则弃之,使人有弃逐,不相与处,而来害相报者,岂非世之立教首也哉?”

孟尝君曰:“善。”乃弗逐。

孟尝君出行[五]国至楚

孟尝君出行[五]国至楚。[楚]献象床,郢之登徒直送之,不欲行。见孟尝君门人公孙戍,曰:“臣,郢之登徒也,直送象床。象床之直千金,伤此若发漂,卖妻子不足偿之。足下能使仆无行,先人有宝剑，愿得献之。"公孙戍曰："诺。"

入见孟尝君，曰："君岂受楚象床哉？"孟尝君曰："然。"公孙戍曰："臣愿君勿受。"孟尝君曰："何哉？"公孙戍曰："(小)[五]国所以皆致相印于君者，闻君于齐能振达贫穷，有存亡继绝之义。(小)[五]国英桀之(士)[主]，皆以国事累君，诚说君之义，慕君之廉也。今君到楚而受象床，所未至之国，将何以待君？臣戍愿君勿受！"孟尝君曰："诺。"

公孙戍趋而去，未出，至中闺，君召而返之，曰："子教文无受象床，甚善。今何举足之高，志之扬也？"公孙戍曰："臣有大喜三，重之宝剑一。"孟尝君曰："何谓也？"公孙戍曰："门下百数，莫敢入谏，臣独入谏，臣一喜；谏而得听，臣二喜；谏而止君之过，臣三喜。输象床，郢之登徒不欲行，许戍以先人之宝剑。"孟尝君曰："善！受之乎？"公孙戍曰："未敢！"曰："急受之！"因书门版曰："有能扬文之名，止文之过，私得宝于外者，疾入谏！"

淳于髡一日而见七人于宣王

淳于髡一日而见七人于宣王。王曰："子来！寡人闻之，千里而一士，是比肩而立；百世而一圣，若随踵而至也。今子一朝而见七士，则士不亦众乎？"淳于髡曰："不然！夫鸟同翼者而聚(居)[飞]，兽同足者而俱行。今求柴葫、桔梗于沮泽，则累世不得一焉。及之睾黍、梁父之阴，则郄车而载耳。夫物各有畴，今髡，贤者之畴也。王求士于髡，譬若挹水于河，而取火于燧也。髡将复见之，岂特七士也！"

齐欲伐魏

齐欲伐魏。淳于髡谓齐王曰:“韩子庐者,天下之疾犬也;东郭逡者,海内之狡兔也。韩子庐逐东郭逡,环山者三,腾山者五,兔极于前,犬废于后,犬兔俱罢,各死其处。田父见而获之,无劳倦之苦而擅其功。今齐、魏久相持,以顿其兵,弊其众,臣恐强秦、大楚承其后,有田父之功。”齐王惧,谢将休士也。

国子曰

国子曰:“秦破马服君之师,围邯郸。齐、魏亦佐秦伐邯郸,齐取淄鼠,魏取伊是。公子无忌为天下循便计,杀晋鄙,率魏兵以救邯郸之围,使秦弗有而失天下。是齐入于魏而救邯郸之功也。安邑者,魏之柱国也;晋阳者,赵之柱国也;鄢郢者,楚之柱国也。故三国欲与秦壤界,秦伐魏取安邑,伐赵取晋阳,伐楚取鄢郢矣。福三国之君,兼二周之地,举韩氏,取其地,且天下之半。今又劫赵、魏,疏中国,封卫之东野,兼魏之河南,绝赵之东阳,则赵、魏亦危矣。赵、魏危,则非齐之利也。韩、魏、赵、楚之志,恐秦兼天下而臣其君,故专兵一志以逆秦。三国之与秦壤界而患急,齐不与秦壤界而患缓。是以天下之势,不得不事齐也。故秦得齐,则权重于中国;赵、魏、楚得齐,则足以敌秦。故秦、赵、魏、[楚],得齐者重,失齐者轻。齐有此势,不能以重于天下者,何也?其用者过也。”

卷十一 齐四

齐人有冯谖者

齐人有冯谖者,贫乏不能自存,使人属孟尝君,愿寄食门下。孟尝君曰:“客何好?”曰:“客无好也。”曰:“客何能?”曰:“客无能也。”孟尝君笑而受之,曰:“诺。”左右以君贱之也,食以草具。

居有顷,倚柱弹其剑,歌曰:“长铗归来乎!食无鱼。”左右以告,孟尝君曰:“食之,比门下之[鱼]客。”居有顷,复弹其铗,歌曰:“长铗归来乎!出无车。”左右皆笑之,以告,孟尝君曰:“为之驾,比门下之车客。”于是乘其车,揭其剑,过其友,曰:“孟尝君客我!”后有顷,复弹其剑铗,歌曰:“长铗归来乎!无以为家。”左右皆恶之,以为贪而不知足。孟尝君问:“冯公有亲乎?”对曰:“有老母。”孟尝君使人给其食用,无使乏。于是冯谖不复歌。

后孟尝君出记,问门下诸客:“谁习计会,能为文收责于薛者乎?”冯谖署曰:“能。”孟尝君怪之,曰:“此谁也?”左右曰:“乃歌夫‘长铗归来’者也。”孟尝君笑曰:“客果有能也,吾负之,未尝见也。”请而见之,谢曰:“文倦于事,愦于忧,而性忄宁愚,沉于国家之事,开罪于先生。先生不羞,乃有意欲为收责于薛乎?”冯谖曰:“愿之。”

于是约车治装,载券契而行,辞曰:“责毕收,以何市而反?”孟尝君曰:“视吾家所寡有者。”驱而之薛,使吏召诸民当偿者,悉来合券。券遍合,起矫命以责赐诸民,因烧其券。民称万岁。

长驱到齐,晨而求见。孟尝君怪其疾也,衣冠而见之,曰:“责毕收乎?来何疾也!”曰:“收毕矣。”“以何市而反?”冯谖曰:“君云‘视吾家所寡有者'，臣窃计，君宫中积珍宝，狗马实外厩，美人充下陈。君家所寡有者，以义耳！窃以为君市义。"孟尝君曰："市义奈何？"曰："今君有区区之薛，不拊爱子其民，因而贾利之。臣窃矫君命，以责赐诸民，因烧其券，民称万岁，乃臣所以为君市义也。"孟尝君不说，曰："诺！先生休矣！"

后期年，齐王谓孟尝君曰："寡人不敢以先王之臣为臣！"孟尝君就国于薛，未至百里，民扶老携幼，迎君道中。孟尝君顾谓冯谖："先生所为文市义者，乃今日见之。"冯谖曰："狡兔有三窟，仅得免其死耳！今君有一窟，未得高枕而卧也。请为君复凿二窟。"

孟尝君予车五十乘，金五百斤，西游于梁。谓惠王曰："齐放其大臣孟尝君于诸侯，诸侯先迎之者，富而兵强。"于是梁王虚上位，以故相为上将军，遣使者黄金千斤，车百乘，往聘孟尝君。冯谖先驱，诫孟尝君曰："千斤，重币也；百乘，显使也。齐其闻之矣。"梁使三反，孟尝君固辞不往也。

齐王闻之，君臣恐惧，遣太傅赍黄金千斤，文车二驷，服剑一，封书，谢孟尝君，曰："寡人不祥，被于宗庙之祟，沉于谄谀之臣，开罪于君。寡人不足为也，愿君顾先王之宗庙，姑反国统万人乎？"冯谖诫孟尝君曰："愿请先王之祭器，立宗庙于薛。"庙成，还报孟尝君曰："三窟已就，君姑高枕为乐矣！"

孟尝君为相数十年，无纤介之祸者，冯谖之计也。

孟尝君为从

孟尝君为从。公孙弘谓孟尝君曰："君不以使人先观秦王？意者秦王帝王之主也，君恐不得为臣，奚暇从以难之？意者秦王不肖之主也，君从以难之，未晚。"孟尝君曰："善。愿因请公往矣。"公孙弘敬诺，以车十乘之秦。

昭王闻之,而欲愧之以辞。公孙弘见,昭王曰:“薛公之地,大小几何?”公孙弘对曰:“百里。”昭王笑,而曰:“寡人地数千里,犹未敢以有难也!今孟尝君之地方百里,而因欲难寡人,犹可乎?”公孙弘对曰:“孟尝君好人,大王不好人。”昭王曰:“孟尝君之好人也,奚如?”公孙弘曰:“义不臣乎天子,不友乎诸侯,得志不惭为人主,不得志不肯为人臣,如此者三人;而治可为管、商之师,说义听行,能致其如此者五人;万乘之严主也,辱其使者,退而自刎,必以其血洿其衣,如臣者十人。”昭王笑而谢之,曰:“客胡为若此?寡人直与客论耳!寡人善孟尝君,欲客之必谕寡人之志也!”公孙弘曰:“敬诺!”

公孙弘可谓不侵矣!昭王,大国也;孟尝,千乘也。立千乘之义而不可陵,可谓足使矣!

鲁仲连谓孟尝

鲁仲连谓孟尝:“君好士也,雍门养椒亦,阳得子养,饮食、衣裘与之同之,皆得其死。今君之家富于二公,而士未有为君尽游者也!”君曰:“文不得是二人故也,使文得二人者,岂独不得尽?”对曰:“君之厩马百乘,无不被绣衣而食菽粟者,岂有骐麟騄耳哉?后宫十妃,皆衣缟纻,食粱肉,岂有毛嫱、西施哉?色与马取于今之世,士何必待古哉?故曰君之好士未也。”

孟尝君逐于齐而复反

孟尝君逐于齐而复反,谭拾子迎之于境。谓孟尝君曰:“君得无有所怨齐士大夫?”孟尝君曰:“有。”“君满意杀之乎?”孟尝君曰:“然。”谭拾子曰:“事有必至,理有固然,君知之乎?”孟尝君曰:

“不知。”

谭拾子曰：“事之必至者，死也；理之固然者，富贵则就之，贫贱则去之。此事之必至，理之固然者。请以市喻。市，朝则满，夕则虚。非朝爱市而夕憎之也，求存故往，亡故去。愿君勿怨！”

孟尝君乃取所怨五百牒削去之，不敢以为言。

齐宣王见颜斶

齐宣王见颜斶，曰：“斶前！”斶亦曰：“王前！”宣王不悦。左右曰：“王，人君也；斶，人臣也。王曰‘斶前’，斶亦曰‘王前’，可乎？”斶对曰：“夫斶前为慕势，王前为趋士。与使斶为慕势，不如使王为趋士。”王忿然作色，曰：“王者贵乎？士贵乎？”对曰：“士贵耳！王者不贵。”王曰：“有说乎？”斶曰：“有！昔者，秦攻齐，令曰：‘敢有去柳下季垄五十步而樵采者，[罪]死不赦！’令曰：‘有能得齐王头者，封万户侯，赐金千镒。’由是观之，生王之头，曾不若死士之垄也。”宣王默然不悦。左右皆曰：“斶来！斶来！大王据万乘之地，而建千石钟，万石簴，天下之士，仁义皆来役处；辩知并进，莫敢不语；东西南北，莫敢不服。求万物无不备具，而百姓无不亲附。今夫士之高者，乃称匹夫，徒步而处农亩；下则鄙野、监门、闾里。士之贱也，亦甚矣！”斶对曰：“不然！斶闻古大禹之时，诸侯万国。何则？德厚之道，得贵士之力也。故舜起农亩，出于野鄙，而为天子。及汤之时，诸侯三千。当今之世，南面称寡者，乃二十四。由此观之，非得失之策与？稍稍诛灭，灭亡无族之时，欲为监门、闾里，安可得而有乎哉？是故《易传》不云乎：‘居上位，未得其实以喜其为名者，必以骄奢为行。据慢骄奢，则凶从之。’是故无其实而喜其名者削，无德而望其福者约，无功而受其禄者辱，祸必握。故曰：‘矜功不立，虚愿不至。’此皆幸乐其名华，而无其实德者也。是以尧有九佐，舜有七友，禹有五丞,汤有三辅,自古及今,而能虚成名于天下者,无有。是以君王无羞亟问,不愧下学;是故成其道德而扬功名于后世者,尧、舜、禹、汤、周文王是也。故曰:'无形者,形之君也;无端者,事之本也。'夫上见其原,下通其流,至圣(人)明学,何不吉之有哉?《老子》曰:'虽贵,必以贱为本;虽高,必以下为基。是以侯王称孤寡不穀。'是其贱之本[非]与?(非)夫孤寡者,人之困贱下位也,而侯王以自谓,岂非下人而尊贵士与?夫尧传舜,舜传禹,周成王任周公旦,而世世称曰明主,是以明乎士之贵也。"

宣王曰:"嗟乎!君子焉可侮哉?寡人自取病耳!及今闻君子之言,乃今闻细人之行。愿请受为弟子。且颜先生与寡人游,食必太牢,出必乘车,妻子衣服丽都。"颜斶辞去曰:"夫玉生于山,制则破焉,非弗宝贵矣,然夫璞不完。士生乎鄙野,推选则禄焉,非不得尊遂也,然而形神不全。斶愿得归,晚食以当肉,安步以当车,无罪以当贵,清静贞正以自虞。制言者,王也;尽忠直言者,斶也。言要道已备矣,愿得赐归,安行而反臣之邑屋。"则再拜而辞去也。

斶知足矣,归反朴,则终身不辱也。

先生王斗造门而欲见齐宣王

先生王斗造门而欲见齐宣王,宣王使谒者延入。王斗曰:"斗趋见王为好势,王趋见斗为好士,于王何如?"使者复还报,王曰:"先生徐之,寡人请从。"

宣王因趋而迎之于门,与入。曰:"寡人奉先君之宗庙,守社稷,闻先生直言正谏不讳。"王斗对曰:"王闻之过,斗生于乱世,事乱君,焉敢直言正谏。"宣王忿然作色,不说。有间,王斗曰:"昔先君桓公所好者[五],九合诸侯,一匡天下,天子受籍,立为大伯。今王有四焉。"宣王说,曰:"寡人愚陋,守齐国,唯恐失抎之,焉能有四焉?"王斗曰:“否！先君好马,王亦好马;先君好狗,王亦好狗;先君好酒,王亦好酒;先君好色,王亦好色;先君好士,是王不好士。”宣王曰:“当今之世无士,寡人何好?”王斗曰:“世无骐驎騄耳,王驷已备矣;世无东郭俊、卢氏之狗,王之走狗已具矣;世无毛嫱、西施,王宫已充矣。王亦不好士也,何患无士?”王曰:“寡人忧国爱民,固愿得士以治之。”王斗曰:“王之忧国爱民,不若王之爱尺縠也。”王曰:“何谓也?”王斗曰:“王使人为冠,不使左右便辟而使工者,何也?为能之也。今王治齐,非左右便辟无使也,臣故曰不如爱尺縠也。”

宣王谢曰:“寡人有罪国家。”于是举士五人任官,齐国大治。

齐王使使者问赵威后

齐王使使者问赵威后。书未发,威后问使者曰:“岁亦无恙耶?民亦无恙耶?王亦无恙耶?”使者不说,曰:“臣奉使使威后,今不问王而先问岁与民,岂先贱而后尊贵者乎?”威后曰:“不然！苟无岁,何以有民?苟无民,何以有君?故有(问)舍本而问末者耶?”乃进而问之曰:“齐有处士曰钟离子,无恙耶?是其为人也,有粮者亦食,无粮者亦食;有衣者亦衣,无衣者亦衣。是助王养其民[者]也,何以至今不业也?叶阳子无恙乎?是其为人,哀鳏寡,恤孤独,振困穷,补不足。是助王息其民者也,何以至今不业也?北宫之女婴儿子无恙耶?彻其环瑱,至老不嫁,以养父母。是皆率民而出于孝情者也,胡为至今不朝也?此二士弗业,一女不朝,何以王齐国,子万民乎?於陵子仲尚存乎?是其为人也,上不臣于王,下不治其家,中不索交诸侯。此率民而出于无用者,何为至今不杀乎?”

齐人见田骈

齐人见田骈,曰:"闻先生高议,设为不宦,而愿为役。"田骈曰:"子何闻之?"对曰:"臣闻之邻人之女。"田骈曰:"何谓也?"对曰:"臣邻人之女,设为不嫁,行年三十而有七子。不嫁则不嫁,然嫁过毕矣!今先生设为不宦,訾养千钟,徒百人。不宦则然矣,而富过毕也!"田子辞。

管燕得罪齐王

管燕得罪齐王,谓其左右曰:"子孰而与我赴诸侯乎?"左右嘿然莫对。管燕连然流涕曰:"悲夫,士何其易得而难用也!"田需对曰:"士三食不得餍,而君鹅鹜有馀食;下宫糅罗纨,曳绮縠,而士不得以为缘。且财者,君之所轻;死者,士之所重。君不肯以所轻与士,而责士以所重事君,非士易得而难用也!"

苏秦自燕之齐

苏秦自燕之齐,见于章华南门。齐王曰:"嘻,子之来也!秦使魏冉致帝,子以为何如?"对曰:"王之问臣也卒,而患之所从生者微。今不听,是恨秦也;听之,是恨天下也。不如听之以卒秦,勿庸称也以为天下。秦称之,天下听之,王亦称之。先后之事,帝名为无伤也。秦称之而天下不听,王因勿称,于以收天下,此大资也。"

苏秦谓齐王曰

苏秦谓齐王曰:“齐、秦立为两帝,王以天下为尊秦乎?且尊齐乎?”王曰:“尊秦。”“释帝,则天下爱齐乎?且爱秦乎?”王曰:“爱齐而憎秦。”“两帝立,约伐赵,孰与伐宋之利也?”[王曰:“不如伐宋。”]对曰:“夫约与秦为帝,而天下独尊秦而轻齐;齐释帝,则天下爱齐而憎秦;伐赵不如伐宋之利。故臣愿王明释帝以就天下,倍约傧秦,勿使争重,而王以其间举宋。夫有宋,则卫之阳城危;有淮北,则楚之东国危;有济西,则赵之河东危;有(阴)[陶]、平陆则梁门不启。故释帝而贰之以伐宋之事,则国重而名尊,燕、楚以形服,天下不敢不听,此汤、武之举也。敬秦以为名,而后使天下憎之,此所谓‘以卑易尊’者也。愿王之熟虑之也!”

卷十二　齐五

苏秦说齐闵王曰

苏秦说齐闵王曰："臣闻用兵而喜先天下者，忧；约结而喜主怨者，孤。夫后起者藉也，而远怨者时也。是以圣人从事，必藉于权而务兴于时。夫权藉者，万物之率也；而时势者，百事之长也。故无权藉、倍时势而能成事者，寡矣！

"今虽干将莫邪，非得人力，则不能割刿矣；坚箭利金，不得弦机之利，则不能远杀矣。矢非不铦而剑非不利也，何则？权藉不在焉。何以知其然也？昔者，赵氏袭卫，车[不]舍人不休傅，卫国城割平。卫八门土而二门堕矣，此亡国之形也！卫君跣行告遡于魏，魏王身被甲底剑，挑赵索战。邯郸之中骛，河、山之间乱。卫得是藉也，亦收馀甲而北面，残刚平，堕中牟之郭。卫非强于赵也，譬之卫矢而魏弦机也，藉力于魏而有河东之地。赵氏惧，楚人救赵而伐魏，战于州西，出梁门，军舍林中，马饮于大河。赵得是藉也，亦袭魏之河北，烧棘沟，坠黄城。故刚平之残也，中牟之堕也，黄城之坠也，棘沟之烧也，此皆非赵、魏之欲也。然二国劝行之者，何也？卫明于时权之藉也。今世之为国者不然矣！兵弱而好敌强，国罢而好众怨，事败而好鞠之，兵弱而憎下人（也），地狭而好敌大，事败而好长诈，行此六者而求伯，则远矣。

"臣闻善为国者，顺民之意而料兵之能，然后从于天下。故约不为人主怨，伐不为人挫强。如此，则兵不费，权不轻，地可广，欲可成也。昔者齐之与韩、魏伐秦、楚也，战非甚疾也，分地又非多韩、魏也，然而天下独归咎于齐者，何也？以其为韩、魏主怨也。且天下遍用兵矣，齐、燕战而赵氏兼中山，秦、楚战韩、魏不休，而宋、越专用其兵。此十国者，皆以相敌为意，而独举心于齐者，何也？约而好主怨，伐而好挫强也。

“且夫强大之祸，常以王人为意也；弱小之殃，常以谋人为利也。是以大国危，小国灭也。大国之计，莫若后起而重伐不义。夫后起之藉与多而兵劲，则事以众强适罢寡也，兵必立也。事不塞天下之心，则利必附矣。大国行此，则名号不攘而至，伯王不为而立矣。小国之情，莫如谨静而寡信诸侯。谨静，则四邻不反；寡信诸侯，则天下不卖。外不卖，内不反，则摈祸朽腐而不用，币帛矫蠹而不服矣。小国道此，则不祠而福矣，不贷而见足矣。

“故曰：‘祖仁者王，立义者伯，用兵穷者亡。’何以知其然也？昔吴王夫差以强大为天下先，袭郢而栖越，身从诸侯之君，而卒身死国亡，为天下戮者，何也？此夫差平居而谋王，强大而喜先天下之祸也！昔者，莱、莒好谋，陈、蔡好诈，莒恃（越）[晋]而灭，蔡（信晋）[恃越]而亡。此皆内长诈、外信诸侯之殃也！由此观之，则强弱大小之祸，可见于前事矣。语曰：‘骐骥之衰也，驽马先之；孟贲之倦也，女子胜之。’夫驽马、女子，筋（骨力）[力骨]劲，非贤于骐骥、孟贲也，何则？后起之藉也。今天下之相与也不并灭，有而案兵而后起，寄怨而诛不直，微用兵而寄于义，则亡天下可蹻足而须也。明于诸侯之故，察于地形之理者，不约亲，不相质而固，不趋而疾，众事而不反，交割而不相憎，俱强而加以亲。何则？形同忧而兵趋利也。何以知其然也？昔者，齐、燕战于桓之曲，燕不胜，十万之众尽。胡人袭燕楼烦数县，取其牛马。夫胡之与齐，非素亲也，而用兵又非约质而谋燕也，然而甚于相趋者，何也？何则形同忧而兵趋利也。由此观之，约于同形则利长，后起则诸侯可趋役也。

“故明主察相，诚欲以伯王也为志，则战攻非所先。战者，国之残也,而都县之费也。残费已先,而能从诸侯者,寡矣。彼战者之为残也,士闻战则输私财而富军市,输饮食而待死士,令折辕而炊之,杀牛而觞士,则是路军之道也。中人祷祝,君翳酿,通都小县置社,有市之邑,莫不止事而奉王。则此虚中之计也。夫战之明日,尸死扶伤,虽若有功也,军出费,中哭泣,则伤主心矣。死者破家而葬,夷伤者空财而共药,完者内酺而华乐,故其费与死伤者钧。故民之所费也,十年之田而不偿也。军之所出,矛戟折,镮弦绝,伤弩,破车,罢马,亡矢之大半。甲兵之具,官之所私出也,士大夫之所匿,厮养士之所窃,十年之田而不偿也。天下有此再费(者)而能从诸侯[者],寡矣。攻城之费,百姓理襜蔽,举冲橹,家杂总,(身)[穿]窟穴,中罢于刀金。而士困于土功,将不释甲,期数而能拔城者为亟耳。上倦于教,士断于兵,故三下城而能胜敌者,寡矣。故曰彼战攻者非所先也。何以知其然也?昔智伯瑶攻范、中行氏,杀其君,灭其国,又西围晋阳。吞兼二国而忧一主,此用兵之盛也。然而智伯卒身死国亡,为天下笑者,何谓也?兵先战攻而灭二子[之]患也。(日)[昔]者,中山悉起而迎燕、赵,南战于长子,败赵氏;北战于中山,克燕军,杀其将。夫中山,千乘之国也,而敌万乘之国二,再战比胜,此用兵之上节也。然而国遂亡,君臣于齐者,何也?不啬于战攻之患也。由此观之,则战攻之败,可见于前事。

“今世之所谓善用兵者,终战比胜而守不可拔,天下称为善。一国得而保之,则非国之利也。臣闻战大胜者,其士多死而兵益弱;守而不可拔者,其百姓罢而城郭露。夫士死于外,民残于内,而城郭露于境,则非王之乐也。今夫鹄的,非咎罪于人也,便弓引弩而射之,中者则善,不中则愧,少长贵贱则同心于贯之者,何也?恶其示人以难也。今穷战比胜而守必不拔,则是非徒示人以难也,又且害人者也,然则天下仇之必矣。夫罢士露国而多与天下为仇,则明君不居也;素用强兵而弱之,则察相不事。彼明君察相者,则五兵不动而诸侯从，辞让而重赂至矣。故明君之攻战也，甲兵不出(于军)而敌国胜，冲橹不施而边城降，士民不知而王业至矣。彼明君之从事也，用财少，旷日远，而为利长者。故曰兵后起，则诸侯可趋役也。

“臣之所闻，攻战之道非师者，虽有百万之军，比之堂上；虽有阖闾、吴起之将，禽之户内；千丈之城，拔之尊俎之间；百尺之冲，折之衽席之上。故钟鼓竽瑟之音不绝，地可广而欲可成；和乐倡优侏儒之笑不之，诸侯可同日而致也。故名配天地不为尊，利制海内不为厚。故夫善为王业者，在劳天下而自佚，乱天下而自安。诸侯无成谋，则其国无宿忧也。何以知其然？佚治在我，劳乱在天下，则王之道也。锐兵来则拒之，患至则趋之，使诸侯无成谋，则其国无宿忧矣。何以知其然矣？昔者魏王拥土千里，带甲三十六万，其强而拔邯郸，西围定阳，又从十二诸侯朝天子，以西谋秦。秦王恐之，寝不安席，食不甘味，令于境内，尽堞中为战具，竟为守备，为死士置将，以待魏氏。卫鞅谋于秦王曰：‘夫魏氏，其功大而令行于天下，有[从]十二诸侯而朝天子，其与必众。故以一秦而敌大魏，恐不如。王何不使臣见魏王，则臣请必北魏矣。’秦王许诺。卫鞅见魏王，曰：‘大王之功大矣！令行于天下矣！今大王之所从十二诸侯，非宋、卫也，则邹、鲁、陈、蔡，此固大王之所以鞭箠使也，不足以王天下。大王不若北取燕，东伐齐，则赵必从矣；西取秦，南伐楚，则韩必从矣。大王有伐齐、楚[之]心，而从天下之志，则王业见矣。大王不如先行王服，然后图齐、楚。’魏王说于卫鞅之言也，故身广公宫，制丹衣(柱)，建九斿[之旌]，从七星之旟。此天子之位也，而魏王处之。于是齐、楚怒，诸侯奔齐，齐人伐魏，杀其太子，覆其十万之军。魏王大恐，跣行按兵于国，而东次于齐，然后天下乃舍之。当是时，秦王垂拱受西河之外，而不以德魏王。故卫鞅之始与秦王计也，谋约不下席，言于尊俎之间，谋成于堂上，而魏将以禽于齐矣；冲橹未施，而西河之外入于秦矣。此臣之所谓比之堂上，禽将户内，拔城于尊俎之间，折冲席上者也。”

卷十三　齐六

齐负郭之民有孤狐咺者

齐负郭之民有孤狐咺者，正议闵王，斮之檀衢，百姓不附。齐孙室 子陈举直言，杀之东闾，宗族离心；司马穰苴，为政者也，杀之，大臣不亲。以故，燕举兵，使昌国君将而击之。齐使向子将而应之。齐军破，向子以舆一乘亡。达子收馀卒，复振，与燕战，求所以偿者，闵王不肯与，军破走。

王奔莒。淖齿数之曰："夫千乘、博昌之间，方数百里，雨血沾衣，王知之乎？"王曰："不知。""嬴、博之间，地坼至泉，王知之乎？"王曰："不知。""人有当阙而哭者，求之则不得，去之则闻其声，王知之乎？"王曰："不知。"淖齿曰："天雨血沾衣者，天以告也；地坼至泉者，地以告也；人有当阙而哭者，人以告也。天地人皆以告矣，而王不知戒焉，何得无诛乎？"于是杀闵王于鼓里。

太子乃解衣免服，逃太史之家，为溉园。君王后，太史氏女，知其贵人，善事之。田单以即墨之城，破亡馀卒，破燕兵，绐骑劫，遂以复齐。遽迎太子于莒，立之以为王。襄王即位，君王后以为后，生齐王建。

王孙贾年十五

王孙贾年十五，事闵王。王出走，失王之处。其母曰："女朝出而晚来，则吾倚门而望；女暮出而不还，则吾倚闾而望。女今事王，王出走，女不知其处，女尚何归？”王孙贾乃入市中，曰：“淖齿乱齐国，杀闵王，欲与我诛者，袒右！”市人从者四百人，与之诛淖齿，刺而杀之。

燕 攻 齐

燕攻齐，取七十馀城，唯莒、即墨不下。齐田单以即墨破燕，杀骑劫。

初，燕将攻下聊城，人或谗之。燕将惧诛，遂保守聊城，不敢归。田单攻之岁馀，士卒多死，而聊城不下。

鲁连乃书，约之矢以射城中，遗燕将。曰：“吾闻之，智者不倍时而弃利，勇士不怯死而灭名，忠臣不先身而后君。今公行一朝之忿，不顾燕王之无臣，非忠也；杀身亡聊城，而威不信于齐，非勇也；功废名灭，后世无称，非知也。故知者不再计，勇士不怯死。今死生荣辱、尊卑、贵贱，此其一时也。愿公之详计而无与俗同也！

“且楚攻南阳，魏攻平陆，齐无南面之心，以为亡南阳之害，不若得济北之利，故定计而坚守之。今秦人下兵，魏不敢东面，横秦之势合，则楚国之形危。且弃南阳，断右壤，存济北，计必为之。今楚、魏交退，燕救不至，齐无天下之规，与聊城共据期年之弊，即臣见公之不能得也。齐必决之于聊城，公无再计！

“彼燕国大乱，君臣过计，上下迷惑，栗腹以百万之众，五折于外，万乘之国，被围于赵，壤削主困，为天下戮。公闻之乎？今燕王方寒心独立，大臣不足恃，国弊祸多，民心无所归。今公又以弊聊之民，距全齐之兵，期年不解，是墨翟之守也；食人炊骨，士无反北之心，是孙膑、吴起之兵也。能以见于天下矣！故为公计者，不如罢兵、休士，全车甲，归报燕王，燕王必喜。士民见公，如见父母，交游攘臂而议于世，功业可明矣。上辅孤主，以制群臣；下养百姓，以资说士。矫国革俗于天下,功名可立也。意者,亦捐燕弃世,东游于齐乎?请裂地定封,富比陶、卫,世世称孤寡,与齐久存。此亦一计也。二者显名厚实也,愿公熟计而审处一也!

"且吾闻效小节者,不能行大威;恶小耻者,不能立荣名。昔管仲射桓公中钩,篡也;遗公子纠而不能死,怯也;束缚桎梏,辱身也。此三行者,乡里不通也,世主不臣也。使管仲终穷抑幽囚而不出,惭耻而不见,穷年没寿,不免为辱人贱行矣。然而管子并三行之过,据齐国之政,一匡天下,九合诸侯,为五伯首,名高天下,光照邻国。曹沫为鲁君将,三战三北,而丧地千里。使曹子之足不离陈,计不顾后出,必死而不生,则不免为败军禽将。曹子以败军禽将,非勇也;功废名灭,后世无称,非知也。故去三北之耻,退而与鲁君计也,曹子以为遭。齐桓公有天下,朝诸侯,曹子以一剑之任,劫桓公于坛位之上,颜色不变,而辞气不悖。三战之所丧,一朝而反之,天下震动,诸侯惊骇,威信吴、楚,传名后世。若此二公者,非不能行小节、死小耻也,以为杀身绝世,功名不立,非知也。故去忿恚之心,而成终身之名;除感忿之耻,而立累世之功。故业与三王争流,名与天壤相敝也。公其图之!"

燕将曰:"敬闻命矣!"因罢兵到读而去。故解齐国之围,救百姓之死,仲连之说也。

燕　攻　齐

燕攻齐,齐破。闵王奔莒,淖齿杀闵王。田单守即墨之城,破燕兵,复齐墟。襄王为太子征。齐以破燕,田单之立疑,齐国之众,皆以田单为自立也。

襄王立,田单相之。过菑水,有老人涉菑而寒,出不能行,坐于沙中。田单见其寒,欲使后车分衣,无可以分者,单解裘而衣之;襄王恶之,曰:“田单之施,将欲以取我国乎?不早图,恐后之。”左右顾无人,岩下有贯珠者,襄王呼而问之,曰:“女闻吾言乎?”对曰:“闻之。”王曰:“女以为何若?”对曰:“王不如因以为己善。[”王曰:“奈何?”曰:“]王嘉单之善,下令曰:‘寡人忧民之饥也,单收而食之;寡人忧民之寒也,单解裘而衣之。寡人忧劳百姓,而单亦忧之,称寡人之意。’单有是善,而王嘉之,善单之善,亦王之善已!”王曰:“善。”乃赐单牛酒,嘉其行。

后数日,贯珠者复见王,曰:“王至朝日,宜召田单而揖之于庭,口劳之。乃布令求百姓之饥寒者收谷之。”乃使人听于闾里,闻丈夫之相与语,举曰:“田单之爱人!嗟,乃王之教泽也!”

貂勃常恶田单

貂勃常恶田单,曰:“安平君,小人也!”安平君闻之,故为酒而召貂勃,曰:“单何以得罪于先生,故常见誉于朝?”貂勃曰:“跖之狗吠尧,非贵跖而贱尧也,狗固吠非其主也。且今使公孙子贤而徐子不肖,然而使公孙子与徐子斗,徐子之狗,犹时攫公孙子之腓而噬之也。若乃得去不肖者而为贤者狗,岂特攫其腓而噬之耳哉?”安平君曰:“敬闻命!”明日,任之于王。

王有所幸臣九人之属,欲伤安平君,相与语于王曰:“燕之伐齐之时,楚王使将军将万人而佐齐。今国已定,而社稷已安矣,何不使使者谢于楚王?”王曰:“左右孰可?”九人之属曰:“貂勃可。”貂勃使楚,楚王受而觞之,数日不反。九人之属相与语于王曰:“夫一人身而牵留万乘者,岂不以据势也哉?且安平君之与王也,君臣无礼,而上下无别。且其志,欲为不善。内牧百姓,循抚其心,振穷补不足,布德于民;外怀戎翟、天下之贤士,阴结诸侯之雄俊豪英,其志欲有为也。愿王之察之!”异日,而王曰:“召相单来!”田单免冠徒跣肉袒而进，退而请死罪。五日，而王曰："子无罪于寡人，子为子之臣礼，吾为吾之王礼而已矣。"

貂勃从楚来，王觞诸前，酒酣，王曰："召相田单而来！"貂勃避席稽首曰："王恶得此亡国之言乎？王上者孰与周文王？"王曰："吾不若也。"貂勃曰："然！臣固知王不若也！下者孰与齐桓公？"王曰："吾不若也。"貂勃曰："然！臣固知王不若也！然则周文王得吕尚以为'太公'，齐桓公得管夷吾以为'仲父'，今王得安平君而独曰'单'！且自天地之辟，民人之治，为人臣之功者，谁有厚于安平君者哉？而王曰'单，单'！恶得此亡国之言乎？且王不能守先王之社稷，燕人兴师而袭齐墟，王走而之城阳之山中。安平君以惴惴之即墨，三里之城，五里之郭，敝卒七千，禽其司马，而反千里之齐。安平君之功也！当是时也，阖城阳而王，天下莫之能止。然而计之于道，归之于义，以为不可，故为栈道木阁，而迎王与后于城阳山中，王乃得反，子临百姓。今国已定，民已安矣，王乃曰'单'！且婴儿之计不为此！王不亟杀此九子者以谢安平君？不然，国危矣！"王乃杀九子而逐其家，益封安平君以夜邑万户。

田单将攻狄

田单将攻狄，往见鲁仲子。仲子曰："将军攻狄，不能下也。"田单曰："臣以五里之城，七里之郭，破亡馀卒，破万乘之燕，复齐墟。攻狄而不下，何也？"上车弗谢而去。遂攻狄，三月而不克之也。齐婴儿谣曰："大冠若箕，修剑拄颐，攻狄不能下，垒(枯)[于梧]丘。"

田单乃惧，问鲁仲子曰："先生谓单不能下狄，请闻其说！"鲁仲子曰："将军之在即墨，坐而织蒉，立则丈插，为士卒倡曰：'可往矣！宗庙亡矣！云白尚矣！归于何党矣！'当此之时，将军有死之心，而士卒无生之气，闻若言，莫不挥泣奋臂而欲战。此所以破燕也。当今将军东有夜邑之奉，西有菑上之虞，黄金横带，而驰乎淄、渑之间，有生之乐，无死之心。所以不胜者也。”田单曰：“单有心，先生志之矣！”明日，乃厉气循城，立于矢石之所，[及]援枹鼓之，狄人乃下。

濮上之事

濮上之事，赘子死，章子走。盼子谓齐王曰：“不如易馀粮于宋，宋王必说，梁氏不敢过宋伐齐。齐固弱，是以馀粮收宋也。齐国复强，虽复责之宋，可；不偿，因以为辞而攻之，亦可。”

齐闵王之遇杀

齐闵王之遇杀，其子法章变姓名，为莒太史家庸夫。太史敫女奇法章之状貌，以为非常人，怜而常窃衣食之，与私焉。莒中及齐亡臣相聚，求闵王子，欲立之。法章乃自言于莒。共立法章为襄王。襄王立，以太史氏女为王后，生子建。太史敫曰：“女无媒而嫁者，非吾种也。污吾世矣！”终身不睹。君王后贤，不以不睹之故失人子之礼也。襄王卒，子建立为齐王。君王后事秦谨，与诸侯信，以故建立四十有馀年不受兵。秦始皇尝使使者遗君王后玉连环，曰：“齐多知，而解此环不？”君王后以示群臣，群臣不知解。君王后引椎椎破之，谢秦使，曰：“谨以解矣！”

及君王后病且卒，诫建曰：“群臣之可用者某。”建曰：“请书之。”君王后曰：“善。”取笔牍受言。君王后曰：“老妇已亡矣！”君王后死，后后胜相齐，多受秦间金玉，使宾客入秦，皆为变辞，劝王朝秦，不修攻战之备。

齐王建入朝于秦

齐王建入朝于秦，雍门司马[横戟当马]前曰："所为立王者，为社稷耶？为王立王耶？"王曰："为社稷。"司马曰："为社稷立王，王何以去社稷而入秦？"齐王还车而反。

即墨大夫与雍门司马谏而听之，则以为可与为谋，即入见齐王，曰："齐地方数千里，带甲数百万。夫三晋大夫皆不便秦，而在阿、鄄之间者百数，王收而与之百万之众，使收三晋之故地，即临晋之关可以入矣；鄢郢大夫不欲为秦，而在城南下者百数，王收而与之百万之师，使收楚故地，即武关可以入矣。如此，则齐威可立，秦国可亡。夫舍南面之称制，乃西面而事秦，为大王不取也。"齐王不听。

秦使陈驰诱齐王内之，约与五百里之地。齐王不听即墨大夫而听陈驰，遂入秦。处之共松柏之间，饿而死。先是齐为之歌曰："松邪！柏邪！住建共者，客耶！"

齐以淖君之乱事秦

齐以淖君之乱事秦，其后秦欲取齐，故使苏涓之楚，令任固之齐。齐明谓楚王曰："秦王欲楚，不若其欲齐之甚也。其使涓来，以示齐之有楚，以资固于齐。齐见楚，必受固。是王之听涓也，适为固驱以合齐、秦也。齐、秦合，非楚之利也！且夫涓来之辞，必非固之所以之齐之辞也。王不如令人以涓来之辞谩固于齐，齐、秦必不合。齐、秦不合，则王重矣。王欲收齐以攻秦，汉中可得也；王即欲以秦攻齐，淮泗之间亦可得也。"

卷十四　楚一

齐楚构难

齐楚构难,宋请中立。齐急宋,宋许之。子象为楚谓宋王曰:“楚以缓失宋,将法齐之急也。齐以急得宋,后将常急矣。是从齐而攻楚,未必利也。齐战胜楚,势必危宋;不胜,是以弱宋干强楚也。而令两万乘之国,常以急求所欲,国必危矣!”

五国约以伐齐

五国约以伐齐。昭阳谓楚王曰:“五国已破齐,秦必南图楚。”王曰:“然则奈何?”对曰:“韩氏,辅国也,好利而恶难。好利,可营也;恶难,可惧也。我厚赂之以利,其心必营;我悉兵以临之,其心必惧(我)。彼惧吾兵而营我利,五国之事必可败也。约绝之后,虽勿与地,可。”

楚王曰:“善。”乃命大公事之韩,见公仲,曰:“夫牛阑之事,马陵之难,亲王之所见也。王苟无以五国用兵,请效列城五,请悉楚国之众也,以廧于齐。”齐之反赵、魏之后,而楚果弗与地,则五国之事困也。

荆宣王问群臣曰

荆宣王问群臣曰:“吾闻北方之畏昭奚恤也,果诚何如?”群臣莫对。江乙对曰："虎求百兽而食之，得狐。狐曰：'子无敢食我也。天帝使我长百兽，今子食我，是逆天帝之命也！子以我为不信，吾为子先行，子随我后，观百兽之见我而敢不走乎？'虎以为然，故遂与之行。兽见之，皆走。虎不知兽畏己而走也，以为畏狐也。今王之地方五千里，带甲百万，而专属之昭奚恤，故北方之畏奚恤也，其实畏王之甲兵也，犹百兽之畏虎也！"

昭奚恤与彭城君议于王前

昭奚恤与彭城君议于王前，王召江乙而问焉。江乙曰："二人之言皆善也，臣不敢言其后。此谓虑贤也。"

邯郸之难

邯郸之难，昭奚恤谓楚王曰："王不如无救赵而以强魏。魏强，其割赵必深矣；赵不能听，则必坚守，是两弊也。"景舍曰："不然！昭奚恤不知也。夫魏之攻赵也，恐楚之攻其后。今不救赵，赵有亡形，而魏无楚忧，是楚、魏共赵也，害必深矣！何以两弊也？且魏令兵以深割赵，赵见亡形而有楚之不救己也，必与魏合，而以谋楚。故王不如少出兵，以为赵援。赵恃楚劲，必与魏战；魏怒于赵之劲，而见楚救之不足畏也，必不释赵。赵、魏相弊，而齐、秦应楚，则魏可破也。"

楚因使景舍起兵救赵。邯郸拔，楚取睢、涉之间。

江尹欲恶昭奚恤于楚王

江尹欲恶昭奚恤于楚王，而力不能，故为梁山阳君请封于楚。

楚王曰："诺。"昭奚恤曰："山阳君无功于楚国，不当封。"江尹因得山阳君与之共恶昭奚恤。

魏氏恶昭奚恤于楚王

魏氏恶昭奚恤于楚王，楚王告昭子。昭子曰："臣朝夕以事听命，而魏入吾君臣之间，臣大惧。臣非畏魏也，夫泄吾君臣之交，而天下信之，是其为人也近苦矣。夫苟不难为之外，岂忘为之内乎？臣之得罪无日矣。"王曰："寡人知之，大夫何患？"

江乙恶昭奚恤

江乙恶昭奚恤，谓楚王曰："人有以其狗为有执而爱之。其狗尝溺井，其邻人见狗之溺井也，欲入言之。狗恶之，当门而噬之。邻人惮之，遂不得入言。邯郸之难，楚进兵大梁，取矣。昭奚恤取魏之宝器，以臣居魏知之，故昭奚恤常恶臣之见王。"

江乙欲恶昭奚恤于楚

江乙欲恶昭奚恤于楚，谓楚王曰："下比周，则上危；下分争，则上安。王亦知之乎？愿王勿忘也！且人有好扬人之善者，于王何如？"王曰："此君子也，近之。"江乙曰："有好扬人之恶者，于王何如？"王曰："此小人也，远之。"江乙曰："然则且有子杀其父，臣弑其主者，而王终已不知者，何也？以王好闻人之美，而恶闻人之恶也。"王曰："善。寡人愿两闻之！"

江乙说于安陵君曰

江乙说于安陵君曰："君无咫尺之地，骨肉之亲，处尊位，受厚禄，一国之众，见君莫不敛衽而拜，抚委而服，何以也？"曰："王过举而已。不然，无以至此。"

江乙曰："以财交者，财尽而交绝；以色交者，华落而爱渝。是以嬖女不敝席，宠臣不敝轩。今君擅楚国之势，而无以深自结于王，窃为君危之！"安陵君曰："然则奈何？"江乙曰："愿君必请从死，以身为殉。如是，必长得重于楚国。"曰："谨受令。"

三年而弗言。江乙复见曰："臣所为君道，至今未效。君不用臣之计，臣请不敢复见矣。"安陵君曰："不敢忘先生之言，未得间也。"于是，楚王游于云梦，结驷千乘，旌旗蔽日，野火之起也若云蜺，(兕)虎嗥之声若雷霆，有狂兕牂车依轮而至，王亲引弓而射，壹发而殪。王抽旃旄而抑兕首，仰天而笑曰："乐矣！今日之游也！寡人万岁千秋之后，谁与乐此矣？"安陵君泣数行而进曰："臣入则编席，出则陪乘。大王万岁千秋之后，愿得以身试黄泉，蓐蝼蚁，又何如得此乐而乐之！"王大说，乃封坛为安陵君。

君子闻之，曰："江乙可谓善谋，安陵君可谓知时矣。"

江乙为魏使于楚

江乙为魏使于楚，谓楚王曰："臣入竟，闻楚之俗，不蔽人之善，不言人之恶，诚有之乎？"王曰："诚有之。"江乙曰："然则白公之乱，得无遂乎？诚如是，臣等之罪免矣。"楚王曰："何也？"江乙曰："州侯相楚，贵甚矣而主断，左右俱曰'无有'，如出一口矣。"

郢人有狱三年不决者

郢人有狱三年不决者,故令请其宅,以卜其罪。客因为之谓昭奚恤曰:“郢人某氏之宅,臣愿之。”昭奚恤曰:“郢人某氏,不当服罪,故其宅不得。”客辞而去。昭奚恤已而悔之,因谓客曰:“奚恤得事公,公何为以故与奚恤?”客曰:“非用故也。”曰:“谓而不得,有说色,非故如何也?”

城浑出周

城浑出周,三人偶行,南游于楚,至于新城。城浑说其令曰:“郑、魏者,楚之软国;而秦,楚之强敌也。郑、魏之弱,而楚以上梁应之;宜阳之大也,楚以弱新城围之。蒲反、平阳,相去百里,秦人一夜而袭之,安邑不知;新城、上梁,相去五百里,秦人一夜而袭之,上梁亦不知也。今边邑之所恃者,非江南泗上也。故楚王何不以新城为主郡也?边邑甚利之!”新城公大说,乃为具驷马乘车五百金之楚。城浑得之,遂南交于楚,楚王果以新城为主郡。

韩公叔有齐魏

韩公叔有齐魏,而太子有楚、秦以争国。郑申为楚使于韩,矫以新城、阳人予太子。楚王怒,将罪之。对曰:“臣矫予之,以为国也。臣为太子得新城、阳人,以与公叔争国而得之,齐、魏必伐韩。韩氏急,必悬命于楚,又何新城、阳人之敢求?太子不胜,然而不死,今将倒冠而至,又安敢言地?”楚王曰:“善。”乃不罪也。

楚杜赫说楚王以取赵

楚杜赫说楚王以取赵。王且予之五大夫而令私行。陈轸谓楚王曰："赫不能得赵，五大夫不可收也，得赏无功也。(得)[是]赵而王无加焉，是无善也。王不如以十乘行之，事成，予之五大夫。"王曰："善。"乃以十乘行之。杜赫怒而不行。陈轸谓王曰："是不能得赵也！"

楚王问于范环曰

楚王问于范环曰："寡人欲置相于秦，孰可？"对曰："臣不足以知之。"王曰："吾相甘茂可乎？"范环对曰："不可。"王曰："何也？"

曰："夫史举，上蔡之监门也，大不知事君，小不知处室，以苛廉闻于世，甘茂事之，顺焉。故惠王之明，武王之察，张仪之好谮，甘茂事之，取十官而无罪。茂诚贤者也，然而不可相秦。秦之有贤相也，非楚国之利也。且王尝用滑于越而纳句章，昧之难，越乱，故楚南察濑胡而野江东。计王之功所以能如此者，越乱而楚治也。今王以用之于越矣，而忘之于秦，臣以为王钜速忘矣。王若欲置相于秦乎？若公孙郝者可。夫公孙郝之于秦王，亲也。少与之同衣，长与之同车，被王衣以听事，真大王之相已。王相之，楚国之大利也！"

苏秦为赵合从

苏秦为赵合从，说楚威王曰："楚，天下之强国也；大王，天下之贤(王)[主]也。楚地西有黔中、巫郡，东有夏州、海阳，南有洞庭、苍梧，北有汾陉之塞、郇阳。地方五千里，带甲百万，车千乘，骑万匹，粟支十年。此霸王之资也！夫以楚之强与大王之贤，天下莫能当也。今乃欲西面而事秦，则诸侯莫不南面而朝于章台之下矣。秦之所害于天下，莫如楚。楚强则秦弱，楚弱则秦强，此其势不两立。故为大王计，莫如从亲以孤秦。大王不从亲，秦必起两军：一军出武关，一军下黔中。若此，则鄢郢动矣。臣闻治之其未乱，为之其未有也。患至而后忧之，则无及已。故愿大王之早计之。大王诚能听臣，臣请令山东之国，奉四时之献，以承大王之明制；委社稷宗庙，练士厉兵，在大王之所用之。大王诚能听臣之愚计，则韩、魏、齐、燕、赵、卫之妙音美人，必充后宫矣；赵、代良马橐他，必实于外厩。故从合则楚王，横成则秦帝。今释霸王之业，而有事人之名，臣窃为大王不取也！夫秦，虎狼之国也，有吞天下之心。秦，天下之仇雠也，横人皆欲割诸侯之地以事秦，此所谓养仇而奉雠者也。夫为人臣而割其主之地，以外交强虎狼之秦，以侵天下，卒有秦患，不顾其祸。夫外挟强秦之威，以内劫其主，以求割地，大逆不忠，无过此者。故从亲，则诸侯割地以事楚；横合，则楚割地以事秦。此两策者，相去远矣，有亿兆之数！两者大王何居焉？故弊邑赵王，使臣效愚计，奉明约，在大王命之！”

楚王曰：“寡人之国，西与秦接境。秦有举巴蜀并汉中之心。秦，虎狼之国，不可亲也。而韩、魏迫于秦患，不可与深谋，[与深谋]恐反人以入于秦，故谋未发而国已危矣。寡人自料，以楚当秦，未见胜焉；内与群臣谋，不足恃也。寡人卧不安席，食不甘味，心摇摇[然]如悬旌而无所终薄。今[主]君欲一天下，安诸侯，存危国，寡人谨奉社稷以从。”

张仪为秦破从连横

张仪为秦破从连横,说楚王曰:"秦地半天下,兵敌四国,被山带河,四塞以为固。虎贲之士百馀万,车千乘,骑万匹,粟如丘山。法令既明,士卒安难乐死,主严以明,将知以武。虽无出兵甲,席卷常山之险,折天下之脊,天下后服者先亡。且夫为从者无以异于驱群羊而攻猛虎也。夫虎之与羊,不格明矣。今大王不与猛虎,而与群羊,窃以为大王之计过矣!

"凡天下强国,非秦而楚,非楚而秦,两国敌侔交争,其势不两立。而大王不与秦,秦下甲兵,据宜阳,韩之上地不通;下河东,取成皋,韩必入臣于秦。韩入臣,魏则从风而动。秦攻楚之西,韩、魏攻其北,社稷岂得无危哉?且夫约从者,聚群弱而攻至强也。夫以弱攻强,不料敌而轻战,国贫而骤举兵,此危亡之术也。臣闻之:'兵不如者,勿与挑战;粟不如者,勿与持久。'夫从人者,饰辩(虚)[曼]辞,高主之节行,言其利而不言其害,卒有楚祸,无及为已!是故,愿大王之熟计之也!

"秦西有巴、蜀,方船积粟,起于汶山,循江而下,至郢三千馀里。舫船载卒,一舫载五十人与三月之粮,下水而浮,一日行三百馀里,里数虽多,不费汗马之劳。不至十日,而距扞关,扞关惊,则从竟陵已东,尽城守矣,黔中、巫郡非王之有已。秦举甲出之武关,南面而攻,则北地绝。秦兵之攻楚也,危难在三月之内。而楚恃诸侯之救,在半岁之外,此其势不相及也。夫恃弱国之救,而忘强秦之祸,此臣之所以为大王之患也。

"且大王尝与吴人五战三胜而亡之,陈卒尽矣;有偏守新城,而居民苦矣。臣闻之:'攻大者易危,而民弊者怨于上。'夫守易危之功,而逆强秦之心,臣窃为大王危之!且夫秦之所以不出甲于函谷关十五年以攻诸侯者,阴谋有吞天下之心也。楚尝与秦构难,战于汉中。楚人不胜,通侯、执珪死者七十馀人,遂亡汉中。楚王大怒,兴师袭秦,战于蓝田,又却。此所谓两虎相搏者也。夫秦、楚相弊,而韩、魏以全制其后,计无危于此者矣。是故愿大王熟计之也!

"秦下兵攻卫、阳晋,必开扃天下之匈。大王悉起兵以攻宋,不至数月而宋可举,举宋而东指,则泗上十二诸侯,尽王之有已。凡天下所信约从亲坚者苏秦,封为武安君而相燕,即阴与燕王谋破齐,共分其地。乃佯有罪,出走入齐,齐王因受而相之。居二年而觉,齐王大怒,车裂苏秦于市。夫以一诈伪反覆之苏秦,而欲经营天下,混一诸侯,其不可成也亦明矣。

"今秦之与楚也,接境壤界,固形亲之国也。大王诚能听臣,臣请秦太子入质于楚,楚太子入质于秦;请以秦女为大王箕帚之妾,效万家之都,以为汤沐之邑;长为昆弟之国,终身无相攻击。臣以为计无便于此者。故敝邑秦王使使臣献书大王之从车下风,须以决事。"

楚王曰:"楚国僻陋,托东海之上。寡人年幼,不习国家之长计。今上客幸教以明制,寡人闻之,敬以国从。"乃遣使车百乘,献(鸡骇)[骇鸡]之犀、夜光之璧于秦王。

张仪相秦

张仪相秦,谓昭雎曰:"楚无鄢郢、汉中,有所更得乎?"曰:"无有。"曰:"无昭雎、陈轸,有所更得乎?"曰:"无所更得。"张仪曰:"为仪谓楚王逐昭雎、陈轸,请复鄢郢、汉中。"昭雎归报楚王,楚王说之。

有人谓昭雎曰:"甚矣,楚王不察于争名者也!韩求相工陈籍而周不听,魏求相綦毋恢而周不听,何以也?周曰:'是列县畜我也。'今楚,万乘之强国也;大王,天下之贤主也。今仪曰'逐君与陈轸',而王听之,是楚自行不如周,而仪重于韩、魏之王也。且仪之所行,有功名者,秦也,所欲贵富者,魏也。欲为攻于魏,必南伐楚。故攻有道,外绝其交,内逐其谋臣。陈轸,夏人也,习于三晋之事,故逐之,则楚无谋臣矣;今君能用楚之众,故亦逐之,则楚众不用矣。此所谓内攻之者也,而王不知察。今君何不见臣于王,请为王使齐交不绝。齐交不绝,仪闻之,其效鄢郢、汉中必缓矣。是昭雎之言不信也,王必薄之。"

威王问于莫敖子华曰

威王问于莫敖子华曰:"自从先君文王,以至不穀之身,亦有不为爵劝、不为禄勉,以忧社稷者乎?"莫敖子华对曰:"如(华)[章],不足知之矣。"王曰:"不于大夫,无所闻之!"莫敖子华对曰:"君王将何问者也? 彼有廉其爵,贫其身,以忧社稷者;有崇其爵,丰其禄,以忧社稷者;有断脰决腹,壹瞑而万世不视,不知所益,以忧社稷者;有劳其身,愁其志,以忧社稷者;亦有不为爵劝,不为禄勉,以忧社稷者。"王曰:"大夫此言,将何谓也?"

莫敖子华对曰:"昔令尹子文,缁帛之衣以朝,鹿裘以处;未明而立于朝,日晦而归食;朝不谋夕,无一月之积。故彼廉其爵,贫其身,以忧社稷者,令尹子文是也。昔者,叶公子高身获于表薄,而财于柱国;定白公之祸,宁楚国之事;恢先君以掩方城之外,四封不侵,名不挫于诸侯。当此之时也,天下莫敢以兵南乡。叶公子高。食田六百畛。故彼崇其爵,丰其禄,以忧社稷者,叶公子高是也。昔者,吴与楚战于柏举,两御之间,夫卒交。莫敖大心抚其御之手,顾而大息曰:'嗟乎! 子乎,楚国亡之(月)[日]至矣! 吾将深入吴军,若扑一人,若捽一人,以与大心者也,社稷其庶几乎!'故断脰决腹,壹瞑而万世不视,不知所益,以忧社稷者,莫敖大心是也。昔吴与楚战于柏举,三战入郢。寡君身出,大夫悉属,百姓离散。棼冒勃苏曰:'吾被坚执锐，赴强敌而死，此犹一卒也，不若奔诸侯。’于是赢粮潜行，上峥山，逾深溪，跖穿膝暴，七日而薄秦王之朝。雀立不转，昼吟宵哭。七日不得告。水浆无入口，瘨而殚闷，旄不知人。秦王闻而走之，冠带不相及，左奉其首，右濡其口，勃苏乃苏。秦王身问之：‘子孰谁也？’棼冒勃苏对曰：‘臣非异，楚使新造盭棼冒勃苏。吴与楚人战于柏举，三战入郢，寡君身出，大夫悉属，百姓离散。使下臣来告亡，且求救。’秦王顾令(之)[不]起：‘寡人闻之，万乘之君，得罪一士，社稷其危，今此之谓也！’遂出革车千乘，卒万人，属之子满与子虎，下塞以东，与吴人战于浊水而大败之，亦闻于遂浦。故劳其身，愁其思，以忧社稷者，棼冒勃苏是也。吴与楚战于柏举，三战入郢，君王身出，大夫悉属，百姓离散。蒙谷给斗于宫唐之上，舍斗奔郢，曰：‘若有孤，楚国社稷其庶几乎！’遂入大宫，负离次之典，以浮于江，逃于云梦之中。昭王反郢，五官失法，百姓昏乱。蒙谷献典，五官得法而百姓大治。此蒙谷之功，多与存国相若，封之执珪，田六百畛。蒙谷怒曰：‘谷非人臣，社稷之臣。苟社稷血食，余岂患无君乎？’遂自弃于磨山之中，至今无冒。故不为爵劝，不为禄勉，以忧社稷者，蒙谷是也。”

王乃大息曰：“此古之人也，今之人，焉能有之耶？”莫敖子华对曰：“昔者，先君灵王好小要，楚士约食，冯而能立，式而能起。食之可欲，忍而不入；死之可恶，就而不避。章闻之：‘其君好发者，其臣抉拾。’君王直不好贤耳，若君王诚好贤，此五臣者，皆可得而致之！”

卷十五　楚二

魏相翟强死

魏相翟强死,为甘茂谓楚王曰:“魏之几相者,公子劲也。劲也相魏,魏、秦之交必善。秦、魏之交完,则楚轻矣。故王不如与齐约,相甘茂于魏。齐王好高人以名,今为其行人请魏之相,齐必喜。魏氏不听,交恶于齐;齐、魏之交恶,必争事楚。魏氏听,甘茂与樗里疾,贸首之仇也,而魏、秦之交必恶,又交重楚也。”

齐秦约攻楚

齐秦约攻楚,楚令景翠以六城赂齐,太子为质。昭雎谓景翠曰:“秦恐,且因景鲤、苏厉而效地于楚。公出地以取齐,鲤与厉且以收地取秦,公事必败。公不如令王重赂景鲤、苏厉,使入秦。齐恐,必不求地而合于楚。若齐不求,是公与约也。”

术视伐楚

术视伐楚,楚令昭鼠以十万军汉中。昭雎胜秦于重丘。苏厉谓宛公昭鼠曰:“王欲昭雎之乘秦也,必分公之兵以益之。秦知公兵之分也,必出汉中。请为公令芈戎谓王曰‘秦兵且出汉中’,则公之兵全矣。”

四国伐楚

四国伐楚,楚令昭睢将以距秦。楚王欲击秦,昭睢不欲。桓臧为昭睢谓楚王曰:“睢战胜,三国恶楚之强也,恐秦之变而听楚也,必深攻楚以劲秦。秦王怒于战不胜,必悉起而击楚。是王与秦相罢而以利三国也。战不胜秦,秦进兵而攻。不如益昭睢之兵,令之示秦必战。秦王恶与楚相弊而令天下,秦可以少割而收(害)也。秦、楚之合,而燕、赵、魏不敢不听,三国可定也。”

楚怀王拘张仪

楚怀王拘张仪,将欲杀之。靳尚为仪谓楚王曰:“拘张仪,秦王必怒。天下见楚之无秦也,楚必轻矣。”又谓王之幸夫人郑袖曰:“子亦自知且贱于王乎?”郑袖曰:“何也?”尚曰:“张仪者,秦王之忠信有功臣也,今楚拘之,秦王欲出之。秦王有爱女而美,又简择宫中佳丽好玩习音者以欢从之,资之金玉宝器,奉以上庸六县为汤沐邑,欲因张仪内之楚王。楚王必(爱)[受]。秦女依强秦以为重,挟宝地以为资,势为王妻以临(于)[子]楚。王惑于虞乐,必厚尊敬亲爱之而忘子。子益贱而日疏矣!”郑袖曰:“愿委之于公。为之奈何?”曰:“子何不急言王,出张子? 张子得出,德子无已时,秦女必不来,而秦必重子。子内擅楚之贵,外结秦之交,畜张子以为用,子之子孙必为楚太子矣。此非布衣之利也。”郑袖遽说楚王出张子。

楚王将出张子

楚王将出张子,恐其欺己也。靳尚谓楚王曰:“臣请随之。仪事王不善,臣请杀之。”

楚小臣,靳尚之仇也。谓张旄曰:“以张仪之知,而有秦、楚之用,君必穷矣。君不如使人微要靳尚而刺之,楚王必大怒仪也。彼仪穷,则子重矣。楚、秦相难,则魏无患矣。”张旄果令人要靳尚刺之。楚王大怒,秦构兵而战。秦、楚争事魏,张旄果大重。

秦败楚汉中

秦败楚汉中。楚王入秦,秦王留之。游腾为楚谓秦王曰:“王挟楚王而与天下攻楚,则伤行矣;不与天下共攻之,则失利矣。王不如与之盟而归之。楚王畏,必不敢倍盟。[倍盟,]王因与三国攻之,义也。”

楚襄王为太子之时

楚襄王为太子之时,质于齐。怀王薨,太子辞于齐王而归。齐王隘之:“予我东地五百里,乃归子。子不予我,不得归。”太子曰:“臣有傅,请追而问傅。”傅慎子曰:“献之地,所以为身也。爱地不送死父,不义。臣故曰献之便。”太子入,致命齐王曰:“敬献地五百里。”齐王归楚太子。

太子归,即位为王。齐使车五十乘来取东地于楚。楚王告慎子曰:“齐使来求东地,为之奈何?”慎子曰:“王明日朝群臣,皆令其献计。”

上柱国子良入见。王曰:“寡人之得求反,王坟墓、复群臣、归社稷也,以东地五百里许齐。齐令使来求地,为之奈何?”子良曰:“王不可不与也。王身出玉声,许强万乘之齐,而不与,则不信,后不可以约结诸侯。请与而复攻之。与之,信;攻之,武。臣故曰与之。”子良出,昭常入见。王曰:“齐使来求东地五百里,为之奈何?”昭常曰:“不可与也。万乘者,以地大为万乘。今去东地五百里,是去战国之半也。有万乘之号,而无千乘之用也,不可!臣故曰勿与。常请守之!”昭常出,景鲤入见。王曰:“齐使来求东地五百里,为之奈何?”景鲤曰:“不可与也。虽然,楚不能独守。王身出玉声,许万乘之强齐也而不与,负不义于天下,楚亦不能独守。臣请西索救于秦。”

景鲤出,慎子入。王以三大夫计告慎子曰:“子良见寡人,曰:‘不可不与也,与而复攻之。’常见寡人,曰:‘不可与也,常请守之。’鲤见寡人,曰:‘不可与也,虽然,楚不能独守也,臣请索救于秦。’寡人谁用于三子之计?”慎子对曰:“王皆用之。”王怫然作色,曰:“何谓也?”慎子曰:“臣请效其说,而王且见其诚然也。王发上柱国子良车五十乘,而北献地五百里于齐;发子良之明日,遣昭常为大司马,令往守东地;遣昭常之明日,遣景鲤车五十乘,西索救于秦。”王曰:“善。”乃遣子良北献地于齐;遣子良之明日,立昭常为大司马,使守东地;又遣景鲤西索救于秦。

子良至齐,齐使人以甲受东地。昭常应齐使曰:“我典主东地,且与死生,悉五尺至六十,三十馀万,弊甲钝兵,愿承下尘!”齐王谓子良曰:“大夫来献地,今常守之,何如?”子良曰:“臣身受命弊邑之王,是常矫也。王攻之!”齐王大兴兵,攻东地,伐昭常。未涉疆,秦以五十万临齐右壤,曰:“夫隘楚太子弗出,不仁;又欲夺之东地五百里,不义。其缩甲则可,不然,则愿待战。”

齐王恐焉,乃请子良南道楚,西使秦,解齐患。士卒不用,东地复全。

女阿谓苏子曰

女阿谓苏子曰:“秦栖楚王、危太子者,公也。今楚王归,太子南,公必危。公不如令人谓太子曰:‘苏子知太子之怨己也,必且务不利太子。太子不如善苏子,苏子必且为太子入矣。’”苏子乃令人谓太子,太子复请善于苏子。

卷十六　楚三

苏子谓楚王曰

苏子谓楚王曰:“仁人之于民也,爱之以心,事之以善言;孝子之于亲也,爱之以心,事之以财;忠臣之于君也,必进贤人以辅之。今王之大臣父兄,好伤贤以为资,厚赋敛诸臣百姓,使王见疾于民,非忠臣也;大臣播王之过于百姓,多赂诸侯以王之地,是故退王之所爱,亦非忠臣也。是以国危。臣愿无听群臣之相恶也,慎大臣父兄,用民之所善,节身之嗜欲,以与百姓。人臣莫难于无妒而进贤。为主死易,垂沙之事,死者以千数。为主辱易,自令尹以下,事王者以千数。至于无妒而进贤,未见一人也。故明主之察其臣也,必知其无妒而进贤也。贤之事其主也,亦必无妒而进贤。夫进贤之难者:贤者用,且使己废;贵,且使己贱。故人难之。”

苏秦之楚

苏秦之楚,三(日)[月]乃得见乎王。谈卒,辞而行。楚王曰:“寡人闻先生,若闻古人。今先生不远千里而临寡人,曾不肯留。愿闻其说。”对曰:“楚国之食贵于玉,薪贵于桂,谒者难得见如鬼,王难得见如天帝。今令臣食玉炊桂,因鬼见帝。”王曰:“先生就舍,寡人闻命矣。”

楚王逐张仪于魏

楚王逐张仪于魏。陈轸曰:“王何逐张子?”曰:“为臣不忠不信。”曰:“不忠,王无以为臣;不信,王勿与为约。且魏臣不忠不信,于王何伤?忠且信,于王何益?逐而听则可,若不听,是王令困也。且使万乘之国免其相,是城下之事也。”

张仪之楚

张仪之楚,贫。舍人怒而[欲]归。张仪曰:“子必以衣冠之敝,故欲归。子待我为子见楚王。”当是之时,南后、郑袖贵于楚。张子见楚王,楚王不说。张子曰:“王无所用臣,臣请北见晋君。”楚王曰:“诺。”张子曰:“王无求于晋国乎?”王曰:“黄金、珠玑、犀象出于楚。寡人无求于晋国。”张子曰:“王徒不好色耳?”王曰:“何也?”张子曰:“彼郑、周之女,粉白(墨)[黛]黑,立于衢间,非知而见之者,以为神。”楚王曰:“楚,僻陋之国也,未尝见中国之女如此其美也!寡人之独何为不好色也?”乃资之以珠玉。

南后、郑袖闻之,大恐。令人谓张子曰:“妾闻君将之晋国,偶有金千斤,进之左右,以供刍秣。”郑袖亦以金五百斤。张子辞楚王,曰:“天下关闭不通,未知见日也。愿王赐之觞。”王曰:“诺。”乃觞之。张子中饮,再拜而请曰:“非有他人于此也,愿王召所便习而觞之。”王曰:“诺。”乃召南后、郑袖而觞之。张子再拜而请曰:“仪有死罪于大王。”王曰:“何也?”曰:“仪行天下遍矣,未尝见人如此其美也。而仪言得美人,是欺王也。”王曰:“子释之。吾固以为天下莫若是两人也。”

楚王令昭雎之秦重张仪

楚王令昭雎之秦重张仪。未至,惠王死。武王逐张仪。楚王因收昭雎以取(齐)[秦]。桓臧为雎谓楚王曰:“横亲之不合也,仪贵惠王而善雎也。今惠王死,武王立,仪走,公孙郝、甘茂贵。甘茂善魏,公孙郝善韩,二人固不善雎也,必以秦合韩、魏。韩、魏之重仪,仪有秦而雎以楚重之。今仪困秦而雎收楚,韩、魏欲得秦,必善二人者。二人将收韩、魏,轻仪而伐楚,方城必危!王不如复雎而重仪于韩、魏。仪据楚势,挟魏重,以与秦争。魏不合秦,韩亦不从,则方城无患。”

张仪逐惠施于魏

张仪逐惠施于魏。惠子之楚,楚王受之。冯郝谓楚王曰:“逐惠子者,张仪也。而王亲与约,是欺仪也。臣为王弗取也!惠子为仪者来,而恶王之交于张仪,惠子必弗行也。且宋王之贤惠子也,天下莫不闻也;今之不善张仪也,天下莫不知也。今为事之故,弃所贵于仇人,臣以为大王轻矣!且为事耶?王不如举惠子而纳之于宋,而谓张仪曰:‘请为子勿纳也。’仪必德王。而惠子穷人,而王奉之,又必德王。此不失为仪之实,而可以德惠子。”楚王曰:“善。”乃奉惠子而纳之宋。

五国伐秦

五国伐秦。魏欲和,使惠施之楚,楚将入之秦而使行和。杜赫谓昭阳曰:“凡为伐秦者,楚也。今施以魏来,而公入之秦。是明楚之伐而信魏之和也。公不如无听惠施,而阴使人以请听秦。”昭子曰:“善。”因谓惠施曰:“凡为攻秦者,魏也。今子从楚为和,楚得其利,魏受其怨。子归,吾将使人因魏而和。”惠子反,魏王不说。

杜赫谓昭阳曰:“魏为子先战,折兵之半,谒病不听,请和不得,魏折而入齐、秦,子何以救之?东有越累,北无晋,而交未定于齐、秦,是楚孤也。不如速和。”昭子曰:“善。”因令人谒和于魏。

陈轸告楚之魏

陈轸告楚之魏。张仪恶之于魏王曰:“轸犹善楚,为求地甚力。”左爽谓陈轸曰:“仪善于魏王,魏王甚信之。公虽百说之,犹不听也。公不如以仪之言为资,而得复楚。”陈轸曰:“善。”因使人以仪之言闻于楚。楚王喜,欲复之。

秦伐宜阳

秦伐宜阳。楚王谓陈轸曰:“寡人闻韩侈巧士也,习诸侯事,殆能自免也。为其必免,吾欲先据之以加德焉。”

陈轸对曰:“舍之,王勿据也!以韩侈之知,于此困矣!今山泽之兽,无黠于麋。麋知猎者张罔,前而驱己也,因还走而冒人,至数。猎者知其诈,伪举罔而进之,麋因得矣。今诸侯明知此多诈,伪举罔而进者必众矣。舍之,王勿据也!韩侈之知,于此困矣!”

楚王听之,宜阳果拔。陈轸先知之也。

唐且见春申君曰

唐且见春申君曰:“齐人饰身修行得为益,然臣羞而不学也。不避绝江河,行千馀里来,窃慕大君之义而欲善君之业。臣闻之:‘贲、诸怀锥刃而天下为勇,西施衣褐而天下称美。’今君相万乘之楚,御中国之难,所欲者不成,所求者不得,臣等少也。夫枭棋之所以能为者,以散棋佐之也。夫一枭之不如,不胜五散,亦明矣。今君何不为天下枭,而令臣等为散乎?”

卷十七　楚四

或谓楚王曰

或谓楚王曰:“臣闻从者欲合天下以朝大王,臣愿大王听之也。夫因诎为信,奋患有成,勇者义之。摄祸为福,裁少为多,知者官之。夫报报之反,墨墨之化,唯大君能之。祸与福相贯,生与亡为邻。不偏于死,不偏于生,不足以载大名;无所寇艾,不足以横世。夫秦捐德绝命之日久矣,而天下不知。今夫横人嚂口利机,上干主心,下牟百姓,公举而私取利。是以国权轻于鸿毛,而积祸重于丘山。”

魏王遗楚王美人

魏王遗楚王美人,楚王说之。夫人郑袖知王之说新人也,甚爱新人。衣服玩好,择其所喜而为之;宫室卧具,择其所善而为之。爱之甚于王。王曰:“妇人所以事夫者,色也;而妒者,其情也。今郑袖知寡人之说新人也,其爱之甚于寡人,此孝子之所以事亲,忠臣之所以事君也。”

郑袖知王以己为不妒也,因谓新人曰:“王爱子美矣。虽然,恶子之鼻。子为见王,则必掩子鼻。”新人见王,因掩其鼻。王谓郑袖曰:“夫新人见寡人,则掩其鼻,何也?”郑袖曰:“妾知也。”王曰:“虽恶,必言之。”郑袖曰:“其似恶闻王之臭也。”王曰:“悍哉!”令劓之,无使逆命。

楚王后死

楚王后死，未立后也。谓昭鱼曰："公何以不请立后也?"昭鱼曰："王不听，是知困而交绝于后也。""然则，何不买五双珥，令其一善，而献之王？明日，视善珥所在，因请立之。"

庄辛谓楚襄王曰

庄辛谓楚襄王曰："君王左州侯，右夏侯，辇从鄢陵君与寿陵君，专淫逸侈靡，不顾国政，郢都必危矣!"襄王曰："先生老悖乎？将以为楚国袄祥乎?"庄辛曰："臣诚见其必然者也，非敢以为国袄祥也。君王卒幸四子者不衰，楚国必亡矣！臣请辟于赵，淹留以观之。"庄辛去，之赵，留五月，秦果举鄢郢、巫、上蔡、陈之地。

襄王流掩于城阳，于是使人发驺，征庄辛于赵。庄辛曰："诺。"庄辛至，襄王曰："寡人不能用先生之言，今事至于此，为之奈何?"

庄辛对曰："臣闻鄙语曰：'见兔而顾犬，未为晚也；亡羊而补牢，未为迟也。'臣闻昔汤、武以百里昌，桀、纣以天下亡。今楚国虽小，绝长续短，犹以数千里，岂特百里哉?

"王独不见夫蜻蛉乎？六足四翼，飞翔乎天地之间，俯啄蚊虻而食之，仰承甘露而饮之，自以为无患，与人无争也。不知夫五尺童子，方将调饴胶丝，加己乎四仞之上，而下为蝼蚁食也。

"蜻蛉其小者也，黄雀因是以！俯噣白粒，仰栖茂树，鼓翅奋翼，自以为无患，与人无争也。不知夫公子王孙，左挟弹，右摄丸，将加己乎十仞之上，以其类为招。昼游乎茂树，夕调乎酸醎。倏忽之间，坠于公子之手。

“夫黄雀其小者也，黄鹄因是以！游于江海，淹乎大沼，俯噣鰋鲤，仰啮蔆衡，奋其六翮，而凌清风，飘摇乎高翔，自以为无患，与人无争也。不知夫射者，方将修其䓊卢，治其缯缴，将加己乎百仞之上，彼礛磻，引微缴，折清风而抎矣。故昼游乎江湖，夕调乎鼎鼐。

“夫黄鹄其小者也，蔡圣侯之事因是以！南游乎高陂，北陵乎巫山，饮茹溪之流，食湘波之鱼，左抱幼妾，右拥嬖女，与之驰骋乎高蔡之中，而不以国家为事。不知夫子发方受命乎宣王，系己以朱丝而见之也。

“蔡圣侯之事，其小者也，君王之事因是以！左州侯，右夏侯，辇从鄢陵君与寿陵君，饭封禄之粟，而戴方府之金，与之驰骋乎云梦之中，而不以天下国家为事。不知夫穰侯方受命乎秦王，填黾塞之内，而投己乎黾塞之外。”

襄王闻之，颜色变作，身体战慄。于是乃以执珪而授之为阳陵君，与淮北之地也。

齐明说卓滑以伐秦

齐明说卓滑以伐秦，滑不听也。齐明谓卓滑曰：“明之来也，为樗里疾卜交也。明说楚大夫以伐秦，皆受明之说也。唯公弗受也，臣有辞以报樗里子矣。”卓滑因重之。

或谓黄齐曰

或谓黄齐曰：“人皆以谓公不善于富挚。公不闻老莱子之教孔子事君乎？示之其齿之坚也，六十而尽，相靡也。今富挚能，而公重不相善也，是两尽也。谚曰：‘见君之乘，下之；见杖，起之。’今也，王爱富挚，而公不善也，是不臣也。”

长沙之难

长沙之难，楚太子横为质于齐。楚王死，薛公归太子横，因与韩、魏之兵，随而攻东国。太子惧。昭盖曰：“不若令屈署以新东国为和于齐，以动秦。秦恐齐之败东国而令行于天下也，必将救我。”太子曰：“善。”遽令屈署以东国为和于齐。秦王闻之，惧，令芈戎告楚曰：“毋与齐东国，吾与子出兵矣。”

有献不死之药于荆王者

有献不死之药于荆王者，谒者操以入。中射之士问曰：“可食乎？”曰：“可。”因夺而食之。王怒，使人杀中射之士。中射之士使人说王曰：“臣问谒者，谒者曰可食，臣故食之。是臣无罪而罪在谒者也。且客献不死之药，臣食之而王杀臣，是死药也。王杀无罪之臣，而明人之欺王。”王乃不杀。

客说春申君曰

客说春申君曰：“汤以亳，武王以鄗，皆不过百里以有天下。今孙子，天下贤人也，君籍之以百里之势，臣窃以为不便于君。何如？”春申君曰：“善。”于是使人谢孙子。孙子去之赵，赵以为上卿。

客又说春申君曰：“昔伊尹去夏入殷，殷王而夏亡；管仲去鲁入齐，鲁弱而齐强。夫贤者之所在，其君未尝不尊，国未尝不荣也。今孙子，天下贤人也，君何辞之？”春申君又曰：“善。”于是使人请孙子于赵。

孙子为书谢曰:“疠人怜王,此不恭之语也。虽然,不可不审察也,此为劫弑死亡之主言也。夫人主年少而矜材,无法术以知奸,则人臣主断(国)[图],私以禁诛于己也,故弑贤长而立幼弱,废正适而立不义。《春秋》戒之,曰:‘楚王子围聘于郑,未出竟,闻王病,反问疾,遂以冠缨绞王,杀之,因自立也。齐崔杼之妻美,庄公通之。崔杼帅其君党而攻[庄公]。庄公请与分国,崔杼不许;欲自刃于庙,崔杼不许。庄公走出,逾于外墙,射中其股,遂杀之,而立其弟景公。’近代所见:李兑用赵,饿主父于沙丘,百日而杀之;淖齿用齐,擢闵王之筋,县于其庙梁,宿夕而死。夫疠虽痈肿胞疾,上比前世,未至绞缨射股;下比近代,未至擢筋而饿死也。夫劫弑死亡之主也,心之忧劳,形之困苦,必甚于疠矣。由此观之,疠虽怜王可也!”因为赋曰:“宝珍隋珠,不知佩兮。(袆)[杂]布与(丝)[锦],不知异兮。闾姝子奢,莫知媒兮。嫫母求之,又甚喜之兮。以瞽为明,以聋为聪,以是为非,以吉为凶。呜呼上天!曷惟其同!”《诗》曰:“上天甚神,无自瘵也。”

天下合从

天下合从。赵使魏加见楚春申君,曰:“君有将乎?”春申君曰:“有矣,仆欲将临武君。”魏加曰:“臣少之时好射,臣愿以射譬之,可乎?”春申君曰:“可。”

加曰:“异日者,更羸与魏王处京台之下,仰见飞鸟。更羸谓魏王曰:‘臣为王引弓虚发而下鸟。’魏王曰:‘然则射可至此乎?’更羸曰:‘可。’有间,雁从东方来,更羸以虚发而下之。魏王曰:‘然则射可至此乎?’更羸曰:‘此孽也。’王曰:‘先生何以知之?’对曰:‘其飞徐而鸣悲。飞徐者,故疮痛也;鸣悲者,久失群也。故疮未息而惊心未(至)[去]也。闻弦音,引而高飞,故疮[裂而]陨也。'今临武君尝为秦孽,不可为拒秦之将也。"

汗明见春申君

汗明见春申君,候问三月而后得见。谈卒,春申君大说之。汗明欲复谈,春申君曰:"仆已知先生,先生大息矣。"汗明憱焉,曰:"明愿有问君而恐固,不审君之圣孰与尧也?"春申君曰:"先生过矣,臣何足以当尧!"汗明曰:"然则君料臣孰与舜?"春申君曰:"先生即舜也。"汗明曰:"不然,臣请为君终言之。君之贤实不如尧,臣之能不及舜。夫以贤舜事圣尧,三年而后乃相知也。今君一旦而知臣,是君圣于尧,而臣贤于舜也。"

春申君曰:"善。"乃召门吏为汗先生著客籍,五日一见。汗明曰:"君亦闻骥乎?夫骥之齿至矣,服盐车而上太行。蹄申膝折,尾湛胕溃,漉汁洒地,白汗交流,中阪迁延,负辕不能上。伯乐遭之,下车攀而哭之,解纻衣以幂之。骥于是俯而喷,仰而鸣,声达于天,若出金石声者。何也?彼见伯乐之知己也。今仆之不肖,阨于州部,堀穴穷巷,沉洿鄙俗之日久矣,君独无意湔拔仆也,使得为君高鸣屈于梁乎?"

楚考烈王无子

楚考烈王无子,春申君患之,求妇人宜子者进之,甚众,卒无子。

赵人李园,持其女弟,欲进之楚王,闻其不宜子,恐又无宠。李园求事春申君为舍人。已而谒归,故失期。还谒,春申君问状。对曰:"齐王遣使求臣女弟,与其使者饮,故失期。"春申君曰:"聘入乎?”对曰:“未也。”春申君曰:“可得见乎?”曰:“可。”于是园乃进其女弟,即幸于春申君。知其有身,园乃与其女弟谋。园女弟承间说春申君曰:“楚王之贵幸君,虽兄弟不如。今君相楚王二十馀年,而王无子,即百岁后,将更立兄弟。即楚王更立,彼亦各贵其故所亲,君又安得长有宠乎?非徒然也,君用事久,多失礼于王兄弟,兄弟诚立,祸且及身,奈何以保相印、江东之封乎?今妾自知有身矣,而人莫知。妾之幸君未久,诚以君之重而进妾于楚王,王必幸妾。妾赖天而有男,则是君之子为王也,楚国封尽可得,孰与其临不测之罪乎?”春申君大然之。乃出园女弟谨舍,而言之楚王。楚王召入,幸之。遂生子男,立为太子,以李园女弟立为王后。楚王贵李园,李园用事。

李园既入其女弟为王后,子为太子,恐春申君语泄而益骄,阴养死士,欲杀春申君以灭口,而国人颇有知之者。春申君相楚二十五年,考烈王病。朱英谓春申君曰:“世有无妄之福,又有无妄之祸。今君处无妄之世,以事无妄之主,安不有无妄之人乎?”春申君曰:“何谓无妄之福?”曰:“君相楚二十馀年矣,虽名为相国,实楚王也。五子皆相诸侯。今王疾甚,旦暮且崩,太子衰弱,疾而不起。而君相少主,因而代立当国,如伊尹、周公。王长而反政,不,即遂南面称孤,因而有楚国。此所谓无妄之福也。”春申君曰:“何谓无妄之祸?”曰:“李园不治国,王之舅也;不为兵将,而阴养死士之日久矣。楚王崩,李园必先入,据本议制断君命,秉权而杀君以灭口。此所谓无妄之祸也。”春申君曰:“何谓无妄之人?”曰:“君先仕臣为郎中,君王崩,李园先入,臣请为君劗其胸,杀之。此所谓无妄之人也。”春申君曰:“先生置之,勿复言已!李园,软弱人也,仆又善之,又何至此?”朱英恐,乃亡去。后十七日,楚考烈王崩,李园果先入,置死士,止于棘门之内。春申君后入,止棘门。园死士夹刺春申君,斩其头,投之棘门外,于是使吏尽灭春申君之家。而李园女弟初幸春申君有身,而入之王,所生子者,遂立为楚幽王也。

是岁,秦始皇立九年矣,嫪毐亦为乱于秦。觉,夷三族,而吕不韦废。

虞卿谓春申君曰

虞卿谓春申君曰:“臣闻之(《春秋》):‘于安思危,危则虑安。’今楚王之春秋高矣,而君之封地,不可不早定也!为主君虑封者,莫如远楚。秦孝公封商君,孝公死而后不免杀之;秦惠王封冉子,惠王死而后王夺之。公孙鞅功臣也,冉子亲姻也,然而不免夺、死者,封近故也。太公望封于齐,邵公奭封于燕,为其远王室矣。今燕之罪大而赵怒深,故君不如北兵以德赵,践乱燕以定身封,此百代之一时也!”

君曰:“所道攻燕,非齐则魏。魏、齐新怨楚,楚虽欲攻燕,将(道何)[何道]哉?”对曰:“请令魏王可。”君曰:“何如?”对曰:“臣请到魏而使所以信之。”乃谓魏王曰:“夫楚亦强大矣,天下无敌,乃且攻燕。”魏王曰:“乡也子云‘天下无敌’,今也子云‘乃且攻燕’者,何也?”对曰:“今谓马多力则有矣,若曰胜千钧则不然者,何也?夫千钧非马之任也。今谓楚强大则有矣,若越赵、魏而斗兵于燕,则岂楚之任也哉?非楚之任而楚为之,是敝楚也。敝楚,是强魏也。其于王孰便也?”

卷十八　赵一

知伯从韩魏兵以攻赵

知伯从韩魏兵以攻赵,围晋阳而水之,城(下)不沉者三板。郄疵谓知伯曰:"韩、魏之君必反矣!"知伯曰:"何以知之?"郄疵曰:"以其人事知之。夫从韩、魏之兵而攻赵,赵亡,难必及韩、魏矣。今约胜赵而三分其地,今城不没者三板,臼灶生蛙,人马相食,城降有日,而韩、魏之君无喜志而有忧色,是非反如何也?"

明日,知伯以告韩、魏之君,曰:"郄疵言君之且反也。"韩、魏之君曰:"夫胜赵而三分其地,城今且将拔矣,夫(三)[二]家虽愚,不弃美利于前,背信盟之约,而为危难不可成之事,其势可见也。是疵为赵计矣,使君疑二主之心而解于攻赵也。今君听谗臣之言,而离二主之交,为君惜之!"趋而出。郄疵谓知伯曰:"君又何以疵言告韩、魏之君为?"知伯曰:"子安知之?"对曰:"韩、魏之君视疵端而趋疾。"

郄疵知其言之不听,请使于齐,知伯遣之。韩、魏之君果反矣。

知伯帅赵韩魏而伐范、中行氏

知伯帅赵韩魏而伐范、中行氏,灭之。休数年,使人请地于韩。韩康子欲勿与,段规谏曰:"不可!夫知伯之为人也,好利而鸷愎。来请地,不与,必加兵于韩矣。君其与之!与之,彼狃,又将请地于他国。他国不听,必乡之以兵。然则韩可以免于患难而待事之变。"

康子曰:“善。”使使者致万家之邑一于知伯。

知伯说,又使人请地于魏。魏宣子欲勿与,赵葭谏曰:“彼请地于韩,韩与之;请地于魏,魏弗与。则是魏内自强而外怒知伯也。然则其错兵于魏必矣! 不如与之。”宣子曰:“诺。”因使人致万家之邑一于知伯。

知伯说,又使人之赵请蔡、皋狼之地。赵襄子弗与。知伯因阴结韩、魏,将以伐赵。赵襄子召张孟谈而告之,曰:“夫知伯之为人,阳亲而阴疏。三使韩、魏而寡人弗与焉,其移兵寡人必矣。今吾安居而可?”张孟谈曰:“夫董阏安于,简主之才臣也,世治晋阳;而尹泽循之,其馀政教犹存。君其定居晋阳。”君曰:“诺。”乃使延陵生将车骑先之晋阳,君因从之。

至,行城郭,案府库,视仓廪。召张孟谈曰:“吾城郭(之)[已]完,府库足用,仓廪实矣。无矢,奈何?”张孟谈曰:“臣闻董子之治晋阳也,公宫之垣,皆以狄蒿苫楚廧之,其高至丈馀,君发而用之。”于是发而试之,其坚则箘簬之劲不能过也。君曰:“[矢]足矣。吾铜少,若何?”张孟谈曰:“臣闻董子之治晋阳也,公宫之室,皆以炼铜为柱质,请发而用之,则有馀铜矣。”君曰:“善。”号令以定,备守以具。

三国之兵乘晋阳城,遂战,三月不能拔,因舒军而围之,决晋水而灌之。围晋阳三年,城中巢居而处,悬釜而炊,财食将尽,士卒病羸。襄子谓张孟谈曰:“粮食匮,城力尽,士大夫病,吾不能守矣。欲以城下,何如?”张孟谈曰:“臣闻之,亡不能存,危不能安,则无为贵知士也。君释此计,勿复言也! 臣请见韩、魏之君。”襄子曰:“诺。”

张孟谈于是阴见韩、魏之君,曰:“臣闻‘唇亡则齿寒’,今知伯帅二国之君伐赵,赵将亡矣。亡则二君为之次矣!”二君曰:“我知其然。夫知伯为人也,粗中而少亲。我谋未遂而知,则其祸必至,为之奈何?”张孟谈曰:“谋出二君之口,入臣之耳,人莫之知也。”二君即与张孟谈阴约三军,与之期日。夜,遣入晋阳。张孟谈以报襄子,襄子再拜之。

张孟谈因朝知伯而出,遇知过辕门之外。知过入见知伯曰:“二主殆将有变。”君曰:“何如?”对曰:“臣遇张孟谈于辕门之外,其志矜,其行高。”知伯曰:“不然。吾与二主约谨矣,破赵,三分其地,寡人所亲之,必不欺也。子释之,勿出于口!”知过出,见二主,入说知伯曰:“二主色动而意变,必背君矣! 不如令杀之。”知伯曰:“兵着晋阳三年矣,旦暮当拔之而飨其利,乃有他心? 不可,子慎勿复言!”知过曰:“不杀,则遂亲之。”知伯曰:“亲之奈何?”知过曰:“魏宣子之谋臣曰赵葭,康子之谋臣曰段规,是皆能移其君之计。君其与二君约,破赵,则封二子者各万家之县一。如是,则二主之心可不变,而君得其所欲矣。”知伯曰:“破赵而三分其地,又封二子者各万家之县一,则吾所得者少,不可!”知过见君之不(用)[明]也,言之不听,出,更其姓为辅氏,遂去不见。

张孟谈闻之,入见襄子,曰:“臣遇知过于辕门之外,其视有疑臣之心;入见知伯,出更其姓。今暮不击,必后之矣!”襄子曰:“诺。”使张孟谈见韩、魏之君曰:“夜期杀守堤之吏,而决水灌知伯军。”知伯军救水而乱,韩、魏翼而击之,襄子将卒犯其前,大败知伯军而禽知伯。

知伯身死,国亡地分,为天下笑,此贪欲无厌也。夫不听知过,亦所以亡也。知氏尽灭,唯辅氏存焉。

张孟谈既固赵宗

张孟谈既固赵宗,广封疆,发五百,乃称简之途,以告襄子曰:“昔者,前国地君之御有之曰:‘五百之所以致天下者,约两主势能制臣,无令臣能制主。故贵为列侯者,不令在相位;自将军以上,不为近大夫。’今臣之名显而身尊,权重而众服,臣愿捐功名、去权势以离众。”

襄子恨然曰：“何哉？吾闻辅主者名显，功大者身尊，任国者权重，信忠在己而众服焉。此先圣之所以集国家安社稷乎！子何为然？”张孟谈对曰：“君之所言，成功之美也；臣之所谓，持国之道也。臣观成事，闻往古，天下之美同，臣主之权均之能美，未之有也！前事之不忘，后事之师。君若弗图，则臣力不足。”怆然有决色。

襄子去之，卧三日，使人谓之曰：“晋阳之政，臣下不使者，何如？”对曰：“死僇。”张孟谈曰：“左司马见使于国家，安社稷，不避其死，以成其忠，君其行之！”君曰：“子从事。”乃许之。张孟谈便厚以便名，纳地释事以去权尊，而耕于负亲之丘。故曰“贤人之行，明主之政也”。

耕三年，韩、魏、齐、燕负亲以谋赵，襄子往见张孟谈而告之，曰：“昔者知氏之地，赵氏分则多十城，而今诸侯复来孰谋我，为之奈何？”张孟谈曰：“君其负剑而御臣以之国，舍臣于庙，授吏大夫，臣试计之。”君曰：“诺。”张孟谈乃行，其妻之楚，长子之韩，次子之魏，少子之齐。四国疑而谋败。

晋毕阳之孙豫让

晋毕阳之孙豫让，始事范、中行氏，不说，去而就知伯，知伯宠之。及三晋分知氏，赵襄子最怨知伯，而将其头以为饮器。豫让遁逃山中，曰：“嗟乎！士为知己者死，女为悦己者容。吾其报知氏（之仇）矣！”

乃变姓名，为刑人，入宫涂厕，欲以刺襄子。襄子如厕，心动，执问涂者，则豫让也。刃其扞，曰：“欲为知伯报仇！”左右欲杀之，襄子曰：“彼义士也！吾谨避之耳。且知伯已死，无后，而其臣至为报仇，此天下之贤人也。”卒释之。

豫让又漆身为厉，灭须去眉，自刑以变其容，为乞人而往乞。其妻不识，曰："状貌不似吾夫，其音何类吾夫之甚也！"又吞炭（为哑），变其音。其友谓之曰："子之道甚难而无功。谓子有志，则然矣，谓子智，则否。以子之才而善事襄子，襄子必近幸子，子之得近而行所欲，此甚易而功必成。"豫让乃笑而应之曰："是为先知报后知，为故君贼新君，大乱君臣之义者，无此矣！凡吾所谓为此者，以明君臣之义，非从易也。且夫委质而事人，而求弑之，是怀二心以事君也。吾所为难，亦将以愧天下后世人臣怀二心者。"

居顷之，襄子当出，豫让伏所当过桥下。襄子至桥而马惊。襄子曰："此必豫让也！"使人问之，果豫让。于是赵襄子面数豫让曰："子不尝事范、中行氏乎？知伯灭范、中行氏，而子不为报仇，反委质事知伯。知伯已死，子独何为报仇之深也？"豫让曰："臣事范、中行氏，范、中行氏以众人遇臣，臣故众人报之；知伯以国士遇臣，臣故国士报之。"襄子乃喟然叹泣曰："嗟乎，豫子！豫子之为知伯，名既成矣。寡人舍子，亦以足矣。子自为计，寡人不舍子。"使兵环之。

豫让曰："臣闻明主不掩人之义，忠臣不爱死以成名。君前已宽舍臣，天下莫不称君之贤。今日之事，臣故伏诛，然愿请君之衣而击之，虽死不恨。非所望也，敢布腹心！"于是襄子义之，乃使使者持衣与豫让。豫让拔剑三跃，呼天击之，曰："而可以报知伯矣！"遂伏剑而死。死之日，赵国之士闻之，皆为涕泣。

魏文侯借道于赵攻中山

魏文侯借道于赵攻中山，赵侯将不许。赵利曰："过矣！魏攻中山而不能取，则魏必罢，罢则赵重；魏拔中山，必不能越赵而有中山矣。是用兵者魏也，而得地者赵也，君不如许之。许之大劝，彼将知矣利之也，必辍。君不如借之道而示之不得已。"

秦韩围梁

秦韩围梁，燕、赵救之。谓山阳君曰："秦战而胜三国，秦必过周、韩而有梁；三国而胜秦，三国之力虽不足以攻秦，足以拔郑。计者不如构三国攻秦。"

腹击为室而钜

腹击为室而钜，荆敢言之。主谓腹子曰："何故为室之钜也？"腹击曰："臣，羁旅也，爵高而禄轻，宫室小而帑不众。主虽信臣，百姓皆曰：'国有大事，击必不为用。'今击之钜宫，将以取信于百姓也。"主君曰："善。"

苏秦说李兑曰

苏秦说李兑曰："洛阳乘轩里苏秦，家贫亲老，无罢车驽马，桑轮蓬箧，羸縢负书担橐，触尘埃，蒙霜露，越漳河，足重茧，日百而舍，造外阙，愿见于前，口道天下之事。"李兑曰："先生以鬼之言见我则可，若以人之事，兑尽知之矣。"苏秦对曰："臣固以鬼之言见君，非以人之言也。"李兑见之。苏秦曰："今日臣之来也暮，后郭门，藉席无所得，寄宿人田中，傍有大丛。夜半，土偶与木梗斗曰：'汝不如我。我者乃土也。使我逢疾风淋雨，坏沮，乃复归土；今汝非木之根，则木之枝耳。汝逢疾风淋雨，漂入漳河，东流至海，泛滥无所止。'臣窃以为土偶胜也。今君杀主父而族之，君之立于天下，危于累卵！君听臣计则生，不听臣计则死。"李兑曰："先生就舍，明日复来见兑也。"

苏秦出。

李兑舍人谓李兑曰："臣窃观君与苏公谈也，其辩过君，其博过君。君能听苏公之计乎？"李兑曰："不能。"舍人曰："君即不能，愿君坚塞两耳，无听其谈也。"明日复见，终日谈而去。舍人出送苏君，苏秦谓舍人曰："昨日我谈粗而君动，今日精而君不动，何也？"舍人曰："先生之计大而规高，吾君不能用也。乃我请君塞两耳，无听谈者。虽然，先生明日复来，吾请资先生厚用。"

明日来，抵掌而谈。李兑送苏秦明月之珠，和氏之璧，黑貂之裘，黄金百镒。苏秦得以为用，西入于秦。

赵收天下

赵收天下，且以伐齐。苏秦为齐上书说赵王曰："臣闻古之贤君，德行非施于海内也；教顺慈爱，非布于万民也；祭祀时享，非当于鬼神也。甘露降，风雨时至，农夫登，年谷丰盈，众人喜之，而贤主恶之。今足下功力非数痛加于秦国，而怨毒积恶非曾深凌于韩也。臣窃外闻大臣及下吏之议，皆言主前专据，以秦为爱赵而憎韩。臣窃以事观之，秦岂得爱赵而憎韩哉？欲亡韩吞两周之地，故以韩为饵，先出声于天下，欲邻国闻而观之也。恐其事不成，故出兵以佯示赵、魏；恐天下之惊觉，故微韩以贰之；恐天下疑己，故出质以为信。声德于与国，而实伐空韩。臣窃观其图之也，议秦以谋计必出于是。

"且夫说士之计皆曰：'韩亡三川，魏灭晋国，恃韩未穷，而祸及于赵。'且物固有势异而患同者，又有势同而患异者。昔者楚人久伐而中山亡。今燕尽韩之河南，距沙丘，而至钜鹿之界三百里；距于扞关，至于榆中千五百里。秦尽韩、魏之上党，则地与国都邦属而壤挈者七百里。秦以三军强弩坐羊唐之上，即地去邯郸二十里。且秦以三军攻王之上党而危其北，则句注之西非王之有也。今鲁句注禁常山而守，三百里通于燕之唐、曲吾，此代马胡驹不东，而昆山之玉不出也。此三宝者，又非王之有也。今从于强秦国之伐齐，臣恐其祸出于是矣。昔者五国之王，尝合横而谋伐赵，参分赵国壤地，著之盘盂，属之雠柞。五国之兵有日矣，韩乃西师以禁秦国，使秦发令，素服而听，反温、枳、高平于魏，反三公、什清于赵，此王之明知也。夫韩事赵，宜正为上交。今乃以抵罪取伐，臣恐其后事王者之不敢自必也。今王收天下，必以王为得；韩危社稷以事王，天下必重王。然则韩义王以天下就之，下至韩慕王以天下收之，是一世之命制于王已。臣愿大王深与左右群臣卒计而重谋，先事成虑而熟图之也！”

齐攻宋

齐攻宋，奉阳君不欲。客谓奉阳君曰：“君之春秋高矣，而封地不定，不可不熟图也。秦之贪，韩、魏危，卫、楚正，中山之地薄，宋罪重，齐怒深，残伐乱宋，定身封，德强齐，此百代之一时也。”

秦王谓公子他曰

秦王谓公子他曰：“昔岁殽下之事，韩为中军，以与诸侯攻秦。韩与秦接境壤界，其地不能千里，展转不可约。日者，秦、楚战于蓝田，韩出锐师以佐秦，秦战不利，因转与楚，不固信盟，唯便是从。韩之在我，心腹之疾。吾将伐之，何如？”公子他曰：“王出兵韩，韩必惧，惧则可以不战而深取割。”王曰：“善。”乃起兵，一军临荥阳，一军临太行。韩恐，使阳城君入谢于秦，请效上党之地以为和。令韩阳告上党之守靳黰曰：“秦起二军以临韩，韩不能有。今王令韩兴兵以上党入和于秦，使阳言之太守，太守其效之。”靳黰曰：“人有言，‘挈瓶之知,不失守器'。王则有令,而臣太守,虽王与子亦其猜焉。臣请悉发守以应秦。若不能卒,则死之。"韩阳趋以报王,王曰:"吾始已诺于应侯矣。今不与,是欺之也!"乃使冯亭代靳黈。

冯亭守三十日,阴使人请赵王曰:"韩不能守上党,且以与秦,其民皆不欲为秦,而愿为赵。今有城市之邑(七十)[十七],愿拜内之于王,唯王才之。"赵王喜,召平原君而告之曰:"韩不能守上党,且以与秦,其吏民不欲为秦,而皆愿为赵。今冯亭令使者以与寡人,何如?"赵豹对曰:"臣闻圣人甚祸无故之利。"王曰:"人怀吾义,何谓无故乎?"对曰:"秦蚕食韩氏之地,中绝不令相通,故自以为坐受上党也。且夫韩之所以内赵者,欲嫁其祸也。秦被其劳而赵受其利,虽强大不能得之于小弱,而小弱顾能得之强大乎？今王取之,可谓有故乎？且秦以牛田,水通粮,其死士皆列之于上地,令严政行,不可与战。王自图之。"王大怒,曰:"夫用百万之众,攻战逾年历岁,未得一城也！今不用兵而得城(七十)[十七],何故不为?"赵豹出。王召赵胜、赵禹而告之,曰:"韩不能守上党,今其守以与寡人,有城市之邑(七十)[十七]。"二人对曰:"用兵逾年,未见一城,今坐而得城,此大利也。"乃使赵胜往受地。

赵胜至,曰:"敝邑之王,使使者臣胜,太守有诏,使臣胜谓曰:'请以三万户之都封太守,千户封县令,诸吏皆益爵三级;民能相集者,赐家六金。'"冯亭垂涕而勉曰:"是吾处三不义也！为主守地而不能死,而以与人,不义一也;主内之秦,不顺主命,不义二也;卖主之地而食之,不义三也。"辞封而入韩,谓韩王曰:"赵闻韩不能守上党,今发兵已取之矣。"韩告秦曰:"赵起兵取上党。"秦王怒,令公孙起、王齮以兵遇赵于长平。

苏秦为赵王使于秦

苏秦为赵王使于秦,反,三日不得见。谓赵王曰:“秦乃者过柱山,有两木焉。一盖呼侣,一盖哭。问其故,对曰:‘吾已大矣,年已长矣,吾苦夫匠人且以绳墨案规矩刻镂我。’一盖曰:‘此非吾所苦也,是故吾事也。吾所苦夫铁钻然自入而出夫人者!’今臣使于秦而三日不见,无有谓臣为铁钻者乎?”

甘茂为秦约魏

甘茂为秦约魏,以攻韩宜阳,又北之赵。冷向谓强国曰:“不如令赵拘甘茂,勿出,以与齐、韩、秦市。齐王欲求救宜阳,必效县狐氏;韩欲有宜阳,必以路涉、端氏赂赵;秦王欲得宜阳,不爱名宝,且拘茂也,且以置公孙赫、樗里疾。”

谓皮相国曰

谓皮相国曰:“以赵之弱,而据之建信君、涉孟之仇,然者何也?以从为有功也。齐不从,建信君知从之无功。建信君安能以无功恶秦哉?不能以无功恶秦,则且出兵助秦攻魏,以楚、赵分齐,则是强毕矣。建信、春申从则无功而恶秦。秦分齐,齐亡魏,则有功而善秦。故两君者,奚择有功之无功为知哉?”

或谓皮相国曰

或谓皮相国曰："魏杀吕辽而卫兵，亡其北阳而梁危，河间封不定而齐危，文信不得志，三晋倍之，忧也。今魏耻未灭，赵患又起，文信侯之忧大矣。齐不从，三晋之心疑矣。忧大者不计而构，心疑者事秦急。秦、魏之构，不待割而成。秦从楚、魏攻齐，独吞赵，齐、赵必俱亡矣。"

赵王封孟尝君以武城

赵王封孟尝君以武城，孟尝君择舍人以为武城吏而遣之曰："鄙语岂不曰'借车者驰之，借衣者被之'哉？"皆对曰："有之。"孟尝君曰："文甚不取也！夫所借衣车者，非亲友，则兄弟也。夫驰亲友之车，被兄弟之衣，文以为不可。今赵王不知文不肖，而封之以武城。愿大夫之往也，毋伐树木，毋发屋室，訾然使赵王悟而知文也！谨使可全而归之。"

谓赵王曰

谓赵王曰："三晋合而秦弱，三晋离而秦强，此天下之所明也。秦之有燕而伐赵，有赵而伐燕；有梁而伐赵，有赵而伐梁；有楚而伐韩，有韩而伐楚；此天下之所明见也。然山东不能易其路，兵弱也。弱而不能相壹，是何(楚)[秦]之知、山东之愚也！是臣所为山东之忧也。虎将即禽，禽不知虎之即己也，而相斗，两罢，而归其死于虎。故使禽知虎之即己，决不相斗矣。今山东之主不知秦之即己也，而尚相斗，两敝而归其国于秦，知不如禽远矣。愿王熟虑之也！

“今事有可急者，秦之欲伐韩、梁，东窥于周室甚，惟寐亡之。今南攻楚者，恶三晋之大合也。今攻楚，休而复之，已五年矣，攘地千馀里。今谓楚王：‘苟来举玉趾而见寡人，必与楚为兄弟之国，必为楚攻韩、梁，反楚之故地。’楚王美秦之语，怒韩、梁之不救己，必入于秦。有谋故发使之赵，以燕饵赵，而离三晋。今王美秦之言，而欲攻燕。攻燕，食未饱而祸已及矣。楚王入秦，秦、楚为一，东面而攻韩。韩南无楚，北无赵，韩不待伐割，挈马兔而西走。秦与韩为上交，秦祸安移于梁矣。以秦之强，有楚、韩之用，梁不待伐割，挈马兔而西走。秦与梁为上交，秦祸案攘于赵矣。以强秦之有韩、梁、楚与燕之怒，割必深矣。国之举此，臣之所为来。臣故曰：事有可急为者。及楚王之未入也，三晋相亲相坚，出锐师以戍韩、梁西边，楚王闻之，必不入秦，秦必怒而循攻楚，是秦祸不离楚也，便于三晋。若楚王入，秦见三晋之大合而坚也，必不出楚王，即多割，是秦祸不离楚也，有利于三晋。愿王之熟计之也急！”

赵王因起兵南戍韩、梁之西边。秦见三晋之坚也，果不出楚王卬，而多求地。

卷十九　赵二

苏秦从燕之赵

苏秦从燕之赵，始合从，说赵王曰："天下之卿相人臣，乃至布衣之士，莫不高贤大王之行义，皆愿奉教陈忠于前之日久矣。虽然，奉阳君妒，大王不得任事，是以外客游谈之士，无敢尽忠于前者。今奉阳君捐馆舍，大王乃今然后得与士民相亲，臣故敢献其愚，效愚忠。为大王计，莫若安民无事，请无庸有为也。安民之本，在于择交。择交而得，则民安；择交不得，则民终身不得安。请言外患：齐、秦为两敌而民不得安；倚秦攻齐而民不得安；倚齐攻秦而民不得安。故夫谋人之主，伐人之国，常苦出辞，断绝人之交，愿大王慎无出于口也。请屏左右，白言所以异，阴阳而已矣。大王诚能听臣，燕必致毡裘狗马之地，齐必致海隅渔盐之地，楚必致橘柚云梦之地，韩、魏皆可使致封地汤沐之邑，贵戚父兄皆可以受封侯。夫割地效实，五伯之所以覆军禽将而求也；封侯贵戚，汤、武之所以放杀而争也。今大王垂拱而两有之，是臣之所以为大王愿也。

"大王与秦，则秦必弱韩、魏；与齐，则齐必弱楚、魏。魏弱则割河外，韩弱则效宜阳。宜阳效则上郡绝，河外割则道不通。楚弱则无援。此三策者，不可不熟计也。夫秦下轵道则南阳动，劫韩包周则赵自销铄，据卫取淇则齐必入朝。秦欲已得行于山东，则必举甲而向赵。秦甲涉河逾漳据番吾，则兵必战于邯郸之下矣。此臣之所以为大王患也！

"当今之时，山东之建国，莫如赵强。赵地方二千里，带甲数十万，车千乘，骑万匹，粟支十年；西有常山，南有河、漳，东有清河，北有燕国。燕固弱国，不足畏也。且秦之所畏害于天下者，莫如赵。然而秦不敢举兵甲而伐赵者，何也？畏韩、魏之议其后也。然则韩、魏，赵之南蔽也。秦之攻韩、魏也，则不然，无有名山大川之限，稍稍蚕食之，傅之国都而止矣。韩、魏不能支秦，必入臣。韩、魏臣于秦，秦无韩、魏之隔，祸中于赵矣。此臣之所以为大王患也！

"臣闻尧无三夫之分，舜无咫尺之地，以有天下。禹无百人之聚，以王诸侯。汤、武之卒不过三千人，车不过三百乘，立为天子。诚得其道也。是故明主外料其敌国之强弱，内度其士卒之众寡、贤与不肖，不待两军相当，而胜败存亡之机节，固已见于胸中矣。岂掩于众人之言，而以冥冥决事哉！臣窃以天下地图案之，诸侯之地，五倍于秦；料诸侯之卒，十倍于秦。六国并力为一，西面而攻秦，秦破必矣。今见破于秦，西面而事之，见臣于秦。夫破人之与破于人也，臣人之与臣于人也，岂可同日而言之哉？夫横人者，皆欲割诸侯之地以与秦成。与秦成，则高台，美宫室，听竽瑟之音，察五味之和，前有轩辕，后有长庭，美人巧笑，卒有秦患而不与其忧。是故横人日夜务以秦权恐猲诸侯，以求割地。愿大王之熟计之也！

"臣闻明主绝疑去谗，屏流言之迹，塞朋党之门，故尊主广地强兵之计，臣得陈忠于前矣。故窃为大王计，莫如一韩、魏、齐、楚、燕、赵，六国从亲以傧畔秦，令天下之将相相与会于洹水之上，通质，刑白马以盟之。约曰：'秦攻楚，齐、魏各出锐师以佐之，韩绝食道，赵涉河、漳，燕守常山之北。秦攻韩、魏，则楚绝其后，齐出锐师以佐之，赵涉河、漳，燕守云中。秦攻齐，则楚绝其后，韩守成皋，魏塞午道，赵涉河、漳、博关，燕出锐师以佐之。秦攻燕，则赵守常山，楚军武关，齐涉渤海，韩、魏出锐师以佐之。秦攻赵，则韩军宜阳，楚军武关，魏军河外，齐涉渤海，燕出锐师以佐之。诸侯有先背约者，五国共伐之。'六国从亲以摈秦，秦必不敢出兵于函谷关以害山东矣！如是，则伯业成矣。”

赵王曰：“寡人年少，莅国之日浅，未尝得闻社稷之长计。今上客有意存天下，安诸侯，寡人敬以国从。”乃封苏秦为武安君，饰车百乘，黄金千镒，白璧百双，锦绣千纯，以约诸侯。

秦攻赵

秦攻赵，苏子为谓秦王曰：“臣闻明王之于其民也，博论而技艺之，是故官无乏事而力不困；于其言也，多听而时用之，是故事无败业而恶不章。臣愿王察臣之所谒而效之于一时之用也！臣闻怀重宝者，不以夜行；任大功者，不以轻敌。是以贤者任重而行恭，知者功大而辞顺，故民不恶其尊，而世不妒其业。臣闻之：‘百倍之国者，民不乐后也；功业高世者，人主不再行也；力尽之民，仁者不用也；求得而反静，圣主之制也；功大而息民，用兵之道也。’今用兵终身不休，力尽不罢，赵怒必于其己邑，赵仅存哉！然而四轮之国也，今虽得邯郸，非国之长利也。意者，地广而不耕，民羸而不休，又严之以刑罚，则虽从而不止矣。语曰：‘战胜而国危者，物不断也；功大而权轻者，地不入也。’故过任之事，父不得于子；无已之求，君不得于臣。故微之为著者强，察乎息民之为用者伯，明乎轻之为重者王。”

秦王曰：“寡人案兵息民，则天下必为从，将以逆秦。”苏子曰：“臣有以知天下之不能为从以逆秦也。臣以田单、如耳为大过也。岂独田单、如耳为大过哉？天下之主，亦尽过矣！夫虑收亡齐、罢楚、敝魏与不可知之赵，欲以穷秦折韩，臣以为至愚也！夫齐威、宣，世之贤主也。德博而地广，国富而用民，将武而兵强。宣王用之，后逼韩威魏，以南伐楚，西攻秦。秦为齐兵困于殽塞之上，十年攘地，秦人远迹不服而齐为虚戾。夫齐兵之所以破，韩、魏之所以仅存者，何也？是则伐楚攻秦而后受其殃也。今富非有齐威、宣之馀也，精兵非有富韩劲魏之库也，而将非有田单、司马之虑也，收破齐、罢楚、弊魏、不可知之赵，欲以穷秦折韩，臣以为至误，臣以从一不可成也！客有难者，今臣有患于世。夫刑名之家皆曰：'白马非马也。'已如白马实马，乃使有白马之为也。此臣之所患也。昔者，秦人下兵攻怀，服其人，三国从之。赵奢、鲍接将，楚有四人起而从之。临怀而不救，秦人去而不从。不识三国之憎秦而爱怀邪？忘其憎怀而爱秦邪？夫攻而不救，去而不从，是以三国之兵困，而赵奢、鲍接之能也。故裂地以败于齐。田单将齐之良，以兵横行于中十四年，终身不敢设兵以攻秦折韩也，而驰于封内。不识从之一成恶存也。"

于是秦王解兵，不出于境。诸侯休，天下安，二十九年不相攻。

张仪为秦连横

张仪为秦连横，说赵王曰："弊邑秦王使臣敢献书于大王御史。大王收率天下以傧秦，秦兵不敢出函谷关十五年矣。大王之威，行于天下山东！弊邑恐惧慑伏，缮甲厉兵，饰车骑，习驰射，力田积粟，守四封之内，愁居慑处，不敢动摇，唯大王有意督过之也。今秦以大王之力，西举巴蜀，并汉中，东收两周，而西迁九鼎，守白马之津。秦虽辟远，然而心忿悁含怒之日久矣。今寡(宣)君有微甲钝兵，军于渑池，愿渡河逾漳，据番吾，迎战邯郸之下。愿以甲子之日合战，以正殷纣之事。敬使臣先以闻于左右。凡大王之所信以为从者，恃苏秦之计，荧惑诸侯，以是为非，以非为是，欲反覆齐国而不能，自令车裂于齐之市。夫天下之不可一亦明矣！今楚与秦为昆弟之国，而韩、魏称为东蕃之臣，齐献鱼盐之地，此断赵之右臂也。夫断右臂而求与人斗，失其党而孤居，求欲无危，岂可得哉？今秦发三将军，一军塞午道，告齐使兴师度清河，军于邯郸之东；一军军于成皋，驱韩、魏而军于河外；一军军于渑池。约曰：'四国为一以攻赵，破赵而四分其地。’是故不敢匿意隐情,先以闻于左右。臣窃为大王计,莫如与秦遇于渑池,面相见而身相结也。臣请案兵无攻,愿大王之定计。”

赵王曰:“先王之时,奉阳君相,专权擅势,蔽晦先王,独制官事。寡人宫居,属于师傅,不得与国谋。先王弃群臣,寡人年少,奉祠祭之日浅,私心固窃疑焉,以为一从不事秦,非国之长利也。乃且愿变心易虑,剖地谢前过以事秦。方将约车趋行,而适闻使者之明诏。”于是乃以车三百乘入朝渑池,割河间以事秦。

武灵王平昼闲居

武灵王平昼闲居,肥义侍坐,曰:“王虑世事之变,权甲兵之用,念简、襄之迹,计胡、狄之利乎?”王曰:“嗣立不忘先德,君之道也;错质务明主之长,臣之论也。是以贤君静(而)有道民便事之教,动有明古先世之功;为人臣者,穷有弟长辞让之节,通有补民益主之业。此两者,君臣之分也。今吾欲继襄主之业,启胡、翟之乡,而卒世不见也。敌弱者,用力少而功多,可以无尽百姓之劳,而享往古之勋。夫有高世之功者,必负遗俗之累;有独知之虑者,必被庶人之怨。今吾将胡服骑射以教百姓,而世必议寡人矣。”

肥义曰:“臣闻之,‘疑事无功,疑行无名。’今王即定负遗俗之虑,殆毋顾天下之议矣。夫论至德者,不和于俗;成大功者,不谋于众。昔舜舞有苗,而禹袒入裸国,非以养欲而乐志也,欲以论德而要功也。愚者闇于成事,智者见于未萌,王其遂行之。”王曰:“寡人非疑胡服也,吾恐天下笑之。狂夫之乐,知者哀焉;愚者之笑,贤者戚焉。世有顺我者,则胡服之功,未可知也。虽驱世以笑我,胡地中山,吾必有之。”

王遂胡服,使王孙绁告公子成曰:“寡人胡服,且将以朝,亦欲叔之服之也。家听于亲,国听于君,古今之公行也。子不反亲,臣不逆主,先王之通谊也。今寡人作教易服而叔不服,吾恐天下议之也。夫制国有常,而利民为本;从政有经,而令行为上。故明德在于论贱,行政在于信贵。今胡服之意,非以养欲而乐志也。事有所出,功有所止,事成功立,然后德且见也。今寡人恐叔逆从政之经,以辅公叔之议。且寡人闻之,'事利国者行无邪,因贵戚者名不累',故寡人愿募公叔之义,以成胡服之功。使绁谒之,叔请服焉!"公子成再拜曰:"臣固闻王之胡服也,不佞寝疾,不能趋走,是以不先进。王今命之,臣固敢竭其愚忠。臣闻之:'中国者,聪明睿知之所居也,万物财用之所聚也,贤圣之所教也,仁义之所施也,《诗》《书》《礼》《乐》之所用也,异敏技艺之所试也,远方之所观赴也,蛮夷之所义行也。'今王释此,而袭远方之服,变古之教,易古之道,逆人之心,畔学者,离中国,臣愿大王图之!"

使者报王,王曰:"吾固闻叔之病也。"即之公叔成家自请之,曰:"夫服者,所以便用也;礼者,所以便事也。是以圣人观其乡而顺宜,因其事而制礼,所以利其民而厚其国也。(被)[祝]发文身,错臂左衽,瓯越之民也;黑齿雕题,鳀冠秫缝,大吴之国也。礼服不同,其便一也。是以乡异而用变,事异而礼易。是故圣人苟可以利其民,不一其用;果可以便其事,不同其礼。儒者一师而礼异,中国同俗而教离,又况山谷之便乎?故去就之变,知者不能一;远近之服,贤圣不能同。穷乡多异,曲学多辨,不知而不疑,异于己而不非者,公于求善也。今卿之所言者,俗也;吾之所言者,所以制俗也。今吾国东有河、薄洛之水,与齐、中山同之,而无舟楫之用。自常山以至代、上党,东有燕、东胡之境,西有楼烦、秦、韩之边,而无骑射之备。故寡人且聚舟楫之用,求水居之民,以守河、薄洛之水;变服骑射,以备其参胡、楼烦、秦、韩之边。且昔者简主不塞晋阳,以及上党,而襄主兼戎取代以攘诸胡,此愚知之所明也。先时中山负齐之强兵,侵掠吾地，系累吾民，引水围鄗，非社稷之神灵，即鄗几不守。先王忿之，其怨未能报也。今骑射之服，近可以备上党之形，远可以报中山之怨。而叔也顺中国之俗以逆简、襄之意，恶变服之名而忘国事之耻，非寡人所望于子！”

公子成再拜稽首曰：“臣愚不达于王之议，敢道世俗之(间)[闻]。今欲继简、襄之意，以顺先王之志，臣敢不听令！”再拜。乃赐胡服。

赵文进谏曰：“农夫劳而君子养焉，政之经也；愚者陈意而知者论焉，教之道也；臣无隐忠，君无蔽言，国之禄也。臣虽愚，愿竭其忠。”王曰：“虑无恶扰，忠无过罪，子其言乎！”赵文曰：“当世辅俗，古之道也；衣服有常，礼之制也；(修)[循]法无愆，民之职也：三者先圣之所以教。今君释此而袭远方之服，变古之教，易古之道，故臣愿王之图之！”王曰：“子言，世俗之间，常民溺于习俗，学者沉于所闻，此两者，所以成官而顺政也，非所以观远而论始也。且夫三代不同服而王，五伯不同教而政。知者作教，而愚者制焉；贤者议俗，不肖者拘焉。夫制于服之民，不足与论心；拘于俗之众，不足与致意。故势与俗化，而礼与变俱，圣人之道也。承教而动，循法无私，民之职也。知学之人，能与闻迁；达礼之变，能与时化。故为己者不待人，制今者不法古。子其释之！”

赵造谏曰：“隐忠不竭，奸之属也；以私诬国，贼之类也。犯奸者身死，贼国者族宗。此两者，先圣之明刑，臣下之大罪也。臣虽愚，愿尽其忠，无遁其死。”王曰：“竭意不讳，忠也；上无蔽言，明也；忠不辟危，明不距人。子其言乎！”赵造曰：“臣闻之，圣人不易民而教，知者不变俗而动。因民而教者，不劳而成功；据俗而动者，虑径而易见也。今王易初不循俗，胡服不顾世，非所以教民而成礼也。且服奇者志淫，俗辟者乱民。是以莅国者不袭奇辟之服，中国不近蛮夷之行。非所以教民而成礼者也！且循法无过，(修)[循]礼无邪。臣愿王之图之!”王曰:“古今不同俗,何古之法?帝王不相袭,何礼之循?宓戏、神农教而不诛,黄帝、尧、舜诛而不怒。及至三王,观时而制法,因事而制礼;法度制令,各顺其宜;衣服器械,各便其用。故礼世不必一其道,便国不必法古。圣人之兴也,不相袭而王;夏、殷之衰也,不易礼而灭。然则反古未可非,而循礼未足多也!且服奇而志淫,是邹、鲁无奇行也;俗辟而民易,是吴、越无俊民也。是以圣人利身之谓服,便事之谓教,进退之(谓)节,衣服之制,所以齐常民,非所以论贤者也。故圣与俗流,贤与变俱。谚曰:‘以书为御者,不尽于马之情;以古制今者,不达于事之变。’故循法之功,不足以高世;法古之学,不足以制今。子其勿反也!”

王立周绍为傅

王立周绍为傅,曰:“寡人始行县,过番吾,当子为子之时,践石以上者,皆道子之孝,故寡人问子以璧,遗子以酒食,而求见子。子谒病而辞。人有言子者曰:‘父之孝子,君之忠臣也。’故寡人以子之知虑,为辨足以道人,危足以持难,忠可以写意,信可以远期。诗云:‘服难以勇,治乱以知,事之计也;立傅以行,教少以学,义之经也。循计之事,失而不累;访议之行,穷而不忧。’故寡人欲子之胡服以傅王乎。”

周绍曰:“王失论矣,非贱臣所敢任也!”王曰:“选子莫若父,论臣莫若君。君,寡人也。”周绍曰:“立傅之道六。”王曰:“六者何也?”周绍曰:“知虑不躁达于变,身行宽惠达于礼,威严不足以易于位,重利不足以变其心,恭于教而不快,和于下而不危。六者,傅之才,而臣无一焉。隐中不竭,臣之罪也。傅命仆官,以烦有司,吏之耻也。王请更论!”王曰:“知此六者,所以使子。”周绍曰:“乃国未通于王胡服。虽然,臣,王之臣也,而王重命之,臣敢不听令乎?”再拜,赐胡服。

王曰："寡人以王子为子任，欲子之厚爱之，无所见丑，御道之以行义，勿令溺苦于学。事君者顺其意，不逆其志；事先者明其高，不倍其孤。故有臣可命，其国之禄也。子能行是，以事寡人者毕矣。《书》云：'去邪无疑，任贤勿贰。'寡人与子，不用人矣。"

遂赐周绍胡服衣冠，贝带黄金师比，以傅王子。

赵燕后胡服

赵燕后胡服，王令让之，曰："事主之行，竭意尽力，微谏而不哗，应对而不怨，不逆上以自伐，不立私以为名。子道顺而不拂，臣行让而不争。子用私道者，家必乱；臣用私义者，国必危。反亲以为行，慈父不子；逆主以自成，惠主不臣也。寡人胡服，子独弗服，逆主罪莫大焉！以从政为累，以逆主为高，行私莫大焉！故寡人恐亲犯刑戮之罪，以明有司之法。"

赵燕再拜稽首曰："前吏命胡服，施及贱臣，臣以失令过期，更不用侵，辱教，王之惠也。臣敬循衣服以待今日！"

王破原阳

王破原阳，以为骑邑。牛赞进谏曰："国有固籍，兵有常经；变籍则乱，失经则弱。今王破原阳以为骑邑，是变籍而弃经也！且习其兵者轻其敌；便其用者易其难。今民便其用而王变之，是损君而弱国也！故利不百者不变俗，功不什者不易器。今王破卒散兵以奉骑射，臣恐其攻获之利，不如所失之费也！"

王曰："古今异利，远近易用。阴阳不同道，四时不一宜。故贤人观时而不观于时,制兵而不制于兵。子知官府之籍,不知器械之利;知兵甲之用,不知阴阳之宜。故兵不当于用,何兵之不可易?教不便于事,何俗之不可变?昔者,先君襄主与代交地,城境封之,名曰'无穷之门',所以昭后而期远也。今重甲循兵,不可以逾险;仁义道德,不可以来朝。吾闻'信不弃功,知不遗时',今子以官府之籍乱寡人之事,非子所知!"

牛赞再拜稽首曰:"臣敢不听令乎?"王遂胡服,率骑入胡,出于"遗遗之门",逾九限之固,绝五陉之险,至榆中,辟地千里。

卷二十　赵三

赵惠文王三十年

赵惠文王三十年，相都平君田单问赵奢曰："吾非不说将军之兵法也，所以不服者，独将军之用众。用众者，使民不得耕作，粮食挽赁，不可给也。此坐而自破之道也，非单之所为也！单闻之，帝王之兵，所用者不过三万，而天下服矣。今将军必负十万、二十万之众乃用之，此单之所不服也。"

马服曰："君非徒不达于兵也，又不明其时势。夫吴干将之剑，肉试则断牛马，金试则截盘匜，薄之柱上而击之，则折为三，质之石上而击之，则碎为百。今以三万之众而应强国之兵，是薄柱击石之类也。且夫吴干将之剑材，难夫毋脊之厚，而锋不入；无脾之薄，而刃不断。兼有是两者，无钩竿镡蒙须之便，操其刃而刺，则未入而手断。君无十馀二十万之众而为此钩竿镡蒙须之便，而徒以三万行于天下，君焉能乎？且古者，四海之内，分为万国。城虽大，无过三百丈者；人虽众，无过三千家者；而以集兵三万距，此奚难哉？今取古之为万国者，分以为战国七，能具数十万之兵，旷日持久，数岁，即君之齐已！齐以二十万之众攻荆，五年乃罢；赵以二十万之众攻中山，五年乃归。今者，齐、韩相方而国围攻焉，岂有敢曰'我其以三万救是'者乎哉？今千丈之城、万家之邑相望也，而索以三万之众围千丈之城，不存其一角，而野战不足用也，君将以此何之？"

都平君喟然大息曰："单不至也！"

赵使机郝之秦

赵使机郝之秦，请相魏冉。宋突谓机郝曰："秦不听，楼缓必怨公。公不若阴辞楼子，曰：'请无急秦王。'秦王见赵之相魏冉之不急也，且不听公言也，是事而不成，[以德楼子；事成，]魏冉固德公矣。"

齐破燕

齐破燕，赵欲存之。乐毅谓赵王曰："今无约而攻齐，齐必仇赵，不如请以河东易燕地于齐。赵有河北，齐有河东，燕、赵必不争矣，是二国亲也。以河东之地强齐，以燕、以赵辅之，天下憎之，必皆事王以伐齐。是因天下以破齐也。"王曰："善。"乃以河东易齐，楚、魏憎之，令淖滑、惠施之赵，请伐齐而存燕。

秦攻赵

秦攻赵，蔺、离石、祁拔。赵以公子部为质于秦，而请内焦、黎、牛狐之城，以易蔺、离石、祁于(赵)[秦]。赵背秦，不予焦、黎、牛狐。秦王怒，令公子缯请地。

赵王乃令郑朱对曰："夫蔺、离石、祁之地，旷远于赵，而近于大国。有先王之明与先臣之力，故能有之。今寡人不逮，其社稷之不能恤，安能收恤蔺、离石、祁乎？寡人有不令之臣，实为此事也，非寡人之所敢知。"卒倍秦。

秦王大怒，令卫胡易伐赵，攻阏与。赵奢将救之，魏令公子咎以锐师居安邑以挟秦。秦败于阏与，反攻魏几，廉颇救几，大败秦师。

富丁欲以赵合齐魏

富丁欲以赵合齐魏，楼缓欲以赵合秦、楚。富丁恐主父之听楼缓而合秦、楚也。

司马浅为富丁谓主父曰："不如以顺齐。今我不顺齐伐秦，秦、楚必合而攻韩、魏，韩、魏告急于齐，齐不欲伐秦，必以赵为辞，则伐秦者赵也，韩、魏必怨赵。齐之兵不西，韩必听秦违齐；违齐而亲，兵必归于赵矣！今我顺而齐不西，韩、魏必绝齐；绝齐，则皆事我。且我顺齐，齐无(而)[不]西。日者，楼缓坐魏三月，不能散齐、魏之交。今我顺而齐、魏果西，是罢齐敝秦也。赵必为天下重国！"

主父曰："我与三国攻秦，是俱敝也。"曰："不然。我约三国而告之(秦)，以未构中山也。三国欲伐秦之果也，必听我，欲和我。中山听之，是我以王因饶中山而取地也。中山不听，三国必绝之，是中山孤也。三国不能和，我虽少出兵可也。我分兵而孤中山，中山必亡。我已亡中山而以馀兵与三国攻秦，是我一举而两取地于秦、中山也。"

魏因富丁且合于秦

魏因富丁且合于秦，赵恐，请效地于魏而听薛公。教子欬谓李兑曰："赵畏横之合也，故欲效地于魏而听薛公。公不如令主父以地资周最，而请相之于魏。周最以天下辱秦者也，今相魏，魏、秦必虚矣。齐、魏虽劲，无秦，不能伤赵。魏王听，是轻齐也。秦、魏虽劲，无齐，不能得赵。此利于赵而便于周最也。"

魏使人因平原君请从于赵

魏使人因平原君请从于赵，三言之，赵王不听。出，遇虞卿，曰："为入，必语从！"虞卿入，王曰："今者，平原君为魏请从，寡人不听，其于子何如？"虞卿曰："魏过矣。"王曰："然，故寡人不听。"虞卿曰："王亦过矣。"王曰："何也？"曰："凡强弱之举事，强受其利，弱受其害。今魏求从而王不听，是魏求害而王辞利也！臣故曰：魏过，王亦过矣。"

平原君请冯忌曰

平原君请冯忌曰："吾欲北伐上党，出兵攻燕，何如？"冯忌对曰："不可！夫以秦将武安君公孙起乘七胜之威，而与马服(之)子战于长平之下，大败赵师，因以其馀兵围邯郸之城。赵以(亡)[七]败之馀众，收破军之敝守，而秦罢于邯郸之下。赵守而不可拔者，以攻难而守者易也。今赵非有七克之威也，而燕非有长平之祸也。今七败之祸未复，而欲以罢赵攻强燕，是使弱赵为强秦之所以攻，而使强燕为弱赵之所以守。而强秦以休兵承赵之敝，此乃强吴之所以亡，而弱越之所以霸。故臣未见燕之可攻也。"平原君曰："善哉！"

平原君谓平阳君曰

平原君谓平阳君曰："公子牟游于秦，且东，而辞应侯。应侯曰：'公子将行矣，独无以教之乎？'曰：'且微君之命命之也，臣固且有效于君。夫贵不与富期，而富至；富不与粱肉期，而粱肉至；粱肉不与骄奢期,而骄奢至;骄奢不与死亡期,而死亡至。累世以前,坐此者多矣!'应侯曰:'公子之所以教之者厚矣!'仆得闻此,不忘于心。愿君之亦勿忘也!"平阳君曰:"敬诺。"

秦攻赵于长平

秦攻赵于长平,大破之,引兵而归,因使人索六城于赵而讲。赵计未定,楼缓新从秦来,赵王与楼缓计之,曰:"与秦城何如?不与何如?"楼缓辞让曰:"此非臣之所能知也。"王曰:"虽然,试言公之私。"

楼缓曰:"王亦闻夫公甫文伯母乎?公甫文伯官于鲁,病死,妇人为之自杀于房中者二八。其母闻之,不肯哭也。相室曰:'焉有子死而不哭者乎?'其母曰:'孔子,贤人也,逐于鲁,是人不随;今死,而妇人为死者十六人。若是者,其于长者薄而于妇人厚!'故从母言之,之为贤母也;从妇言之,必不免为妒妇也。故其言一也,言者异,则人心变矣。今臣新从秦来,而言勿与,则非计也;言与之,则恐王以臣之为秦也。故不敢对。使臣得为王计之,不如予之。"王曰:"诺。"

虞卿闻之,入见王,王以楼缓言告之。虞卿曰:"此饰说也!"(秦既解邯郸之围而赵王入朝,使赵郝约事于秦,割六县而讲)王曰:"何谓也?"虞卿曰:"秦之攻赵也,倦而归乎?王以其力尚能进,爱王而不攻乎?"王曰:"秦之攻我也,不遗馀力矣,必以倦而归也。"虞卿曰:"秦以其力攻其所不能取,倦而归,王又以其力之所不能攻以资之,是助秦自攻也。来年秦复攻王,王无以救矣!"

王又以虞卿之言告楼缓,楼缓曰:"虞卿能尽知秦力之所至乎?诚知秦力之不至,此弹丸之地,犹不予也,令秦来年复攻,王得无割其内而媾乎?"王曰:"诚听子割矣,子能必来年秦之不复攻我乎?"楼缓对曰:"此非臣之所敢任也。昔者三晋之交于秦,相善也,今秦释韩、魏而独攻王，王之所以事秦必不如韩、魏也。今臣为足下解负亲之攻，启关通敝，齐交韩、魏，至来年而王独不取于秦，王之所以事秦者，必在韩、魏之后也。此非臣之所敢任也！”

王以楼缓之言告虞卿，虞卿曰：“楼缓言‘不媾，来年秦复攻，王得无更割其内而媾’；今媾，楼缓又不能必秦之不复攻也，虽割何益？来年复攻，又割其力之所不能取而媾也，此自尽之术也。不如无媾。秦虽善攻，不能取六城；赵虽不能守，亦不至失六城。秦倦而归，兵必罢；我以五城收天下以攻罢秦，是我失之于天下而取偿于秦也。吾国尚利，孰与坐而割地自弱以强秦？今楼缓曰：‘秦善韩、魏而攻赵者，必王之事秦不如韩、魏也。’是使王岁以六城事秦也，即坐而地尽矣！来年秦复求割地，王将予之乎？不与，则是弃前贵而挑秦祸也；与之，则无地而给之。语曰：‘强者善攻，而弱者不能自守。’今坐而听秦，秦兵不敝而多得地，是强秦而弱赵也！以益愈强之秦，而割愈弱之赵，其计固不止矣。且秦，虎狼之国也，无礼义之心。其求无已，而王之地有尽，以有尽之地，给无已之求，其势必无赵矣！故曰：‘此饰说也。’王必勿与！”王曰：“诺。”

楼缓闻之，入见于王，王又以虞卿言告之，楼缓曰：“不然。虞卿得其一，未知其二也。夫秦、赵构难，而天下皆说，何也？曰：‘我将因强而乘弱。’今赵兵困于秦，天下之贺战胜者，则必尽在于秦矣。故不若亟割地求和，以疑天下，慰秦心。不然，天下将因秦之怒，乘赵之敝，而瓜分之。赵且亡，何秦之图？王以此断之，勿复计也！”

虞卿闻之，又入见王，曰：“危矣，楼子之为秦也！夫赵兵困于秦，又割地为和，是愈疑天下，而何慰秦心哉？是不亦大示天下弱乎？且臣曰勿予者，非固勿予而已也。秦索六城于王，王以五城赂齐。齐，秦之深仇也，得王五城，并力而西击秦也，齐之听王，不待辞之毕也。是王失于齐而取偿于秦，一举结三国之亲，而与秦易道也！”

赵王曰："善。"因发虞卿东见齐王，与之谋秦。虞卿未反，秦之使者已在赵矣。楼缓闻之，逃去。

秦　攻　赵

秦攻赵，平原君使人请救于魏，信陵君发兵至邯郸城下，秦兵罢。虞卿为平原君请益地，谓赵王曰："夫不斗一卒，不顿一戟，而解二国患者，平原君之力也。用人之力而忘人之功，不可！"赵王曰："善。"将益之地。

公孙龙闻之，见平原君曰："君无覆军杀将之功，而封以东武城；赵国豪杰之士，多在君之右，而君为相国者，以亲故。夫君封以东武城，不让无功；佩赵国相印，不辞无能。一解国患，欲求益地，是亲戚受封而国人计功也！为君计者，不如勿受便。"平原君曰："谨受令！"乃不受封。

秦赵战于长平

秦赵战于长平，赵不胜，亡一都尉。赵王召楼昌与虞卿曰："军战不胜，尉复死，寡人使卷甲而趍之，何如？"楼昌曰："无益也。不如发重使而为媾。"虞卿曰："夫言媾者，以为不媾者军必破，而制媾者在秦。且王之论秦也，欲破王之军乎？其不邪？"王曰："秦不遗馀力矣，必且破赵军。"虞卿曰："王聊听臣，发使出重宝以附楚、魏，楚、魏欲得王之重宝，必入吾使。赵使入楚、魏，秦必疑天下合从也，且必恐。如此，则媾乃可为也。"

赵王不听，与平阳君为媾，发郑朱入秦，秦内之。赵王召虞卿曰："寡人使平阳君媾秦，秦已内郑朱矣。子以为奚如？"虞卿曰："王必不得媾,军必破矣!天下之贺战胜者,皆在秦矣!郑朱,赵之贵人也,而入于秦,秦王与应侯必显重以示天下。楚、魏以赵为媾,必不救王;秦知天下不救王,则媾不可得成也。”赵卒不得媾,军果大败。王入秦,秦留赵王而后许之媾。

秦围赵之邯郸

秦围赵之邯郸。魏安釐王使将军晋鄙救赵,畏秦,止于荡阴,不进。魏王使客将军辛垣衍间入邯郸,因平原君谓赵王曰:“秦所以急围赵者,前与齐闵王争强为帝,已而复归帝,以齐故。今齐闵王已益弱,方今唯秦雄天下,此非必贪邯郸,其意欲求为帝。赵诚发使尊秦昭王为帝,秦必喜,罢兵去。”平原君犹豫未有所决。

此时鲁仲连适游赵,会秦围赵。闻魏将欲令赵尊秦为帝,乃见平原君曰:“事将奈何矣?”平原君曰:“胜也何敢言事!百万之众折于外,今又内围邯郸而不能去。魏王使客将军辛垣衍令赵帝秦,今其人在是,胜也何敢言事?”鲁连曰:“始吾以君为天下之贤公子也,吾乃今然后知君非天下之贤公子也!梁客辛垣衍安在?吾请为君责而归之。”平原君曰:“胜请为召而见之于先生。”平原君遂见辛垣衍,曰:“东国有鲁连先生者,其人在此,胜请为绍介而见之于将军。”辛垣衍曰:“吾闻鲁连先生,齐国之高士也。衍,人臣也,使事有职。吾不愿见鲁连先生也。”平原君曰:“胜已泄之矣。”辛垣衍许诺。

鲁连见辛垣衍而无言。辛垣衍曰:“吾视居此围城之中者,皆有求于平原君者也。今吾视先生之玉貌,非有求于平原君者,曷为久居此围城之中而不去也?”鲁连曰:“世以鲍焦无从容而死者,皆非也。今众人不知,则为一身。彼秦者,弃礼义而上首功之国也,权使其士,虏使其民。彼则肆然而为帝,过而遂正于天下,则连有赴东海而死矣,吾不忍为之民也!所为见将军者,欲以助赵也。”辛垣衍曰:

"先生助之,奈何?"鲁连曰:"吾将使梁及燕助之,齐、楚则固助之矣。"辛垣衍曰:"燕则吾请以从矣;若乃梁,则吾乃梁人也,先生恶能使梁助之耶?"鲁连曰:"梁未睹秦称帝之害故也。使梁睹秦称帝之害,则必助赵矣。"辛垣衍曰:"秦称帝之害将奈何?"鲁仲连曰:"昔齐威王尝为仁义矣,率天下诸侯而朝周。周贫且微,诸侯莫朝,而齐独朝之。居岁馀,周烈王崩,诸侯皆吊,齐后往。周怒,赴于齐曰:'天崩地坼,天子下席。东藩之臣田婴齐后至,则斮之!'威王勃然怒曰:'叱嗟,而母婢也!'卒为天下笑。故生则朝周,死则叱之,诚不忍其求也!彼天子固然,其无足怪。"辛垣衍曰:"先生独未见夫仆乎?十人而从一人者,宁力不胜智不若耶?畏之也!"鲁仲连曰:"然梁之比于秦,若仆耶?"辛垣衍曰:"然。"鲁仲连曰:"然吾将使秦王烹醢梁王。"辛垣衍怏然不悦,曰:"嘻,亦太甚矣,先生之言也!先生又恶能使秦王烹醢梁王?"

鲁仲连曰:"固也。待吾言之。昔者,鬼侯、鄂侯、文王,纣之三公也,鬼侯有子而好,故入之于纣,纣以为恶,醢鬼侯。鄂侯争之急,辨之疾,故脯鄂侯。文王闻之,喟然而叹,故拘之于牖里之库,百日而欲舍之死。曷为与人俱称帝王,卒就脯醢之地也?齐闵王将之鲁,夷维子执策而从,谓鲁人曰:'子将何以待吾君?'鲁人曰:'吾将以十太牢待子之君。'夷维子曰:'子安取礼而来待吾君?彼吾君者,天子也。天子巡狩,诸侯辟舍,纳于筦键,摄衽抱几,视膳于堂下,天子已食,退而听朝也。'鲁人投其籥,不果纳,不得入于鲁。将之薛,假涂于邹。当是时,邹君死,闵王欲入吊。夷维子谓邹之孤曰:'天子吊,主人必将倍殡柩,设北面于南方,然后天子南面吊也。'邹之群臣曰:'必若此,吾将伏剑而死!'故不敢入于邹。邹、鲁之臣,生则不得事养,死则不得饭含,然且欲行天子之礼于邹、鲁之臣,不果纳。今秦万乘之国,梁亦万乘之国,俱据万乘之国,交有称王之名,睹其一战而胜,欲从而帝之,是使三晋之大臣不如邹、鲁之仆妾也!且秦无已而帝，则且变易诸侯之大臣。彼将夺其所谓不肖而予其所谓贤，夺其所憎而与其所爱。彼又将使其子女谗妾为诸侯妃姬，处梁之宫，梁王安得晏然而已乎？而将军又何以得故宠乎？”于是，辛垣衍起，再拜，谢曰：“始以先生为庸人，吾乃今日而知先生为天下之士也。吾请去，不敢复言帝秦！”

秦将闻之，为却军五十里。适会魏公子无忌夺晋鄙军以救赵击秦，秦军引而去。于是平原君欲封鲁仲连，鲁仲连辞让者三，终不肯受。平原君乃置酒，酒酣，起，前以千金为鲁连寿。鲁连笑曰：“所贵于天下之士者，为人排患、释难、解纷乱而无所取也。即有所取者，是商贾之人也，仲连不忍为也。”遂辞平原君而去，终身不复见。

说张相国曰

说张相国曰：“君安能少赵人而令赵人多君？君安能憎赵人而令赵人爱君乎？夫胶漆，至黏也，而不能合远；鸿毛，至轻也，而不能自举。夫飘于清风，则横行四海。故事有简而功成者，因也。今赵，万乘之强国也，前漳、滏，右常山，左河间，北有代，带甲百万，尝抑强齐四十馀年，而秦不能得所欲。由是观之，赵之于天下也不轻。今君易万乘之强赵，而慕思不可得之小梁，臣窃为君不取也。”

君曰：“善。”自是之后，众人广坐之中，未尝不言赵人之长者也，未尝不言赵俗之善者也。

郑同北见赵王

郑同北见赵王。赵王曰：“子，南方之博士也，何以教之？”郑同曰：“臣南方草鄙之人也，何足问！虽然，王致之于前，安敢不对乎？

臣少之时,亲尝教以兵。”赵王曰:“寡人不好兵。”

郑同因抚手仰天而笑之,曰:“兵,固天下之狙喜也,臣固意大王不好也。臣亦尝以兵说魏昭王,昭王亦曰:‘寡人不喜。’臣曰:‘王之行能如许由乎?许由无天下之累,故不受也。今王既受先王之传,欲宗庙之安、壤地不削、社稷之血食乎?’王曰:‘然。’今有人操随侯之珠,持丘之环,万金之财,时宿于野,内无孟贲之威、荆庆之断,外无弓弩之御,不出宿夕,人必危之矣。今有强贪之国,临王之境,索王之地,告以理则不可,说以义则不听,王非战国守圉之具,其将何以当之?王若无兵,邻国得志矣。”

赵王曰:“寡人请奉教。”

建信君贵于赵

建信君贵于赵。公子魏牟过赵,赵王迎之,顾反至坐,前有尺帛,且令工以为冠。工见客来也,因辟。赵王曰:“公子乃驱后车幸以临寡人,愿闻所以为天下。”魏牟曰:“王能重王之国若此尺帛,则王之国大治矣。”

赵王不说,形于颜色,曰:“先王不知寡人不肖,使奉社稷,岂敢轻国若此!”魏牟曰:“王无怒,请为王说之。”曰:“王有此尺帛,何不令前郎中以为冠?”王曰:“郎中不知为冠。”魏牟曰:“为冠而败之,奚亏于王之国?而王必待工而后乃使之。今为天下之工,或非也,社稷为虚戾,先王不血食,而王不以予工,乃与幼艾!且王之先帝,驾犀首而骖马服,以与秦角逐,秦当时适其锋。今王憧憧,乃辇建信以与强秦角逐,臣恐秦折王之椅也!”

卫灵公近雍疸、弥子瑕

卫灵公近雍疸、弥子瑕。二人者，专君之势以蔽左右。复途侦谓君曰："昔日臣梦见君。"君曰："子何梦？"曰："梦见灶（君）。"君忿然作色，曰："吾闻梦见人君者梦见日，今子曰梦见灶（君）而言君也。有说则可，无说则死！"

对曰："日，并烛天下者也，一物不能蔽也。若灶则不然，前人之炀，则后之人无从见也。今臣疑人之有炀于君者也，是以梦见灶（君）。"

君曰："善。"于是因废雍疸、弥子瑕而立司空狗。

或谓建信君

或谓建信君："君之所以事王者，色也；葺之所以事王者，知也。色老而衰，知老而多，以日多之知，而逐衰恶之色，君必困矣！"建信君曰："奈何？"曰："并骥而走者，五里而罢；乘骥而御之，不倦而取道多。君令葺乘独断之车，御独断之势，以居邯郸；令之内治国事，外刺诸侯，则葺之事有不言者矣。君因言王而重责之，葺之轴今折矣。"

建信君再拜受命，入言于王，厚任葺以事能，重责之。未期年而葺亡走矣。

苦成常谓建信君曰

苦成常谓建信君曰："天下合从，而独以赵恶秦，何也？魏杀吕遗而天下交之,今收河间,(于)是与杀吕遗何以异?君唯释虚伪疾,文信犹且知之也。从而有功乎,何患不得收河间?从而无功乎,收河间何益也?"

希写见建信君

希写见建信君,建信君曰:"文信侯之于仆也,甚无礼。秦使人来仕,仆官之丞相,爵五大夫。文信侯之于仆也,甚矣其无礼也!"希写曰:"臣以为今世用事者,不如商贾。"建信君悖然曰:"足下卑用事者而高商贾乎?"曰:"不然。夫良商不与人争买卖之贾,而谨司时。时贱而买,虽贵已贱矣;时贵而卖,虽贱已贵矣。昔者,文王拘于牖里,而武王羁于玉门,卒断纣之头而县于太白者,是武王之功也。今君不能与文信侯相伉以权,而责文信侯少礼,臣窃为君不取也!"

魏魁谓建信君曰

魏魁谓建信君曰:"人有置系蹄者而得虎,虎怒,决蹯而去。虎之情,非不爱其蹯也,然而不以环寸之蹯害七尺之躯者,权也。今有国者,非直七尺之躯也;而君之身于王,非环寸之蹯也。愿公之熟图之也!"

秦攻赵

秦攻赵,鼓铎之音闻于北堂。希卑曰:"夫秦之攻赵,不宜急如此。此召兵也,必有大臣欲衡者耳。王欲知其人,旦日赞群臣而访之,先言横者,则其人也。"建信君果先言横。

齐人李伯见孝成王

齐人李伯见孝成王,成王说之,以为代郡守。而居无几何,人告之反。孝成王方馈,不堕食。无几何,告者复至,孝成王不应。

已,乃使使者言:“齐举兵击燕,恐其以击燕为名而以兵袭赵,故发兵自备。今燕、齐已合,臣请要其敝,而地可多割。”自是之后,以孝成王从事于外者,无自疑于中者。

卷二十一 赵四

为齐献书赵王

为齐献书赵王,使臣与复丑曰:“臣一见,而能令王坐而天下致名宝,而臣窃怪王之不试见臣而穷臣也。群臣必多以臣为不能者,故王重见臣也。以臣为不能者非他,欲用王之兵成其私者也;非然,则交有所偏者也;非然,则知不足者也;非然,则欲以天下之重恐王,而取行于王者也。臣以为齐循事王,王能亡燕,能亡韩、魏,能攻秦,能孤秦。臣以为齐致尊名于王,天下孰敢不致尊名于王?臣以齐致地于王,天下孰敢不致地于王?臣以齐为王求名于燕及韩、魏,孰敢辞之?臣之能也,其前可见已。齐先重王,故天下尽重王;无齐,天下必尽轻王也。秦之强,以无齐之故重王;燕、[韩、]魏自以无齐故重王。今王无齐,独安得无重天下?故劝王无齐者,非知不足,则不忠者也。非然,则欲用王之兵成其私者也;非然,则欲轻王以天下之重,取行于王者也;非然,则位尊而能卑者也。愿王之熟虑无齐之利害也。”

齐欲攻宋

齐欲攻宋,秦令起贾禁之。齐乃救赵以伐宋。秦王怒,属怨于赵。李兑约五国以伐秦,无功,留天下之兵于成皋,而阴构于秦。又欲与秦攻魏,以解其怨而取封焉。

魏王不说。之齐,谓齐王曰:“臣为足下谓魏王曰:‘三晋皆有秦患，今之攻秦也，为赵也。五国伐赵，赵必亡矣。秦逐李兑，李兑必死，今之伐秦也，以救李子之死也。今赵留天下之甲于成皋，而阴鬻之于秦，已讲，则令秦攻魏以成其私封，王之事赵也何得矣？且王尝济于漳而身朝于邯郸，抱阴、成，负(蒿)、葛、薜，以为赵蔽，而赵无为王行也。今又以何阳、姑密封其子，而乃令秦攻王，以便取阴。人比然而后如贤不，如王，若用所以事赵之半收齐，天下有敢谋王者乎？王之事齐也，无入朝之辱，无割地之费。齐为王之故，虚国于燕、赵之前，用兵于二千里之外，故攻城野战，未尝不为王先被矢石也。得二都，割河东，尽效之于王。自是之后，秦攻魏，齐甲未尝不岁至于王之境也。请问王之所以报齐者可乎？韩呡处于赵，去齐三千里，王以此疑齐，曰有秦阴。今王又挟故薛公以为相，善韩徐以为上交，尊虞商以为大客，王固可以反疑[于]齐乎？'(于)魏王听此言也甚诎，其欲事王也甚循。其怨于赵。臣愿王之曰闻魏而无庸见恶也，臣请为王推其怨于赵。愿王之阴重赵，而无使秦之见王之重赵也。秦见之且亦重赵。齐、秦交重赵，臣必见燕与韩、魏亦且重赵也，皆且无敢与赵治。五国事赵，赵从亲以合于秦，必为王高矣。臣故欲王之偏劫天下而皆私甘之也。王使臣以韩、魏与燕劫赵，使丹也甘之；以赵劫韩、魏，使臣也甘之；以三晋劫秦，使顺也甘之；以天下劫楚，使呡也甘之。则天下皆逼秦以事王，而不敢相私也。交定，然后王择焉。"

齐将攻宋

齐将攻宋，而秦、楚禁之。齐因欲与赵，赵不听。齐乃令公孙衍说李兑以攻宋而定封焉。李兑乃谓齐王曰："臣之所以坚三晋以攻秦者，非以为齐得利秦之毁也，欲以使攻宋也。而宋置太子以为王，下亲其上而守坚，臣是以欲足下之速归休士民也。今太子走，诸善太子者皆有死心。若复攻之,其国必有乱,而太子在外,此亦举宋之时也。

"臣为足下使公孙衍说奉阳君曰:'君之身老矣,封不可不早定也。为君虑,封莫若于宋,他国莫可。大秦人贪,韩、魏危,燕、楚辟,中山之地薄,莫如于阴。失今之时,不可复得已!宋之罪重,齐之怒深,残乱宋,得大齐,定身封,此百代之一时也。'以奉阳君甚食之,唯得大封,齐无大异。

"臣愿足下之大发攻宋之举,而无庸致兵,姑待已耕,以观奉阳君之应足下也。县阴以甘之,循有燕以临之,而臣待忠之封,事必大成。臣又愿足下有地效于襄安君以资臣也。足下果残宋,此两地之时也。足下何爱焉?若足下不得志于宋,与国何敢望也?足下以此资臣也,臣循燕观赵,则足下击溃而决天下矣。"

五国伐秦

五国伐秦,无功,罢于成皋。赵欲构于秦,楚与魏、韩将应之,秦弗欲。

苏代谓齐王曰:"臣以为足下见奉阳君矣。臣谓奉阳君曰:'天下散而事秦,秦必据宋,魏冉必妒君之有阴也。秦王贪,魏冉妒,则阴不可得已矣。君无构,齐必攻宋。齐攻宋,则楚必攻宋,魏必攻宋,燕、赵助之。五国据宋,不至一二月,阴必得矣。得阴而构,秦虽有变,则君无患矣。若不得已而必构,则愿五国复坚约,愿得赵,足下雄飞,与韩氏大吏东免,齐王必无召眠也。使臣守约,若与有倍约者,以四国攻之。无倍约者,而秦侵约,五国复坚而宾之。今韩、魏与齐相疑也,若复不坚约而讲,臣恐与国之大乱也。齐、秦非复合也,必有踦重者矣。后合与踦重者,皆非赵之利也。且天下散而事秦,是秦制天下也。秦制天下,将何以天下为?臣愿君之蚤计也!

“天下争秦有六举，皆不利赵矣。天下争秦，秦王受负海内之国，合负亲之交，以据中国，而求利于三晋，是秦之一举也。秦行是计，不利于赵，而君终不得阴，一矣。天下争秦，秦王内韩珉于齐，内成阳君于韩，相魏怀于魏，复合衍交两王，王贲、韩他之曹，皆起而行事，是秦之一举也。秦行是计也，不利于赵，而君又不得阴，二矣。天下争秦，秦王受齐受赵，三疆三亲，以据魏而求安邑，是秦之一举也。秦行是计，齐、赵应之，魏不待伐，抱安邑而信秦，秦得安邑之饶，魏为上交，韩必入朝，秦过赵已安邑矣，是秦之一举也。秦行是计，不利于赵，而君必不得阴，三矣。天下争秦，秦坚燕、赵之交，以伐齐收楚，与韩氓而攻魏，是秦之一举也。秦行是计，而燕、赵应之。燕、赵伐齐，兵始用，秦因收楚而攻魏，不至一二月，魏必破矣。秦举安邑而塞女戟，韩之太原绝，下轵道、南阳、高，伐魏，绝韩，包二周，即赵自消烁矣。国燥于秦，兵分于齐，非赵之利也。而君终身不得阴，四矣。天下争秦，秦坚三晋之交，攻齐，国破曹屈，而兵东分于齐。秦按兵攻魏，取安邑，是秦之一举也。秦行是计也，君按救魏，是以攻齐之已弊，救与秦争战也。君不救也，韩、魏焉免西合？国在谋之中，而君有终身不得阴，五矣。天下争秦，秦按为义，存亡继绝，固危扶弱，定无罪之君，必起中山与胜焉。秦起中山与胜，而赵、宋同命，何暇言阴？六矣。故曰：‘君必无讲，则阴必得矣。’奉阳君曰：‘善。’乃绝和于秦，而收齐、魏以成取阴。”

楼缓将使

楼缓将使，伏事，辞行，谓赵王曰：“臣虽尽力竭知，死不复见于王矣！”王曰：“是何言也？固且为书而厚寄卿。”楼子曰：“王不闻公子牟夷之于宋乎？非肉不食。文张善宋，恶公子牟夷，寅然。今臣之于王，非宋之于公子牟夷也，而恶臣者过文张。故臣死不复见于王矣。”王曰:“子勉行矣,寡人与子有誓言矣!”楼子遂行。后以中牟反,入梁。候者来言而王弗听,曰:“吾已与楼子有言矣。”

虞卿请赵王曰

虞卿请赵王曰:“人之情,宁朝人乎?宁朝于人也?”赵王曰:“人亦宁朝人耳,何故宁朝于人?”虞卿曰:“夫魏为从主,而违者范座也。今王能以百里之地若万户之都请杀范座于魏,范座死,则从事可移于赵。”赵王曰:“善。”乃使人以百里之地请杀范座于魏。魏王许诺,使司徒执范座而未杀也。

范座献书魏王曰:“臣闻赵王以百里之地请杀座之身。夫杀无罪范座,座薄故也;而得百里之地,大利也。臣窃为大王美之。虽然,而有一焉,百里之地不可得,而死者不可复生也,则主必为天下笑矣。臣窃以为与其以死人市,不若以生人市(使)也。”又遗其后相信陵君书曰:“夫赵、魏,敌战之国也。赵王以咫尺之书来,而魏王轻为之杀无罪之座。座虽不肖,故魏之免相望也。尝以魏之故得罪于赵。夫国内无用臣,外虽得地,势不能守。然今能守魏者,莫如君矣。王听赵杀座之后,强秦袭赵之欲,倍赵之割,则君将何以止之?此君之累也!”信陵君曰:“善。”遽言之王而出之。

燕封宋人荣蚠为高阳君

燕封宋人荣蚠为高阳君,使将而攻赵。赵王因割济东三城令卢、高唐、平原陵地城邑市五十七,命以与齐,而以求安平君而将之。

马服君谓平原君曰:“国奚无人甚哉!君致安平君而将之,乃割济东三令城市邑五十七以与齐。此夫子与敌国战,覆军杀将之所取,割地于敌国者也。今君以此与齐,而求平安君而将之,国奚无人甚也!且君奚不将奢也?奢尝抵罪居燕,燕以奢为上谷守,燕之通谷要塞,奢习知之。百日之内,天下之兵未聚,奢已举燕矣。然则君奚求安平君而为将乎?"

平原君曰:"将军释之矣!仆已言之仆主矣。仆主幸以听仆也,将军无言已!"马服君曰:"君过矣!君之所以求安平君者,以齐之于燕也,茹肝涉血之仇耶。其于奢不然。使安平君愚,固不能当荣盆;使安平君知,又不肯与燕人战。此两言者,安平君必处一焉。虽然,两者有一也,使安平君知,则奚以赵之强为?赵强,则齐不复霸矣。今得强赵之兵以杜燕将,旷日持久数岁,令士大夫馀子之力尽于沟垒,车甲羽毛裂敝,府库仓廪虚,两国交以习之,乃引其兵而归。夫尽两国之兵,无明此者矣。"

夏,军也县釜而炊,得三城也。城大无能过百雉者,果如马服之言也。

三国攻秦

三国攻秦,赵攻中山,取扶柳,五年以擅呼沲。齐人戎郭、宋突谓仇郝曰:"不如尽归中山之新地。中山案此言于齐曰:'四国将假道于卫,以过章子之路。'齐闻此,必效鼓。"

赵使赵庄合从

赵使赵庄合从,欲伐齐。齐请效地,赵因贱赵庄。齐明为谓赵王曰:"齐畏从人之合也,故效地。今闻赵庄贱,张懃贵,齐必不效地矣。"赵王曰:"善。"乃召赵庄而贵之。

翟章从梁来

翟章从梁来，甚善赵王。赵王三延之以相，翟章辞不受。田驷谓柱国韩向曰："臣请为卿刺之。客若死，则王必怒而诛建信君。建信君死，则卿必为相矣。建信君不死，以为交，终身不敝。卿因以德建信君矣。"

冯忌为庐陵君谓赵王曰

冯忌为庐陵君谓赵王曰："王之逐庐陵君，为燕也。"王曰："吾所以重者，无燕、秦也。"对曰："秦三以虞卿为言，而王不逐也；今燕一以庐陵君为言，而王逐之。是王轻强秦而重弱燕也。"王曰："吾非为燕也，吾固将逐之。""然则王逐庐陵君又不为燕也。行逐爱弟，又兼无燕、秦，臣窃为大王不取也。"

冯忌请见赵王

冯忌请见赵王，行人见之。冯忌接手免首，欲言而不敢。王问其故，对曰："客有见人于服子者，已而请其罪。服子曰：'公之客独有三罪：望我而笑，是狎也；谈语而不称师，是倍也；交浅而言深，是乱也。'客曰：'不然。夫望人而笑，是和也；言而不师称，是庸说也；交浅而言深，是忠也。昔者尧见舜于草茅之中，席陇亩而荫庇桑，阴移而授天下传；伊尹负鼎俎而干汤，姓名未著而受三公。使夫交浅者不可以深谈，则天下不传而三公不得也。'"赵王曰："甚善！"冯忌曰："今外臣交浅而欲深谈，可乎？"王曰："请奉教。"于是冯忌乃谈。

客见赵王曰

客见赵王曰:“臣闻王之使人买马也,有之乎?”王曰:“有之。”“何故至今不遣?”王曰:“未得相马之工也。”对曰:“王何不遣建信君乎?”王曰:“建信君有国事,又不知相马。”曰:“王何不遣纪姬乎?”王曰:“纪姬妇人也,不知相马。”对曰:“买马而善,何补于国?”王曰:“无补于国。”“买马而恶,何危于国?”王曰:“无危于国。”对曰:“然则买马善而若恶,皆无危补于国,然而王之买马也,必将待工。今治天下,举错非也,国家为虚戾,而社稷不血食,然而王不待工而与建信君,何也?”赵王未之应也。

客曰:“燕郭之法有所谓桑雍者,王知之乎?”王曰:“未之闻也。”“所谓桑雍者,便辟左右之近者及夫人优爱孺子也。此皆能乘王之醉昏而求所欲于王者也。是能得之乎内,则大臣为之枉法于外矣。故日月晖于外,其贼在于内。谨备其所憎,而祸在于所爱。”

秦攻魏

秦攻魏,取宁邑,诸侯皆贺。赵王使往贺,三反,不得通。赵王忧之,谓左右曰:“以秦之强,得宁邑以制齐、赵,诸侯皆贺,吾往贺而独不得通,此必加兵我,为之奈何?”左右曰:“使者三往不得通者,必所使者非其人也。曰谅毅者,辩士也,大王可试使之。”

谅毅亲受命而往,至秦,献书秦王曰:“大王广地宁邑,诸侯皆贺,敝邑寡君亦窃嘉之,不敢宁居,使下臣奉其币物,三至王廷而使不得通。使若无罪,愿大王无绝其欢;若使有罪,愿得请之。”秦王使使者报曰:“吾所使赵国者,小大皆听吾言,则受书币;若不从吾言,则使者归矣。”谅毅对曰：“下臣之来，固愿承大国之意也，岂敢有难！大王若有以令之，请奉而西行之，无所敢疑。”

于是秦王乃见使者，曰：“赵豹、平原君数欺弄寡人。赵能杀此二人则可；若不能杀，请今率诸侯受命邯郸城下。”谅毅曰：“赵豹、平原君，亲寡君之母弟也，犹大王之有叶阳、泾阳君也。大王以孝治闻于天下，衣服使之便于体，膳啖使之嗛于口，未尝不分于叶阳、泾阳君。叶阳君、泾阳君之车马衣服，无非大王之服御者。臣闻之，有覆巢毁卵而凤皇不翔，刳胎焚夭而骐驎不至。今使臣受大王之令以还报，敝邑之君畏惧，不敢不行，无乃伤叶阳君、泾阳君之心乎？”秦王曰：“诺。勿使从政！”谅毅曰：“敝邑之君，有母弟不能教诲，以恶大国，请黜之，勿使与政事，以称大国。”

秦王乃喜，受其币而厚遇之。

赵使姚贾约韩魏

赵使姚贾约韩魏，韩、魏以友之。举茅为姚贾谓赵王曰：“贾也，王之忠臣也。韩、魏欲得之，故友之，将使王逐之而己因受之。今王逐之，是韩、魏之欲得而王之忠臣有罪也。故王不如勿逐，以明王之贤，而折韩、魏之招。”

魏败楚于陉山

魏败楚于陉山，禽唐明。楚王惧，令昭应奉太子以委和于薛公。主父欲败之，乃结秦连楚、宋之交，令仇郝相宋，楼缓相秦。楚王禽赵，宋、魏之和卒败。

秦召春平侯

秦召春平侯,因留之。世钧为之谓文信侯曰:“春平侯者,赵王之所甚爱也。而郎中甚妒之,故相与谋曰:‘春平侯入秦,秦必留之。’故谋而入之秦。今君留之,是空绝赵而郎中之计中也。故君不如遣春平侯而留平都侯。春平侯者言行于赵王,必厚割赵以事君,而赎平都侯。”

文信侯曰:“善。”因与接意而遣之。

赵太后新用事

赵太后新用事,秦急攻之。赵氏求救于齐,齐曰:“必以长安君为质,兵乃出。”太后不肯,大臣强谏。太后明谓左右:“有复言令长安君为质者,老妇必唾其面!”

左师触龙言愿见太后,太后盛气而揖之。入而徐趋,至而自谢,曰:“老臣病足,曾不能疾走,不得见久矣。窃自恕,而恐太后玉体之有所郄也,故愿望见太后。”太后曰:“老妇恃辇而行。”曰:“日食饮得无衰乎?”曰:“恃鬻耳。”曰:“老臣今者殊不欲食,乃自强步,日三四里,少益耆食,和于身也。”太后曰:“老妇不能。”太后之色少解。

左师公曰:“老臣贱息舒祺,最少,不肖。而臣衰,窃爱怜之,愿令得补黑衣之数,以卫王宫。没死以闻。”太后曰:“敬诺。年几何矣?”对曰:“十五岁矣。虽少,愿及未填沟壑而托之。”太后曰:“丈夫亦爱怜其少子乎?”对曰:“甚于妇人。”太后笑曰:“妇人异甚!”对曰:“老臣窃以为媪之爱燕后贤于长安君。”曰:“君过矣!不若长安君之甚。”左师公曰:“父母之爱子,则为之计深远。媪之送燕后也,持其踵为之泣，念悲其远也，亦哀之矣！已行，非弗思也，祭祀必祝之，祝曰：'必勿使反。'岂非计久长有子孙相继为王也哉？"太后曰："然。"左师公曰："今三世以前，至于赵之为赵，赵主之子孙侯者，其继有在者乎？"曰："无有。"曰："微独赵，诸侯有在者乎？"曰："老妇不闻也。""此其近者祸及身，远者及其子孙。岂人主之子孙则必不善哉？位尊而无功，奉厚而无劳，而挟重器多也。今媪尊长安君之位，而封之以膏腴之地，多予之重器，而不及今令有功于国。一旦山陵崩，长安君何以自托于赵？老臣以媪为长安君计短也，故以为其爱不若燕后。"太后曰："诺！恣君之所使之。"于是为长安君约车百乘质于齐，齐兵乃出。

子义闻之，曰："人主之子也，骨肉之亲也，犹不能恃无功之尊，无劳之奉，而守金玉之重也，而况人臣乎？"

秦使王翦攻赵

秦使王翦攻赵，赵使李牧、司马尚御之。李牧数破走秦军，杀秦将桓齮。王翦恶之，乃多与赵王宠臣郭开等金，使为反间，曰："李牧、司马尚欲与秦反赵，以多取封于秦。"赵王疑之，使赵葱及颜最代将，斩李牧，废司马尚。后三月，王翦因急击，大破赵，杀赵军，虏赵王迁及其将颜最，遂灭赵。

卷二十二　魏一

知伯索地于魏桓子

知伯索地于魏桓子,魏桓子弗予。任章曰:“何故弗予?”桓子曰:“无故索地,故弗予。”任章曰:“无故索地,邻国必恐;重欲无厌,天下必惧;君予之地,知伯必憍。憍而轻敌,邻国惧而相亲。以相亲之兵,待轻敌之国,知氏之命不长矣。《周书》曰:‘将欲败之,必姑辅之;将欲取之,必姑与之。’君不如与之以骄知伯。君何释以天下图知氏而独以吾国为知氏质乎?”君曰:“善。”乃与之万家之邑一。

知伯大说,因索蔡、皋梁于赵,赵弗与,因围晋阳。韩、魏反于外,赵氏应之于内,知氏遂亡。

韩赵相难

韩赵相难。韩索兵于魏,曰:“愿得借师以伐赵。”魏文侯曰:“寡人与赵兄弟,不敢从。”赵又索兵以攻韩,文侯曰:“寡人与韩兄弟,不敢从。”二国不得兵,怒而反。已,乃知文侯以讲于己也,皆朝魏。

乐羊为魏将而攻中山

乐羊为魏将而攻中山。其子在中山,中山之君烹其子而遗之羹,乐羊坐于幕下而啜之,尽一杯。文侯谓睹师赞曰:“乐羊以我之故,食其子之肉。”赞对曰:“其子之肉尚食之,其谁不食!”乐羊既罢中山,文侯赏其功而疑其心。

西门豹为邺令

西门豹为邺令,而辞乎魏文侯。文侯曰:“子往矣,必就子之功而成子之名。”西门豹曰:“敢问就功成名,亦有术乎?”文侯曰:“有之。夫乡邑老者而先受坐之士,子入而问其贤良之士而师事之,求其好掩人之美而扬人之丑者而参验之。夫物多相类而非也。幽莠之幼也似禾,骊牛之黄也似虎,白骨疑象,武夫类玉,此皆似之而非者也。”

文侯与虞人期猎

文侯与虞人期猎。是日,饮酒乐,天雨。文侯将出,左右曰:“今日饮酒乐,天又雨,公将焉之?”文侯曰:“吾与虞人期猎,虽乐,岂可不一会期哉?”乃往,身自罢之。魏于是乎始强。

魏文侯与田子方饮酒而称乐

魏文侯与田子方饮酒而称乐。文侯曰:“钟声不比乎,左高。”田子方笑,文侯曰:“奚笑?”子方曰:“臣闻之,君明则乐官,不明则乐音。今君审于声,臣恐君之聋于官也。”文侯曰:“善!敬闻命。”

魏武侯与诸大夫浮于西河

魏武侯与诸大夫浮于西河,称曰:“河山之险,岂不亦信固哉?”

王钟侍王，曰："此晋国之所以强也。若善修之，则霸王之业具矣。"吴起对曰："吾君之言，危国之道也；而子又附之，是危也！"武侯忿然曰："子之言有说乎？"

吴起对曰："河山之险，信不足保也，是伯王之业不从此也。昔者三苗之居，左彭蠡之波，右有洞庭之水，文山在其南，而衡山在其北。恃此险也，为政不善，而禹放逐之。夫夏桀之国，左天门之阴，而右天溪之阳，庐、睪在其北，伊、洛出其南。有此险也，然为政不善，而汤伐之。殷纣之国，左孟门，而右漳、釜，前带河，后被山。有此险也，然为政不善，而武王伐之。且君亲从臣而胜降城，城非不高也，人民非不众也，然而可得并者，政恶故也。从是观之，地形险阻，奚足以霸王矣？"武侯曰："善。吾乃今日闻圣人之言也！西河之政，专委之子矣。"

魏公叔痤为魏将

魏公叔痤为魏将，而与韩、赵战浍北，禽乐祚。魏王说，迎郊，以赏田百万禄之。公叔痤反走，再拜辞曰："夫使士卒不崩，直而不倚，挠拣而不辟者，此吴起馀教也，臣不能为也。前脉形地之险阻，决利害之备，使三军之士不迷惑者，巴宁、爨襄之力也。县赏罚于前、使民昭然信之于后者，王之明法也。见敌之可也，鼓之不敢怠倦者，臣也。王特为臣之右手不倦赏臣，何也？若以臣之有功，臣何力之有乎！"王曰："善。"于是索吴起之后，赐之田二十万，巴宁、爨襄田各十万。

王曰："公叔岂非长者哉！既为寡人胜强敌矣，又不遗贤者之后，不掩能士之迹。公叔何可无益乎？"故又与田四十万，加之百万之上，使百四十万。故老子曰："圣人无积，尽以为人，己愈有；既以与人，己愈多。"公叔当之矣。

魏公叔痤病

魏公叔痤病，惠王往问之，曰："公叔病即不可讳，将奈社稷何？"公叔痤对曰："痤有御庶子公孙鞅，愿王以国事听之也。为弗能听，勿使出竟。"王弗应，出而谓左右曰："岂不悲哉！以公叔之贤，而谓寡人必以国事听鞅，不亦悖乎！"

公叔痤死，公孙鞅闻之，已葬，西之秦，孝公受而用之。秦果日以强，魏日以削。此非公叔之悖也，惠王之悖也。悖者之患，固以不悖者为悖。

苏子为赵合从

苏子为赵合从，说魏王曰："大王之地，南有鸿沟、陈、汝南，有许、鄢、昆阳、邵陵、舞阳、新郪；东有淮、颍、沂、黄、煮枣、海盐、无踈，西有长城之界；北有河外、卷、衍、燕、酸枣，地方千里。地名虽小，然而庐田庑舍，曾无所刍牧牛马之地。人民之众，车马之多，日夜行不休已，无以异于三军之众。臣窃料之，大王之国，不下于楚。然横人谋王，外交强虎狼之秦，以侵天下，卒有国患，不被其祸。夫挟强秦之势，以内劫其主，罪无过此者。且魏，天下之强国也；大王，天下之贤主也。今乃有意西面而事秦，称东藩，筑帝宫，受冠带，祠春秋。臣窃为大王愧之。

"臣闻越王句践，以散卒三千禽夫差于干遂；武王卒三千人，革车三百乘，斩纣于牧之野。岂其士卒众哉？诚能振其威也！今窃闻大王之卒，武力二十馀万，苍头二十万，奋击二十万，厮徒十万，车六百乘，骑五千匹。此其过越王句践、武王远矣！今乃劫于辟臣之说，而欲臣事秦！夫事秦，必割地效质，故兵未用而国已亏矣。凡群臣之言事秦者，皆奸臣，非忠臣也。夫为人臣，割其主之地以求外交，偷取一旦之功而不顾其后，破公家而成私门，外挟强秦之势以内劫其主，以求割地，愿大王之熟察之也！《周书》曰：‘绵绵不绝，缦缦奈何？毫毛不拔，将成斧柯。’前虑不定，后有大患，将奈之何？大王诚能听臣，六国从亲，专心并力，则必无强秦之患。故敝邑赵王使使臣献愚计，奉明约，在大王诏之。”

魏王曰：“寡人不肖，未尝得闻明教。今主君以赵王之诏诏之，敬以国从。”

张仪为秦连横

张仪为秦连横，说魏王曰：“魏地方不至千里，卒不过三十万人。地四平，诸侯四通，条达辐凑，无有名山大川之阻。从郑至梁，不过百里；从陈至梁，二百馀里；马驰人趋，不待倦而至梁。南与楚境，西与韩境，北与赵境，东与齐境，卒戍四方，守亭障者参列，粟粮漕庾不下十万。魏之地势，故战场也。魏南与楚而不与齐，则齐攻其东；东与齐而不与赵，则赵攻其北；不合于韩，则韩攻其西；不亲于楚，则楚攻其南。此所谓四分五裂之道也。且夫诸侯之为从者，以安社稷、尊主、强兵、显名也。合从者，一天下约为兄弟，刑白马以盟于洹水之上，以相坚也。夫亲昆弟同父母，尚有争钱财。而欲恃诈伪反覆苏秦之馀谋，其不可以成亦明矣！

“大王不事秦，秦下兵攻河外，拔卷、衍、燕、酸枣，劫卫取晋阳，则赵不南。赵不南则魏不北，魏不北则从道绝，从道绝，则大王之国欲求无危不可得也。秦挟韩而攻魏，韩劫于秦，不敢不听。秦、韩为一国，魏之亡可立而须也，此臣之所以为大王患也。为大王计，莫如事秦，事秦则楚、韩必不敢动；无楚、韩之患，则大王高枕而卧，国必无忧矣。且夫秦之所欲弱莫如楚，而能弱楚者莫若魏。楚虽有富大之名，其实空虚；其卒虽众多，然而轻走易北，不敢坚战。魏之兵南面而伐，胜楚必矣！夫亏楚而益魏，攻楚而适秦，内嫁祸安国，此善事也。大王不听臣，秦甲出而东，虽欲事秦而不可得也。且夫从人多奋辞而寡可信，说一诸侯之王，出而乘其车；约一国而反，成而封侯之基。是故天下之游士，莫不日夜扼腕、瞋目、切齿以言从之便，以说人主。人主览其词，牵其说，恶得无眩哉？臣闻积羽沉舟，群轻折轴，众口铄金，故愿大王之熟计之也！"

魏王曰："寡人（蠢）［惷］愚，前计失之。请称东藩，筑帝宫，受冠带，祠春秋，效河外。"

齐魏约而伐楚

齐魏约而伐楚，魏以董庆为质于齐。楚攻齐，大败之，而魏弗救。田婴怒，将杀董庆。旰夷为董庆谓田婴曰："楚攻齐，大败之，而不敢深入者，以魏为将内之于齐而击其后。今杀董庆，是示楚无魏也。魏怒，合于楚，齐必危矣！不如贵董庆以善魏，而疑之于楚也。"

苏秦拘于魏

苏秦拘于魏，欲走而之韩，魏氏闭关而不通。齐使苏厉为之谓魏王曰："齐请以宋地封泾阳君，而秦不受也，夫秦非不利有齐而得宋地也，然其所以不受者，不信齐王与苏秦也。今秦见齐、魏之不合也如此其甚也，则齐必不欺秦而秦信齐矣。齐、秦合而泾阳君有宋地，则非魏之利也。故王不如复东苏秦，秦必疑齐而不听也。夫齐、秦不合，天下无忧，伐齐成，则地广矣。"

陈轸为秦使于齐

陈轸为秦使于齐,过魏,求见犀首。犀首谢陈轸。陈轸曰:“轸之所以来者,事也。公不见轸,轸且行,不得待异日矣。”犀首乃见之。

陈轸曰:“公恶事乎?何为饮食而无事?无事必来。”犀首曰:“衍不肖,不能得事焉,何敢恶事?”陈轸曰:“请移天下之事于公。”犀首曰:“奈何?”陈轸曰:“魏王使李从以车百乘使于楚,公可以居其中而疑之。公谓魏王曰:‘臣与燕、赵故矣,数令人召臣也,曰无事必来。今臣无事,请谒而往。无久,旬、五之期。’王必无辞以止公。公得行,因自言于廷曰:‘臣急使燕、赵,急约车为行具。’”犀首曰:“诺。”谒魏王,王许之。即明言使燕、赵。

诸侯客闻之,皆使人告其王曰:“李从以车百乘使楚,犀首又以车三十乘使燕、赵。”齐王闻之,恐后天下得魏,以事属犀首,犀首受齐事。魏王止其行使。燕、赵闻之,亦以事属犀首。楚王闻之,曰:“李从约寡人,今燕、齐、赵皆以事因犀首,犀首必欲寡人,寡人欲之。”乃倍李从而以事因犀首。魏王曰:“所以不使犀首者,以为不可。今四国属以事,寡人亦以事因焉。”犀首遂主天下之事,复相魏。

张仪恶陈轸于魏王

张仪恶陈轸于魏王,曰:“轸善事楚,为求壤地也甚力之。”左华谓陈轸曰:“仪善于魏王,魏王甚爱之。公虽百说之,犹不听也。公不如以仪之言为资,而反于楚王。”陈轸曰:“善。”因使人先言于楚王。

张仪欲穷陈轸

张仪欲穷陈轸，令魏王召而相之，来将悟之。将行，其子陈应止其公之行，曰："物之湛者，不可不察也！郑强出秦曰，应为知。夫魏欲绝楚、齐，必重迎公。郢中不善公者，欲公之去也，必劝王多公之车。公至宋，道称疾而毋行，使人谓齐王曰：'魏之所以迎我者，欲以绝齐、楚也。'"齐王曰："子果无之魏而见寡人也，请封子。"因以鲁侯之车迎之。

张仪走之魏

张仪走之魏，魏将迎之。张丑谏于王，欲勿内，不得于王。张丑退，复谏于王，曰："王亦闻老妾事其主妇者乎？子长色衰，重家而已。今臣之事王，若老妾之事其主妇者。"魏王因不纳张仪。

张仪欲以魏合于秦韩

张仪欲以魏合于秦韩，而攻齐、楚。惠施欲以魏合于齐、楚以案兵。人多为张子于王所。惠子谓王曰："小事也，谓可者谓不可者正半，况大事乎？以魏合于秦、韩而攻齐、楚，大事也，而王之群臣皆以为可。不知是其可也，如是其明耶？而群臣之知术也，如是其同耶？是其可也，未如是其明也，而群臣之知术也，又非皆同也，是其有半塞也。所谓劫主者，失其半者也。"

张仪以秦相魏

张仪以秦相魏，齐、楚怒而欲攻魏。雍沮谓张子曰："魏之所以相公者，以公相则国家安而百姓无患。今公相而魏受兵，是魏计过也。齐、楚攻魏，公必危矣！"张子曰："然则奈何？"雍沮曰："请令齐、楚解攻。"

雍沮谓齐、楚之君曰："王亦闻张仪之约秦王乎？曰：'王若相仪于魏，齐、楚恶仪，必攻魏。魏战而胜，是齐、楚之兵折，而仪固得魏矣。若不胜魏，魏必事秦以持其国，必割地以赂王。若欲复攻，其敝不足以应秦。'此仪之所以与秦王阴相结也。今仪相魏而攻之，是使仪之计当于秦也，非所以穷仪之道也！"

齐、楚之王曰："善。"乃遽解攻于魏。

张仪欲并相秦魏

张仪欲并相秦魏，故谓魏王曰："仪请以秦攻三川，王以其间约南阳，韩氏亡。"史厌谓赵献曰："公何不以楚佐仪求相之于魏？韩恐亡，必南走楚。仪兼相秦、魏，则公亦并相楚、韩也。"

魏王将相张仪

魏王将相张仪。犀首弗利，故令人谓韩公叔曰："张仪已合秦、魏矣。其言曰：'魏攻南阳，秦攻三川，韩氏必亡。'且魏王所以贵张子者，欲得地，则韩之南阳举矣！子盍少委焉，以为衍功，则秦、魏之交可废矣。如此，则魏必图秦而弃仪、收韩而相衍。"公叔以为信，因而委之。犀首以为功,果相魏。

楚许魏六城

楚许魏六城,与之伐齐而存燕。张仪欲败之,谓魏王曰:“齐畏三国之合也,必反燕地以下楚,楚、赵必听之,而不与魏六城。是王失谋于楚、赵,而树怨于齐、秦也。齐遂伐赵,取乘丘,收侵地,虚、顿丘危;楚破南阳九夷,内沛,许、鄢陵危。王之所得者新观也,而道途宋、卫为制,事败为赵驱,事成功县宋、卫。”魏王弗听也。

张仪告公仲

张仪告公仲,令以饥故,赏韩王以近河外。魏王惧,问张子。张子曰:“秦欲救齐,韩欲攻南阳,秦、韩合而欲攻南阳,无异也。且以遇卜王,王不遇秦,韩之卜也决矣。”魏王遂尚遇秦,信韩、广魏、救赵、尺楚人,遽于萆下。伐齐之事遂败。

徐州之役

徐州之役,犀首谓梁王曰:“何不阳与齐而阴结于楚?二国恃王,齐、楚必战。齐战胜楚,而与乘之,必取方城之外;楚战胜齐,而与乘之,是太子之仇报矣。”

秦败东周

秦败东周,与魏战于伊阙,杀犀武。魏令公孙衍乘胜而留于境,请卑辞割地以讲于秦。为窦屡谓魏王曰："臣不知衍之所以听于秦之少多，然而臣能半衍之割而令秦讲于王。"王曰："奈何？"对曰："王不若与窦屡关内侯，而令赵，王重其行而厚奉之。因扬言曰：'闻周、魏令窦屡以割魏于奉阳君而听秦矣。'夫周君、窦屡、奉阳君之与穰侯，贸首之仇也。今行和者窦屡也，制割者奉阳君也。太后恐其不因穰侯也，而欲败之，必以少割请合于王，而和于东周与魏也。"

齐王将见燕赵楚之相于卫

齐王将见燕赵楚之相于卫，约外魏。魏王惧，恐其谋伐魏也，告公孙衍。公孙衍曰："王与臣百金，臣请败之。"

王为约车，载百金。犀首期齐王至之日，先以车五十乘至卫间齐，行以百金，以请先见齐王，乃得见。因久坐安，从容谈三国之相怨。谓齐王曰："王与三国约外魏，魏使公孙衍来，今久与之谈，是王谋三国也已。"齐王曰："魏王闻寡人来，使公孙子劳寡人，寡人无与之语也。"

三国之不相信齐王之遇，遇事遂败。

魏令公孙衍请和于秦

魏令公孙衍请和于秦，綦母恢教之语，曰："无多割！曰：'和成，固有秦重和，以与王遇；和不成，则后必莫能以魏合于秦者矣。'"

公孙衍为魏将

公孙衍为魏将，与其相田繻不善。季子为衍谓梁王曰："王独不见夫服牛骖骥乎？不可以行百步。今王以衍为可使将，故用之也。

而听相之计，是服牛骖骥也。牛马俱死而不能成其功，王之国必伤矣。愿王察之。”

卷二十三　魏二

犀首、田盼欲得齐魏之兵以伐赵

犀首、田盼欲得齐魏之兵以伐赵，梁君与田侯不欲。犀首曰："请国出五万人，不过五月而赵破。"田盼曰："夫轻用其兵者，其国易危；易用其计者，其身易穷。公今言破赵大易，恐有后咎。"犀首曰："公之不慧也！夫二君者，固已不欲矣，今公又言有难以惧之，是赵不伐而二士之谋困也！且公直言易而事已去矣。夫难构而兵结，田侯、梁君见其危，又安敢释卒不我予乎？"田盼曰："善。"遂劝两君听犀首。

犀首、田盼遂得齐、魏之兵。兵未出境，梁君、田侯恐其至而战败也，悉起兵从之，大败赵氏。

犀首见梁君曰

犀首见梁君曰："臣尽力竭知，欲以为王广土取尊名。田需从中败君，王又听之，是臣终无成功也。需亡，臣将侍；需侍，臣请亡。"王曰："需，寡人之股掌之臣也。为子之不便也，杀之亡之，毋谓天下何！内之，无若群臣何也！今吾为子外之，令毋敢入子之事。入子之事者，吾为子杀之亡之，胡如？"犀首许诺。于是东见田婴，与之约结；召文子而相之魏，身相于韩。

苏代为田需说魏王曰

苏代为田需说魏王曰:“臣请问文之为魏,孰与其为齐也?”王曰:“不如其为齐也。”“衍之为魏,孰与其为韩也?”王曰:“不如其为韩也。”而苏代曰:“衍将右韩而左魏,文将右齐而左魏,二人者将用王之国举事于世,中道而不可,王且无所闻之矣。王之国虽渗乐而从之可也。王不如舍需于侧,以稽二人者之所为。二人者曰:‘需非吾人也,吾举事而不利于魏,需必挫我于王。’二人者必不敢有外心矣。二人者之所为之,利于魏与不利于魏,王厝需于侧以稽之,臣以为身利而便于事。”王曰:“善。”果厝需于侧。

史举非犀首于王

史举非犀首于王,犀首欲穷之,谓张仪曰:“请令王让先生以国,王为尧、舜矣,而先生弗受,亦许由也! 衍请因令王致万户邑于先生。”张仪说,因令史举数见犀首。王闻之而弗任也。史举不辞而去。

楚王攻梁南

楚王攻梁南,韩氏因围蔷。成恢为犀首谓韩王曰:“疾攻蔷,楚师必进矣。魏不能支,交臂而听楚,韩氏必危。故王不如释蔷。魏无韩患,必与楚战。战而不胜,大梁不能守,而又况存蔷乎? 若战而胜,兵罢敝,大王之攻蔷易矣!”

魏惠王死

魏惠王死，葬有日矣。天大雨雪，至于牛目，坏城郭，且为栈道而葬。群臣多谏太子者，曰："雪甚如此而丧行，民必甚病之，官费又恐不给，请弛期更日。"太子曰："为人子，而以民劳与官费用之故而不行先王之丧，不义也。子勿复言！"

群臣皆不敢言，而以告犀首。犀首曰："吾未有以言之也。是其唯惠公乎！请告惠公。"惠公曰："诺。"驾而见太子，曰："葬有日矣。"太子曰："然。"惠公曰："昔王季历葬于楚山之尾，栾水啮其墓，见棺之前和。文王曰：'嘻！先君必欲一见群臣百姓也夫，故使栾水见之。'于是出而为之张于朝，百姓皆见之，三日而后更葬。此文王之义也。今葬有日矣，而雪甚，及牛目，难以行，太子为及日之故，得毋嫌于欲亟葬乎？愿太子更日。先王必欲少留而扶社稷、安黔首也，故使雪甚，因弛期而更为日。此文王之义也。若此而弗为，意者羞法文王乎？"太子曰："甚善！敬弛期，更择日。"

惠子非徒行其说也，又令魏太子未葬其先王，而因又说文王之义。说文王之义以示天下，岂小功也哉！

五国伐秦

五国伐秦，无功而还。其后齐欲伐宋，而秦禁之。齐令宋郭之秦，请合而以伐宋，秦王许之。魏王畏齐、秦之合也，欲讲于秦。

谓魏王曰："秦王谓宋郭曰：'分宋之城，服宋之强者，六国也；乘宋之敝而与王争得者，楚、魏也。请为王毋禁楚之伐魏也，而王独举宋。王之伐宋也，请刚柔而皆用之。如宋者，欺之不为逆者，杀之不为仇者也。王无与之讲以取地，既已得地矣，又以力攻之，期于啖宋而已矣。'臣闻此言而窃为王悲。秦必且用此于王矣，又必且曰王以求地。既已得地，又且以力攻王。又必谓王曰：使王轻齐，齐、魏之交已丑，又且收齐以更索于王。秦尝用此于楚矣，又尝用此于韩矣。愿王之深计之也。

"秦善魏不可知也已。故为王计，太上伐秦，其次宾秦，其次坚约而详讲，与国无相离也。秦、齐合，国不可为也已！王其听臣也！必无与讲。秦权重魏，魏再明孰，是故又为足下伤秦者，不敢显也。天下可令伐秦，则阴劝而弗敢图也。见天下之伤秦也，则先鬻与国而以自解也。天下可令宾秦，则为劫于与国而不得已者。天下不可，则先去而以秦为上交以自重也。如是人者，鬻王以为资者也，而焉能免国于患？免国于患者，必穷三节而行其上。上不可则行其中，中不可则行其下，下不可则明不与秦而生以残秦，使秦皆无百怨百利，唯已之曾安。令足下鬻之以合于秦，是免国于患者之计也。臣何足以当之？虽然，愿足下之论臣之计也。

"燕，齐仇国也；秦，兄弟之交也。合仇国以伐婚姻，臣为之苦矣。黄帝战于涿鹿之野，而西戎之兵不至；禹攻三苗，而东夷之民不起。以燕伐秦，黄帝之所难也，而臣以致燕甲而起齐兵矣。臣又偏事三晋之吏，奉阳君、孟尝君、韩呡、周最、周、韩馀为徒，从而下之。恐其伐秦之疑也，又身自丑于秦。扮之请焚天下之秦符者，臣也；次传焚符之约者，臣也；欲使五国约闭秦关者，臣也。奉阳君、韩馀为既和矣，苏修、朱婴既皆阴在邯郸，臣又说齐王而往败之。天下共讲，因使苏修游天下之语，而以齐为上交，兵请伐魏，臣又争之以死，而果西、因苏修重报。臣非不知秦劝之重也，然而所以为之者，为足下也。"

魏文子、田需、周宵相善

魏文子、田需、周宵相善，欲罪犀首。犀首患之，谓魏王曰："今所患者齐也。婴子言行于齐王，王欲得齐，则胡不召文子而相之？彼必务以齐事王。"王曰："善。"因召文子而相之。犀首以倍田需、周宵。

魏王令惠施之楚

魏王令惠施之楚，令犀首之齐，钧二子者乘数钧，将测交也。楚王闻之，施因令人先之楚，言曰："魏王令犀首之齐，惠施之楚，钧二子者，将测交也。"楚王闻之，因郊迎惠施。

魏惠王起境内众

魏惠王起境内众，将太子申而攻齐。客谓公子理之傅曰："何不令公子泣王太后，止太子之行？事成则树德，不成则为王矣。太子年少，不习于兵。田盼宿将也，而孙子善用兵，战必不胜，不胜必禽。公子争之于王，王听公子，公子必封。不听公子，太子必败；败，公子必立；立，必为王也。"

齐魏战于马陵

齐魏战于马陵，齐大胜魏，杀太子申，覆十万之军。魏王召惠施而告之曰："夫齐，寡人之仇也，怨之至死不忘！国虽小，吾常欲悉起兵而攻之,何如?”对曰:“不可。臣闻之,王者得度,而霸者知计。今王所以告臣者,疏于度而远于计。王固先属怨于赵,而后与齐战。今战不胜,国无守战之备,王又欲悉起而攻齐,此非臣之所谓也。王若欲报齐乎,则不如因变服折节而朝齐,楚王必怒矣。王游人而合其斗,则楚必伐齐。以休楚而伐罢齐,则必为楚禽矣。是王以楚毁齐也!”

魏王曰:“善。”乃使人报于齐,愿臣畜而朝。田婴许诺。张丑曰:“不可!战不胜魏而得朝礼,与魏和而下楚,此可以大胜也。今战胜魏,覆十万之军而禽太子申,臣万乘之魏而卑秦、楚,此其暴于戾定矣。且楚王之为人也,好用兵而甚务名,终为齐患者,必楚也。”

田婴不听,遂内魏王而与之并朝齐侯再三。赵氏丑之。楚王怒,自将而伐齐,赵应之,大败齐于徐州。

惠施为韩魏交

惠施为韩魏交,令太子鸣为质于齐。王欲见之,朱仓谓王曰:“何不称病?臣请说婴子曰:‘魏王之年长矣,今有疾,公不如归太子以德之。不然,公子高在楚,楚将内而立之。是齐抱空质而行不义也。’”

田需贵于魏王

田需贵于魏王,惠子曰:“子必善左右。今夫杨,横树之则生,倒树之则生,折而树之又生。然使十人树杨,一人拔之,则无生杨矣。故以十人之众,树易生之物,然而不胜一人者,何也?树之难而去之易也。今子虽自树于王,而欲去子者众,则子必危矣!”

田需死

田需死，昭鱼谓苏代曰："田需死，吾恐张仪、薛公、犀首之有一人相魏者。"代曰："然则相者以谁而君便之也?"昭鱼曰："吾欲太子之自相也。"代曰："请为君北见梁王，必相之矣。"昭鱼曰："奈何?"代曰："君其为梁王，代请说君。"昭鱼曰："奈何?"对曰："代也从楚来。昭鱼甚忧，代曰：'君何忧?'曰：'田需死，吾恐张仪、薛公、犀首有一人相魏者。'代曰：'勿忧也！梁王，长主也，必不相张仪。张仪相魏，必右秦而左魏；薛公相魏，必右齐而左魏；犀首相魏，必右韩而左魏。梁王，长主也，必不使相也。'代曰：'莫如太子之自相。是三人皆以太子为非固相也，皆将务以其国事魏而欲丞相之玺。以魏之强，而持三万乘之国辅之，魏必安矣。故曰不如太子之自相也。'"

遂北见梁王，以此语告之，太子果自相。

秦召魏相信安君

秦召魏相信安君，信安君不欲往。

苏代为说秦王曰："臣闻之，忠不必当，当必不忠。今臣愿为大王陈臣之愚意，恐其不忠于下吏，自使有要领之罪，愿大王察之。今大王令人执事于魏以完其交，臣恐魏交之益疑也；将以塞赵也，臣又恐赵之益劲也。夫魏王之爱习魏信也甚矣！其智能而任用之也厚矣！其畏恶严尊秦也明矣！今王之使人入魏而不用，则王之使人入魏无益也。若用，魏必舍所爱习而用所畏恶，此魏王之所以不安也。夫舍万乘之事而退，此魏信之所难行也。夫令人之君处所不安，令人之相行所不能，以此为亲，则难久矣！臣故恐魏交之益疑也。且魏信舍事，则赵之谋者必曰：‘舍于秦，秦必令其所爱信者用赵。’是赵存而我亡也，赵安而我危也。则上有野战之气，下有坚守之心。臣故恐赵之益劲也。

“大王欲完魏之交而使赵小心乎？不如用魏信而尊之以名。魏信事王，国安而名尊；离王，国危而权轻。然则魏信之事主也，上所以为其主者忠矣，下所以自为者厚矣，彼其事王必完矣。赵之用事者必曰：‘魏氏之名族不高于我，土地之实不厚于我。魏信以韩、魏事秦，秦甚善之，国得安焉，身取尊焉。今我讲难于秦兵为招质，国处削危之形，非得计也。结怨于外，主患于中，身处死亡之地，非完事也。’彼将伤其前事而悔其过行，冀其利，必多割地以深下王。则是大王垂拱之割地以为利重，尧、舜之所求而不能得也！臣愿大王察之。”

秦楚攻魏

秦楚攻魏，围皮氏。为魏谓楚王曰：“秦、楚胜魏，魏王之恐也。见亡矣，必合于秦。王何不倍秦而与魏王？魏王喜，必内太子。秦恐失楚，必效城地于王。王虽复与之攻魏，可也！”

楚王曰：“善。”乃倍秦而与魏。魏内太子于楚。秦恐，许楚城地，欲与之复攻魏。樗里疾怒，欲与魏攻楚，恐魏之以太子在楚不肯也。为疾谓楚王曰：“外臣疾使臣谒之，曰：‘敝邑之王欲效城地，而为魏太子之尚在楚也，是以未敢。王出魏质，臣请效之，而复固秦、楚之交，以疾攻魏。’”

楚王曰：“诺。”乃出魏太子。秦因合魏以攻楚。

庞葱与太子质于邯郸

庞葱与太子质于邯郸，谓魏王曰："今一人言市有虎，王信之乎？"王曰："否。""二人言市有虎，王信之乎？"王曰："寡人疑之矣。""三人言市有虎，王信之乎？"王曰："寡人信之矣。"庞葱曰："夫市之无虎明矣，然而三人言而成虎。今邯郸去大梁也远于市，而议臣者过于三人矣，愿王察之矣。"王曰："寡人自为知。"

于是辞行，而谗言先至，后太子罢质，果不得见。

梁王魏婴觞诸侯于范台

梁王魏婴觞诸侯于范台，酒酣，请鲁君举觞。鲁君兴，避席，择言曰：

"昔者，帝女令仪狄作酒而美，进之禹。禹饮而甘之，遂疏仪狄，绝旨酒，曰：'后世必有以酒亡其国者。'齐桓公夜半不嗛，易牙乃煎敖燔炙，和调五味而进之。桓公食之而饱，至旦不觉，曰：'后世必有以味亡其国者。'晋文公得南之威，三日不听朝，遂推南之威而远之，曰：'后世必有以色亡其国者。'楚王登强台而望崩山，左江而右湖，以临彷徨，其乐忘死，遂盟强台而弗登，曰：'后世必有以高台陂池亡其国者。'

"今主君之尊，仪狄之酒也；主君之味，易牙之调也；左白台而右闾须，南威之美也；前夹林而后兰台，强台之乐也。有一于此，足以亡其国。今主君兼此四者，可无戒与？"

梁王称善相属。

卷二十四　魏三

秦赵约而伐魏

秦赵约而伐魏,魏王患之。芒卯曰:“王勿忧也。臣请发张倚,使谓赵王曰:‘夫邺,寡人固刑弗有也,今大王收秦而攻魏,寡人请以邺事大王。’”

赵王喜,召相国而命之,曰:“魏王请以邺事寡人,使寡人绝秦。”相国曰:“收秦攻魏,利不过邺。今不用兵而得邺,请许魏。”张倚因谓赵王曰:“敝邑之吏效城者,已在邺矣。大王且何以报魏?”赵王因令闭关绝秦。秦、赵大恶。

芒卯应赵使曰:“敝邑所以事大王者,为完邺也。今效邺者,使者之罪也,卯不知也。”赵王恐魏承秦之怒,遽割五城以合于魏而支秦。

芒卯谓秦王曰

芒卯谓秦王曰:“王之士未有为之中者也。臣闻明王不胥中而行。王之所欲于魏者,长羊、王屋、洛林之地也,王能使臣为魏之司徒,则臣能使魏献之。”秦王曰:“善。”因任之以为魏之司徒。

谓魏王曰:“王所患者,上地也;秦之所欲于魏者,长羊、王屋、洛林之地也。王献之秦,则上地无忧患,因请以下兵东击齐,攘地必远矣。”魏王曰:“善。”因献之秦。

地入数月而秦兵不下,魏王谓芒卯曰:“地已入数月,而秦兵不下,何也?”芒卯曰:“臣有死罪。虽然,臣死则契折于秦,王无以责秦。王因赦其罪,臣为王责约于秦。”乃之秦,谓秦王曰:“魏之所以献长羊、王屋、洛林之地者,有意欲以下大王之兵东击齐也。今地已入而秦兵不可下,臣则死人也。虽然,后山东之士,无以利事王者矣!”秦王戄然曰:“国有事,未澹下兵也,今以兵从。”

后十日,秦兵下,芒卯并将秦、魏之兵以东击齐,启地二十二县。

秦败魏于华

秦败魏于华,走芒卯而围大梁。须贾为魏谓穰侯曰:“臣闻魏氏大臣父兄皆谓魏王曰:‘初时惠王伐赵,战胜乎三梁,十万之军拔邯郸,赵氏不割而邯郸复归。齐人攻燕,杀子之,破故国,燕不割,而燕国复归。燕、赵之所以国全兵劲而地不并乎诸侯者,以其能忍难而重出地也。宋、中山数伐数割,而随以亡。臣以为燕、赵可法,而宋、中山可无为也。夫秦,贪戾之国而无亲,蚕食魏,尽晋国,战胜睾子,割八县,地未毕入而兵复出矣。夫秦何厌之有哉!今又走芒卯,入北地,此非但攻梁也,且劫王以多割也,王必勿听也!今王循楚、赵而讲,楚、赵怒而与王争事秦,秦必受之。秦挟楚、赵之兵以复攻,则国救亡不可得也已!愿王之必无讲也。王若欲讲,必少割而有质,不然必欺!’是臣之所闻于魏也,愿君之以是虑事也。

“《周书》曰:‘维命不于常。’此言幸之不可数也。夫战胜睾子而割八县,此非兵力之精,非计之工也,天幸为多矣!今又走芒卯,入北地,以攻大梁,是以天幸自为常也。知者不然!臣闻魏氏悉其百县胜兵以止戍大梁,臣以为不下三十万。以三十万之众,守十仞之城,臣以为虽汤、武复生,弗易攻也!夫轻信楚、赵之兵,陵十仞之城,戴三十万之众,而志必举之,臣以为自天下之始分以至于今,未尝有之也。攻而不能拔,秦兵必罢,阴必亡,则前功必弃矣。今魏方疑,可以少割收也。愿之及楚、赵之兵未任于大梁也,亟以少割收。魏方疑,而得以少割为和,必欲之,则君得所欲矣。楚、赵怒于魏之先己讲也,必争事秦,从是以散,而君后择焉。且君之尝割晋国取地也,何必以兵哉?夫兵不用而魏效绛、安邑,又为阴启两机,尽故宋,卫效尤惮。秦兵已全而君制之,何求而不得?何为而不成?臣愿君之熟计而无行危也!"

穰侯曰:"善。"乃罢梁围。

秦败魏于华魏王且入朝于秦

秦败魏于华,魏王且入朝于秦。周䜣谓王曰:"宋人有学者,三年反而名其母。其母曰:'子学三年,反而名我者,何也?'其子曰:'吾所贤者,无过尧、舜,尧、舜名;吾所大者,无大天地,天地名。今母贤不过尧、舜,母大不过天地,是以名母也。'其母曰:'子之于学者,将尽行之乎?愿子之有以易名母也。子之于学也,将有所不行乎?愿子之且以名母为后也。'今王之事秦,尚有可以易入朝者乎?愿王之有以易之,而以入朝为后。"魏王曰:"子患寡人入而不出邪?许绾为我祝曰:'入而不出,请殉寡人以头。'"周䜣对曰:"如臣之贱也,今人有谓臣曰,入不测之渊而必出,不出,请以一鼠首为女殉者,臣必不为也。今秦不可知之国也,犹不测之渊也;而许绾之首,犹鼠首也。内王于不可知之秦,而殉王以鼠首,臣窃为王不取也。且无梁孰与无河内急?"王曰:"梁急。""无梁孰与无身急?"王曰:"身急。"曰:"以三者,身,上也;河内,其下也。秦未索其下,而王效其上,可乎?"王尚未听也。

支期曰:"王视楚王。楚王入秦,王以三乘先之;楚王不入,楚、魏为一,尚足以捍秦。"王乃止。王谓支期曰:"吾始已诺于应侯矣,今不行者,欺之矣。"支期曰:"王勿忧也。臣使长信侯请无内王,王待臣也。”

支期说于长信侯曰:“王命召相国。”长信侯曰:“王何以臣为?”支期曰:“臣不知也,王急召君。”长信侯曰:“吾内王于秦者,宁以为秦邪? 吾以为魏也。”支期曰:“君无为魏计,君其自为计。且安死乎? 安生乎? 安穷乎? 安贵乎? 君其先自为计,后为魏计。”长信侯曰:“楼公将入矣,臣今从。”支期曰:“王急召君,君不行,血溅君襟矣!”

长信侯行,支期随其后。且见王,支期先入,谓王曰:“伪病者乎而见之,臣已恐之矣。”长信侯入,见王,王曰:“病甚奈何? 吾始已诺于应侯矣,意虽道死,行乎?”长信侯曰:“王毋行矣! 臣能得之于应侯,愿王无忧。”

华军之战

华军之战,魏不胜秦。明年,将使段干崇割地而讲。

孙臣谓魏王曰:“魏不以败之上割,可谓善用不胜矣。而秦不以胜之上割,可谓不能用胜矣。今处期年乃欲割,是群臣之私而王不知也! 且夫欲玺者,段干子也,王因使之割地;欲地者,秦也,而王因使之受玺。夫欲玺者制地,而欲地者制玺,其势必无魏矣! 且夫奸臣固皆欲以地事秦,以地事秦譬犹抱薪而救火也:薪不尽,则火不止。今王之地有尽,而秦之求无穷,是薪火之说也!”

魏王曰:“善。虽然,吾已许秦矣,不可以革也。”对曰:“王独不见夫博者之用枭邪? 欲食则食,欲握则握。今君劫于群臣而许秦,因曰‘不可革’,何用智之不若枭也?”魏王曰:“善。”乃案其行。

齐欲伐魏

齐欲伐魏。魏使人谓淳于髡曰："齐欲伐魏，能解魏患，唯先生也！敝邑有宝璧二双，文马二驷，请致之先生。"淳于髡曰："诺。"

入说齐王曰："楚，齐之仇敌也；魏，齐之与国也。夫伐与国，使仇敌制其馀敝，名丑而实危，为王弗取也。"齐王曰："善。"乃不伐魏。客谓齐王曰："淳于髡言不伐魏者，受魏之璧马也。"王以谓淳于髡曰："闻先生受魏之璧、马，有诸？"曰："有之。""然则先生之为寡人计之，何如？"淳于髡曰："伐魏之事不便，魏虽刺髡，于王何益？若诚不便，魏虽封髡，于王何损？且夫王无伐与国之诽，魏无见亡之危，百姓无被兵之患，髡有璧、马之宝，于王何伤乎？"

秦将伐魏

秦将伐魏，魏王闻之，夜见孟尝君，告之曰："秦且攻魏，子为寡人谋，奈何？"孟尝君曰："有诸侯之救，则国可存也。"王曰："寡人愿子之行也。"重为之约车百乘。

孟尝君之赵，谓赵王曰："文愿借兵以救魏。"赵王曰："寡人不能。"孟尝君曰："夫敢借兵者，以忠王也！"王曰："可得闻乎？"孟尝君曰："夫赵之兵，非能强于魏之兵；魏之兵，非能弱于赵也。然而赵之地不岁危而民不岁死，而魏之地岁危而民岁死者，何也？以其西为赵蔽也。今赵不救魏，魏歃盟于秦，是赵与强秦为界也。地亦且岁危，民亦且岁死矣！此文之所以忠于大王也。"赵王许诺，为起兵十万，车三百乘。

又北见燕王曰："先日公子常约两王之交矣。今秦且攻魏，愿大王之救之!”燕王曰:“吾岁不熟二年矣,今又行数千里而以助魏,且奈何?”田文曰:“夫行数千里而救人者,此国之利也。今魏王出国门而望见军,虽欲行数千里而助人,可得乎?”燕王尚未许也。田文曰:“臣效便计于王,王不用臣之忠计,文请行矣。恐天下之将有大变也!”王曰:“大变可得闻乎?”曰:“秦攻魏,未能克之也,而台已燔、游已夺矣。而燕不救魏,魏王折节割地,以国之半与秦,秦必去矣。秦已去魏,魏王悉韩、魏之兵,又西借秦兵,以因赵之众,以四国攻燕,王且何利?利行数千里而助人乎?利出燕南门而望见军乎?则道里近而输又易矣,王何利?”燕王曰:“子行矣,寡人听子。”乃为之起兵八万,车二百乘,以从田文。

魏王大说,曰:“君得燕、赵之兵甚众且亟矣!”秦王大恐,割地请讲于魏,因归燕、赵之兵而封田文。

魏将与秦攻韩

魏将与秦攻韩,朱己谓魏王曰:“秦与戎、翟同俗,有虎狼之心,贪戾好利而无信,不识礼义德行。苟有利焉,不顾亲戚兄弟,若禽兽耳。此天下之所同知也,非所施厚积德也。故太后母也,而以忧死;穰侯舅也,功莫大焉,而竟逐之;两弟无罪,而再夺之国。此于其亲戚兄弟若此,而又况于仇雠之敌国也!今大王与秦伐韩而益近秦,臣甚或之;而王弗识也,则不明矣;群臣知之而莫以此谏,则不忠矣。

“今夫韩氏以一女子承一弱主,内有大乱,外安能支强秦、魏之兵,王以为不破乎?韩亡,秦尽有郑地,与大梁邻,王以为安乎?王欲得故地,而今负强秦之祸也,王以为利乎?秦非无事之国也,韩亡之后,必且便事;便事,必就易与利;就易与利,必不伐楚与赵矣。是何也?夫越山逾河,绝韩之上党而攻强赵,则是复阏与之事也,秦必不为也。若道河内,倍邺、朝歌,绝漳、滏之水,而以与赵兵决胜于邯鄣之郊，是受智伯之祸也，秦又不敢。伐楚，道涉而谷行三十里，而攻危隘之塞，所行者甚远，而所攻者甚难，秦又弗为也。若道河外，背大梁而右上蔡、召陵，以与楚兵决于陈郊，秦又不敢也。故曰：秦必不伐楚与赵矣，又不攻卫与齐矣。韩亡之后，兵出之日，非魏无攻矣。

“秦故有怀地刑丘、之城、垝津，而以之临河内，河内之共、汲莫不危矣。秦有郑地，得垣雍，决荧泽而水大梁，大梁必亡矣。王之使者大过矣，乃恶安陵氏于秦，秦之欲许之久矣。然而秦之叶阳、昆阳与舞阳、高陵邻，听使者之恶也，随安陵氏而欲亡之。秦绕舞阳之北以东临许，则南国必危矣。南国虽无危，则魏国岂得安哉？且夫憎韩不受安陵氏，可也，夫不患秦之不爱南国，非也。

“异日者，秦乃在河西，晋国之去梁也千里有馀，河山以阑之，有周、韩而间之。从林军以至于今，秦十攻魏，五入国中，边城尽拔。文台堕，垂都焚，林木伐，麋鹿尽，而国继以围。又长驱梁北，东至陶、卫之郊，北至乎阚，所亡乎秦者山北、河外、河内，大县数百，名都数十。秦乃在河西，晋国之去大梁也尚千里，而祸若是矣，又况于使秦无韩而有郑地，无河山以阑之，无周、韩以间之，去大梁百里。祸必百此矣！

“异日者，从之不成矣，楚、魏疑而韩不可得而约也。今韩受兵三年矣，秦挠之以讲，韩知亡，犹弗听，投质于赵，而请为天下雁行顿刃。以臣之观之，则楚、赵必与之攻矣。此何也？则皆知秦之无穷也，非尽亡天下之兵，而臣海内之民，必不休矣。是故臣愿以从事乎王，王速受楚、赵之约，而挟韩、魏之质，以存韩为务，因求故地于韩，韩必效之。如此则士民不劳而故地得，其功多于与秦共伐韩，然而无与强秦邻之祸。

“夫存韩安魏而利天下，此亦王之大时已。通韩之上党于共、莫，使道已通，因而关之，出入者赋之，是魏重质韩以其上党也。共有其赋,足以富国,韩必德魏、爱魏、重魏、畏魏,韩必不敢反魏,韩是魏之县也。魏得韩以为县,则卫、大梁、河外必安矣。今不存韩,则二周必危,安陵必易,楚、赵大破,卫、齐甚畏,天下之西乡而驰秦,入朝为臣之日不久!"

叶阳君约魏

叶阳君约魏,魏王将封其子。谓魏王曰:"王尝身济漳,朝邯郸,抱葛、薛、阴、成以为赵养邑,而赵无为王有也。王能又封其子问阳、姑衣乎?臣为王不取也!"魏王乃止。

秦使赵攻魏

秦使赵攻魏,魏谓赵王曰:"攻魏者,亡赵之始也。昔者晋人欲亡虞而伐虢,伐虢者,亡虞之始也。故荀息以马与璧假道于虞,宫之奇谏而不听,卒假晋道。晋人伐虢,反而取虞。故《春秋》书之,以罪虞公。今国莫强于赵,而并齐、秦。王贤而有声者相之,所以为腹心之疾者,赵也。魏者,赵之虢也;赵者,魏之虞也。听秦而攻魏者,虞之为也。愿王之熟计之也!"

魏太子在楚

魏太子在楚,谓楼子于鄢陵曰:"公必且待齐、楚之合也,以救皮氏。今齐、楚之理必不合矣,彼翟子之所恶于国者,无公矣。其人皆欲合齐、秦外楚以轻公,公必谓齐王曰:'魏之受兵,非秦实首伐之也,楚恶魏之事王也,故劝秦攻魏。'齐王故欲伐楚,而又怒其不已善也,必令魏以地听秦而为和。以张子之强,有秦、韩之重,齐王恶之,而魏王不敢据也。今以齐、秦之重,外楚以轻公,臣为公患之。钧之出地以为和于秦也,岂若由楚乎?秦疾攻楚,楚还兵,魏王必惧,公因寄汾北以予秦而为和,合亲以孤齐,秦、楚重公,公必为相矣!臣意秦王与樗里疾之欲之也,臣请为公说之。"

乃请樗里子曰:"攻皮氏,此王之首事也,而不能拔,天下且以此轻秦。且有皮氏于以攻韩、魏,利也!"樗里子曰:"吾已合魏矣,无所用之。"对曰:"臣愿以鄙心意公,公无以为罪。有皮氏,国之大利也,而以与魏,公终自以为不能守也,故以与魏。今公之力有馀,守之,何故而弗有也?"樗里子曰:"奈何?"曰:"魏王之所恃者,齐、楚也;所用者,楼廪、翟强也。今齐王谓魏王曰:'欲讲攻于齐王兵之辞也,是弗救矣!'楚王怒于魏之不用楼子而使翟强为和也,怨颜已绝之矣。魏王之惧也见亡。翟强欲合齐、秦外楚,以轻楼廪;楼廪欲合秦、楚外齐,以轻翟强。公不如按魏之和,使人谓楼子曰:'子能以汾北与我乎?请合于楚、外齐以重公也。此吾事也。'楼子与楚王必疾矣。又谓翟子:'子能以汾北与我乎?必为合于齐、外于楚以重公也。'翟强与齐王必疾矣。是公外得齐、楚以为用,内得楼廪、翟强以为佐,何故不能有地于河东乎?"

卷二十五　魏四

献书秦王

（阙文）献书秦王曰："昔窃闻大王之谋出事于梁，谋恐不出于计矣，愿大王之熟计之也！梁者，山东之要也。有蛇于此，击其尾，其首救；击其首，其尾救；击其中身，首尾皆救。从梁王，天下之中身也。秦攻梁者，是示天下要断山东之脊也，是山东首尾皆救中身之时也。山东见亡，必恐，恐必大合。山东尚强，臣见秦之必大忧可立而待也。臣窃为大王计，不如南出，事于南方。其兵弱，天下必不能救，地可广大，国可富，兵可强，主可尊。王不闻汤之伐桀乎？试之弱密须氏以为武教，得密须氏而汤之服桀矣。今秦国与山东为仇，不先以弱为武教，兵必大挫，国必大忧！"秦果南攻蓝田、鄢郢。

八年，谓魏王

八年，（阙文）谓魏王曰："昔曹恃齐而轻晋，齐伐厘、莒而晋人亡曹；缯恃齐以悍越，齐和子乱而越人亡缯；郑恃魏以轻韩，伐榆关而韩氏亡郑；原恃秦、翟以轻晋，秦、翟年谷大凶而晋人亡原；中山恃齐、魏以轻赵，齐、魏伐楚而赵亡中山。此五国所以亡者，皆其所恃也。非独此五国为然而已也，天下之亡国皆然矣。夫国之所以不可恃者多，其变不可胜数也：或以政教不修、上下不辑而不可恃者，或有诸侯邻国之虞而不可恃者，或以年谷不登、稸积竭尽而不可恃者，或化于利、比于患。臣以此知国之不可必恃也。今王恃楚之强，而信春申君之言,以是质秦,而久不可知。即春申君有变,是王独受秦患也。即王有万乘之国而以一人之心为命也。臣以此为不完,愿王之熟计之也。"

魏王问张旄曰

魏王问张旄曰:"吾欲与秦攻韩,何如?"张旄对曰:"韩且坐而胥亡乎? 且割而从天下乎?"王曰:"韩且割而从天下。"张旄曰:"韩怨魏乎? 怨秦乎?"王曰:"怨魏。"张旄曰:"韩强秦乎? 强魏乎?"王曰:"强秦。"张旄曰:"韩且割而从其所强,与所不怨乎? 且割而从其所不强,与其所怨乎?"王曰:"韩将割而从其所强,与其所不怨。"张旄曰:"攻韩之事,王自知矣。"

客谓司马食其曰

客谓司马食其曰:"虑久以天下为可一者,是不知天下者也! 欲独以魏支秦者,是又不知魏者也! 谓兹公不知此两者,又不知兹公者也! 然而兹公为从,其说何也? 从则兹公重,不从则兹公轻。兹公之处重也,不以实为期。子何不疾及三国方坚也,自卖于秦,秦必受子。不然,横者将图子以合于秦,是取子之资而以资子之仇也!"

魏秦伐楚

魏秦伐楚,魏王不欲。楼缓谓魏王曰:"王不与秦攻楚,楚且与秦攻王。王不如令秦、楚战,王交制之也。"

穰侯攻大梁

穰侯攻大梁，乘北郢，魏王且从。谓穰侯曰："君攻楚，得宛、穰以广陶；攻齐，得刚、博以广陶，得许、鄢陵以广陶。秦王不问者，何也？以大梁之未亡也。今日大梁亡，许、鄢陵必议，议则君必穷。为君计者，勿攻便。"

白珪谓新城君曰

白珪谓新城君曰："夜行者能无为奸，不能禁狗使无吠己也。故臣能无议君于王，不能禁人议臣于君也！"

秦攻韩之管

秦攻韩之管，魏王发兵救之。昭忌曰："夫秦，强国也，而韩、魏壤秦。不出攻则已，若出攻，非于韩也，必魏也。今幸而于韩，此魏之福也。王若救之，夫解攻者必韩之管也，致攻者必魏之梁也。"魏王不听，曰："若不因救韩，韩怨魏，西合于秦，秦、韩为一，则魏危。"遂救之。

秦果释管而攻魏，魏王大恐，谓昭忌曰："不用子之计而祸至，为之奈何？"昭忌乃为之见秦王曰："臣闻明主之听也，不以挟私为政，是参行也。愿大王无攻魏，听臣也。"秦王曰："何也？"昭忌曰："山东之从，时合时离，何也哉？"秦王曰："不识也。"曰："天下之合也，以王之不必也；其离也，以王之必也。今攻韩之管，国危矣，未卒而移兵于梁，合天下之从，无精于此者矣！以为秦之求索，必不可支也。故为王计者,不如齐赵。秦已制赵,则燕不敢不事秦,荆、齐不能独从。天下争敌于秦,则弱矣。”秦王乃止。

秦赵构难而战

秦赵构难而战。谓魏王曰:“不如齐、赵而构之秦。王不构赵,赵不以毁构矣;而构之秦,赵必复斗,必重魏。是并制秦、赵之事也。王欲焉而收齐、赵攻荆,欲焉而收荆、赵攻齐,欲王之东长之待之也。”

长平之役

长平之役,平都君说魏王曰:“王胡不为从?”魏王曰:“秦许吾以垣雍。”平都君曰:“臣以垣雍为空割也。”魏王曰:“何谓也?”平都君曰:“秦、赵久相持于长平之下而无决。天下合于秦,则无赵;合于赵,则无秦。秦恐王之变也,故以垣雍饵王也。秦战胜赵,王敢责垣雍之割乎?”王曰:“不敢。”“秦战不胜赵,王能令韩出垣雍之割乎?”王曰:“不能。”“臣故曰:垣雍,空割也。”魏王曰:“善。”

楼梧约秦魏

楼梧约秦魏,将令秦王遇于境。谓魏王曰:“遇而无相,秦必置相。不听之,则交恶于秦;听之,则后王之臣,将皆务事诸侯之能令于王之上者。且遇于秦而相秦者,是无齐也,秦必轻王之强矣。有齐者,不若相之,齐必喜。是以有雍者与秦遇,秦必重王矣。”

芮宋欲绝秦赵之交

芮宋欲绝秦赵之交,故令魏氏收秦太后之养地秦王于秦。芮宋谓秦王曰:“魏委国于王而王不受,故委国于赵也。李郝谓臣曰:‘子言无秦,而养秦太后以地,是欺我也。’故敝邑收之。”秦王怒,遂绝赵也。

为魏谓楚王曰

为魏谓楚王曰:“索攻魏于秦,秦必不听王矣。是智困于秦而交疏于魏也。楚、魏有怨,则秦重矣。故王不如顺天下,遂伐齐,与魏便地,兵不伤,交不变,所欲必得矣。”

管鼻之令翟强与秦事

管鼻之令翟强与秦事,谓魏王曰:“鼻之与强,犹晋人之与楚人也。晋人见楚人之急,带剑而缓之,楚人恶其缓而急之。令鼻之入秦之传舍,舍不足以舍之。强之入,无蔽于秦者。强,王贵臣也,而秦若此其甚,安可?”

成阳君欲以韩魏听秦

成阳君欲以韩魏听秦,魏王弗利。白圭谓魏王曰:“王不如阴使人说成阳君曰:‘君入秦,秦必留君,而以多割于韩矣。韩不听,秦必留君而伐韩矣。故君不如安行求质于秦。’成阳君必不入秦。秦、韩不敢合,则王重矣。”

秦拔宁邑

秦拔宁邑。魏王令人谓秦王曰:“王归宁邑,吾请先天下构。”魏魏王曰:“王无听！魏王见天下之不足恃也,故欲先构。夫亡宁者,宜割二宁以求构;夫得宁者,安能归宁乎?”

秦罢邯郸

秦罢邯郸,攻魏,取宁邑。吴庆恐魏王之构于秦也,谓魏王曰:“秦之攻王也,王知其故乎?天下皆曰:‘王近也。’王不近秦,秦之所去。皆曰:‘王弱也。’王不弱二周,秦人去邯郸,过二周而攻王者,以王为易制也。王亦知弱之召攻乎?”

魏王欲攻邯郸

魏王欲攻邯郸,季梁闻之,中道而反,衣焦不申,头尘不去,往见王,曰:“今者臣来,见人于大行,方北面而持其驾,告臣曰:‘我欲之楚。’臣曰:‘君之楚,将奚为北面?’曰:‘吾马良。’臣曰:‘马虽良,此非楚之路也!’曰:‘吾用多。’臣曰:‘用虽多,此非楚之路也!’曰:‘吾御者善。’‘此数者愈善,而离楚愈远耳!’今王动欲成霸王,举欲信于天下,恃王国之大,兵之精锐,而攻邯郸,以广地尊名。王之动愈数,而离王愈远耳!犹至楚而北行也。”

周肖谓宫他

周肖谓宫他曰:“子为肖谓齐王曰:‘肖愿为外臣。’令齐资我于魏。”宫他曰:“不可!是示齐轻也。夫齐不以无魏者以害有魏者,故公不如示有魏。公曰:‘王之所求于魏者,臣请以魏听。’齐必资公矣。是公有齐,以齐有魏也。”

周最善齐

周最善齐,翟强善楚,二子者欲伤张仪于魏。张子闻之,因使其人为见者啬夫间见者,因无敢伤张子。

周最入齐

周最入齐,秦王怒,令姚贾让魏王。魏王为之谓秦王曰:“魏之所以为王通天下者,以周最也。今周最遁寡人入齐,齐无通于天下矣。敝邑之事王,亦无齐累矣。大国欲急兵,则趣赵而已。”

秦魏为与国

秦魏为与国,齐、楚约而欲攻魏,魏使人求救于秦,冠盖相望,秦救不出。

魏人有唐且者,年九十馀,谓魏王曰:“老臣请出,西说秦,令兵先臣出,可乎?”魏王曰:“敬诺。”遂约车而遣之。唐且见秦王,秦王曰:“丈人芒然乃远至此,甚苦矣!魏来求救数矣,寡人知魏之急矣。”唐且对曰：“大王已知魏之急而救不至者，是大王筹策之臣无任矣。且夫魏一万乘之国，称东藩，受冠带，祠春秋者，以为秦之强足以为与也。今齐、楚之兵已在魏郊矣，大王之救不至，魏急，则且割地而约齐、楚。王虽欲救之，岂有及哉！是亡一万乘之魏，而强二敌之齐、楚也。窃以为大王筹策之臣无任矣。”

秦王喟然愁悟，遽发兵，日夜赴魏。齐、楚闻之，乃引兵而去。魏氏复全，唐且之说也。

信陵君杀晋鄙

信陵君杀晋鄙，救邯郸，破秦人，存赵国。赵王自郊迎。

唐且谓信陵君曰：“臣闻之曰：事有不可知者，有不可不知者；有不可忘者，有不可不忘者。”信陵君曰：“何谓也？”对曰：“人之憎我也，不可不知也；吾憎人也，不可得而知也；人之有德于我也，不可忘也；吾有德于人也，不可不忘也。今君杀晋鄙，救邯郸，破秦人，存赵国，此大德也。今赵王自郊迎，卒然见赵王，臣愿君之忘之也！”

信陵君曰：“无忌谨受教。”

魏攻管而不下

魏攻管而不下。安陵人缩高，其子为管守，信陵君使人谓安陵君曰：“君其遣缩高，吾将仕之以五大夫，使为持节尉。”安陵君曰：“安陵，小国也，不能必使其民。使者自往，请使道使者至缩高之所，复信陵君之命。”缩高曰：“君之幸高也，将使高攻管也。夫以父攻子守，人大笑也。是臣而下，是倍主也。父教子倍，亦非君之所喜也！敢再拜辞。”

使者以报信陵君,信陵君大怒,遣大使之安陵,曰:“安陵之地,亦犹魏也。今吾攻管而不下,则秦兵及我,社稷必危矣!愿君之生束缩高而致之。若君弗致也,无忌将发十万之师,以造安陵之城!”安陵君曰:“吾先君成侯,受诏襄王以守此地也,手受大府之宪。宪之上篇曰:‘子弑父,臣弑君,有常不赦。国虽大赦,降城亡子不得与焉。’今缩高谨解大位,以全父子之义,而君曰‘必生致之’,是使我负襄王诏而废大府之宪也!虽死终不敢行!”缩高闻之,曰:“信陵君为人悍而自用也。此辞反,必为国祸。吾已全己,无为人臣之义矣,岂可使吾君有魏患也!”乃之使者之舍,刎颈而死。

信陵君闻缩高死,服缟素辟舍,使使者谢安陵君,曰:“无忌,小人也!困于思虑,失言于君,敢再拜释罪。”

魏王与龙阳君共船而钓

魏王与龙阳君共船而钓,龙阳君得十馀鱼而涕下。王曰:“有所不安乎?如是,何不相告也?”对曰:“臣无敢不安也。”王曰:“然则何为涕出?”曰:“臣为王之所得鱼也。”王曰:“何谓也?”对曰:“臣之始得鱼也,臣甚喜,后得又益大,今臣直欲弃臣前之所得矣。今以臣凶恶,而得为王拂枕席,今臣爵至人君,走人于庭,辟人于途。四海之内,美人亦甚多矣,闻臣之得幸于王也,必褰裳而趋王。臣亦犹曩臣之前所得鱼也,臣亦将弃矣!臣安能无涕出乎?”魏王曰:“误!有是心也,何不相告也?”于是布令于四境之内,曰:“有敢言美人者,族!”由是观之,近习之人,其挚谄也固矣,其自纂繁也完矣。今由千里之外欲进美人,所效者庸必得幸乎?假之得幸,庸必为我用乎?而近习之人相与怨,我见有祸,未见有福,见有怨,未见有德。非用知之术也!

秦攻魏急

秦攻魏急。或谓魏王曰："弃之，不如用之之易也；死之，不如弃之之易也。能弃之，弗能用之；能死之，弗能弃之。此人之大过也。今王亡地数百里，亡城数十，而国患不解，是王弃之，非用之也。今秦之强也，天下无敌；而魏之弱也甚；而王以是质秦，王又能死而弗能弃之，此重过也！今王能用臣之计，亏地不足以伤国，卑体不足以苦身，解患而怨报。

"秦自四境之内，执法以下，至于长挽者，故毕曰：'与嫪氏乎？与吕氏乎？'虽至于门闾之下，廊庙之上，犹之如是也。今王割地以赂秦，以为嫪毐功；卑体以尊秦，以因嫪毐。王以国赞嫪毐，以嫪毐胜矣。王以国赞嫪氏，太后之德王也，深于骨髓，王之交最为天下上矣！秦、魏百相交也，百相欺也。今由嫪氏善秦，而交为天下上，天下孰不弃吕氏而从嫪氏？天下必舍吕氏而从嫪氏，则王之怨报矣！"

秦王使人谓安陵君曰

秦王使人谓安陵君曰："寡人欲以五百里之地易安陵，安陵君其许寡人！"安陵君曰："大王加惠，以大易小，甚善。虽然，受地于先王，愿终守之，弗敢易！"秦王不说，安陵君因使唐且使于秦。

秦王谓唐且曰："寡人以五百里之地易安陵，安陵君不听寡人，何也？且秦灭韩亡魏，而君以五十里之地存者，以君为长者，故不错意也。今吾以十倍之地请广于君，而君逆寡人者，轻寡人与？"唐且对曰："否，非若是也。安陵君受地于先王而守之，虽千里不敢易也，岂直五百里哉？"

秦王怫然怒，谓唐且曰："公亦尝闻天子之怒乎？"唐且对曰："臣未尝闻也。"秦王曰："天子之怒，伏尸百万，流血千里。"唐且曰："大王尝闻布衣之怒乎？"秦王曰："布衣之怒，亦免冠徒跣，以头抢地尔。"唐且曰："此庸夫之怒也，非士之怒也。夫专诸之刺王僚也，彗星袭月；聂政之刺韩傀也，白虹贯日；要离之刺庆忌也，仓鹰击于殿上。此三子者，皆布衣之士也，怀怒未发，休祲降于天，与臣而将四矣。若士必怒，伏尸二人，流血五步，天下缟素，今日是也！"挺剑而起。

秦王色挠，长跪而谢之，曰："先生坐！何至于此？寡人谕矣。夫韩、魏灭亡，而安陵以五十里之地存者，徒以有先生也！"

卷二十六　韩一

三晋已破智氏

三晋已破智氏，将分其地。段规谓韩王曰："分地必取成皋。"韩王曰："成皋，石溜之地也，寡人无所用之。"段规曰："不然！臣闻一里之厚而动千里之权者，地利也；万人之众而破三军者，不意也。王用臣言，则韩必取郑矣。"

王曰："善。"果取成皋。至韩之取郑也，果从成皋始。

大成午从赵来

大成午从赵来，谓申不害于韩曰："子以韩重我于赵，请以赵重子于韩，是子有两韩，而我有两赵也。"

魏之围邯郸也

魏之围邯郸也，申不害始合于韩王，然未知王之所欲也，恐言而未必中于王也。王问申子曰："吾谁与而可？"对曰："此安危之要，国家之大事也。臣请深惟而苦思之。"乃微谓赵卓、韩晁曰："子皆国之辩士也。夫为人臣者，言可必用，尽忠而已矣。"二人各进议于王以事。申子微视王之所说以言于王，王大说之。

申子请仕其从兄官

申子请仕其从兄官，昭侯不许也，申子有怨色。昭侯曰："非所学于子者也。听子之谒而废子之道乎？又亡其行子之术而废子之谒乎？子尝教寡人循功劳，视次第。今有所求，此我将奚听乎？"申子乃辟舍请罪曰："君真其人也！"

苏秦为楚合从说韩王曰

苏秦为楚合从说韩王曰："韩北有巩、洛、成皋之固，西有宜阳、常阪之塞，东有宛、穰、洧水，南有陉山，地方千里，带甲数十万。天下之强弓劲弩，皆自韩出。溪子、少府时力、距来，皆射六百步之外。韩卒超足而射，百发不暇止，远者达胸，近者掩心。韩卒之剑戟，皆出于冥山、棠溪、墨阳、合伯膊。邓师、宛冯、龙渊、大阿，皆陆断马牛，水击鹄雁，当敌即斩坚。甲、盾、鞮、鍪、铁幕、革抉、㕮芮，无不毕具。以韩卒之勇，被坚甲，蹠劲弩，带利剑，一人当百，不足言也。夫以韩之劲与大王之贤，乃欲西面事秦，称东藩，筑帝宫，受冠带，祠春秋，交臂而服焉。夫羞社稷而为天下笑，无过此者矣！是故愿大王之熟计之也。

"大王事秦，秦必求宜阳、成皋。今兹效之，明年又益求割地。与之，即无地以给之；不与，则弃前功而后更受其祸。且夫大王之地有尽，而秦之求无已。夫以有尽之地，而逆无已之求，此所谓市怨而买祸者也，不战而地已削矣！臣闻鄙语曰：'宁为鸡口，无为牛后。'今大王西面交臂而臣事秦，何以异于牛后乎？夫以大王之贤，挟强韩之兵，而有牛后之名，臣窃为大王羞之！"

韩王忿然作色，攘臂按剑，仰天太息曰："寡人虽死，必不能事秦！今主君以楚王之教诏之，敬奉社稷以从。"

张仪为秦连横说韩王曰

张仪为秦连横说韩王曰："韩地险恶，山居，五谷所生，非麦而豆；民之所食，大抵豆饭、藿羹；一岁不收，民不餍糟糠；地方不满九百里，无二岁之所食。料大王之卒，悉之不过三十万，而厮徒负养在其中矣。为除守徼亭鄣塞，见卒不过二十万而已矣。秦带甲百馀万，车千乘，骑万匹，虎挚之士，跿跔科头，贯颐奋戟者，至不可胜计也。秦马之良，戎兵之众，探前趹后，蹄间三寻者，不可称数也。山东之卒，被甲冒胄以会战，秦人捐甲徒裎以趋敌，左挈人头，右挟生虏。夫秦卒之与山东之卒也，犹孟贲之与怯夫也；以重力相压，犹乌获之与婴儿也。夫战孟贲、乌获之士，以攻不服之弱国，无以异于堕千钧之重集于鸟卵之上，必无幸矣！

"诸侯不料兵之弱、食之寡，而听从人之甘言好辞，比周以相饰也。皆言曰：'听吾计，则可以强霸天下。'夫不顾社稷之长利，而听须臾之说，诖误人主者，无过于此者矣。

"大王不事秦，秦下甲据宜阳，断绝韩之上地，东取成皋、宜阳，则鸿台之宫，桑林之菀，非王之有已！夫塞成皋，绝上地，则王之国分矣。先事秦则安矣，不事秦则危矣。夫造祸而求福，计浅而怨深，逆秦而顺楚，虽欲无亡，不可得也。故为大王计，莫如事秦。秦之所欲，莫如弱楚，而能弱楚者莫如韩。非以韩能强于楚也，其地势然也。今王西面而事秦以攻楚，为敝邑，秦王必喜。夫攻楚而私其地，转祸而说秦，计无便于此者也。是故秦王使使臣献书大王御史，须以决事。"

韩王曰："客幸而教之，请比郡县，筑帝宫，祠春秋，称东藩，效宜阳。”

宣王谓摎留

宣王谓摎留曰:“吾欲两用公仲、公叔,其可乎?”对曰:“不可!晋用六卿而国分,简公用田成、监止而简公弑,魏两用犀首、张仪而西河之外亡。今王两用之,其多力者内树其党,其寡力者籍外权。群臣或内树其党以擅其主,或外为交以裂其地,则王之国必危矣!”

张仪谓齐王

张仪谓齐王曰:“王不如资韩朋,与之逐张仪于魏。魏因相犀首,因以齐、魏废韩朋,而相公叔以伐秦。公仲闻之,必不入于齐。据公于魏,是公无患。”

楚昭献相韩

楚昭献相韩,秦且攻韩,韩废昭献。昭献令人谓公叔曰:“不如贵昭献以固楚,秦必曰:‘楚、韩合矣。’”

秦攻陉

秦攻陉,韩使人驰南阳之地。秦已驰,又攻陉,韩因割南阳之地。秦受地,又攻陉。陈轸谓秦王曰:“国形不便,故驰。交不亲,故割。今割矣而交不亲,驰矣而兵不止,臣恐山东之无以驰割事王者矣。且王求百金于三川而不可得,求千金于韩,一旦而具。今王攻韩,是绝上交而固私府也,窃为王弗取也。”

五国约而攻秦

五国约而攻秦,楚王为从长,不能伤秦,兵罢而留于成皋。魏顺谓市丘君曰:“五国罢,必攻市丘以偿兵费。君资臣,臣请为君止天下之攻市丘。”市丘君曰:“善。”因遣之。

魏顺南见楚王,曰:“王约五国而西伐秦,不能伤秦,天下且以是轻王而重秦。故王胡不卜交乎?”楚王曰:“奈何?”魏顺曰:“天下罢,必攻市丘以偿兵费,王令之勿攻市丘。五国重王,且听王之言而不攻市丘;不重王,且反王之言而攻市丘。然则王之轻重必明矣。”故楚王卜交而市丘存。

郑强载八百金入秦

郑强载八百金入秦,请以伐韩。泠向谓郑强曰:“公以八百金请伐人之与国,秦必不听公。公不如令秦王疑公叔。”郑强曰:“何如?”曰:“公叔之攻楚也,以几瑟之存焉,故言先楚也。今已令楚王奉几瑟以车百乘居阳翟,令昭献转而与之处,旬有馀,彼已觉。而几瑟,公叔之仇也;而昭献,公叔之人也。秦王闻之,必疑公叔为楚也。”

郑强之走张仪于秦

郑强之走张仪于秦,曰:“仪之使者,必之楚矣。”故谓大宰曰:“公留仪之使者,强请西图仪于秦。”故因而请秦王曰:“张仪使人致上庸之地,故使使臣再拜谒秦王。”秦王怒,张仪走。

宜阳之役

宜阳之役,杨达谓公孙显曰:“请为公以五万攻西周,得之,是以九鼎印甘茂也。不然,秦攻西周,天下恶之,其救韩必疾,则茂事败矣!”

秦围宜阳

秦围宜阳,游腾谓公仲曰:“公何不与赵蔺、离石、祁以质许地?则楼缓必败矣。收韩、赵之兵以临魏,楼鼻必败矣。韩、赵为一,魏必倍秦,甘茂必败矣。以成阳资翟强于齐,楚必败之。须,秦必败。秦失魏,宜阳必不拔矣。”

公仲以宜阳之故仇甘茂

公仲以宜阳之故仇甘茂。其后,秦归武遂于韩,已而,秦王固疑甘茂之以武遂解于公仲也。杜聊为公仲谓秦王曰:“明也愿因茂以事王。”秦王大怒于甘茂,故樗里疾大说杜聊。

秦韩战于浊泽

秦、韩战于浊泽,韩氏急。公仲明谓韩王曰:“与国不可恃。今秦之心欲伐楚,王不如因张仪为和于秦,赂之以一名都,与之伐楚。此以一易二之计也。”韩王曰:“善。”乃儆公仲之行,将西讲于秦。

楚王闻之,大恐,召陈轸而告之。陈轸曰:“秦之欲伐我久矣,今又得韩之名都一而具甲，秦、韩并兵南乡，此秦所以庙祠而求也！今已得之矣，楚国必伐矣。王听臣，为之儆四境之内选师，言救韩，令战车满道路；发信臣，多其车，重其币，使信王之救己也。纵韩为不能听我，韩必德王也，必不为雁行以来。是秦、韩不和，兵虽至，楚国不大病矣。为能听我绝和于秦，秦必大怒，以厚怨于韩。韩得楚救，必轻秦；轻秦，其应秦必不敬。是我困秦、韩之兵而免楚国之患也。”楚王大说，乃儆四境之内选师，言救韩，发信臣，多其车，重其币。谓韩王曰：“弊邑虽小，已悉起之矣。愿大国遂肆意于秦，弊邑将以楚殉韩！”

韩王大说，乃止公仲。公仲曰：“不可！夫以实告我者秦也，以虚名救我者楚也。恃楚之虚名，轻绝强秦之敌，必为天下笑矣！且楚、韩非兄弟之国也，又非素约而谋伐秦矣。秦欲伐楚，楚因以起师言救韩，此必陈轸之谋也。且王以使人报于秦矣，今弗行，是欺秦也。夫轻强秦之祸，而信楚之谋臣，王必悔之矣！”韩王弗听，遂绝和于秦。秦果大怒，兴师与韩氏战于岸门，楚救不至，韩氏大败。韩氏之兵非削弱也，民非蒙愚也，兵为秦禽，智为楚笑，过听于陈轸，失计于韩明也。

颜率见公仲

颜率见公仲，公仲不见。颜率谓公仲之谒者曰：“公仲必以率为阳也，故不见率也。公仲好内，率曰‘好士’；仲啬于财，率曰‘散施’；公仲无行，率曰‘好义’。自今以来，率且正言之而已矣。”公仲之谒者以告公仲，公仲遽起而见之。

韩公仲谓向寿曰

韩公仲谓向寿曰："禽困覆车。公破韩，辱公仲，公仲收国复事秦，自以为必可以封。今公与楚解，中封小令尹以桂阳。秦、楚合，复攻韩，韩必亡。公仲躬率其私徒以斗于秦，愿公之熟计之也。"向寿曰："吾合秦、楚，非以当韩也。子为我谒之。"

公仲曰："秦、韩之交可合也。"对曰："愿有复于公。谚曰：'贵其所以贵者贵。'今王之爱习公也，不如公孙郝；其知能公也，不如甘茂。今二人者皆不得亲于事矣，而公独与王主断于国者，彼有以失之也。公孙郝党于韩，而甘茂党于魏，故王不信也。今秦、楚争强，而公党于楚，是与公孙郝、甘茂同道也。公何以异之？人皆言楚之多变也，而公必之，是自为贵也。公不如与王谋其变也，善韩以备之，若此则无祸矣。韩氏先以国从公孙郝，而后委国于甘茂，是韩，公之仇也。今公言善韩以备楚，是外举不辟仇也。"

向寿曰："吾甚欲韩合。"对曰："甘茂许公仲以武遂，反宜阳之民。今公徒令收之，甚难。"向子曰："然则奈何？武遂终不可得已。"对曰："公何不以秦为韩求颍川于楚，此乃韩之寄地也。公求而得之，是令行于楚而以其地德韩也。公求而弗得，是韩、楚之怨不解而交走秦也。秦、楚争强，而公过楚以攻韩，此利于秦。"向子曰："奈何？"对曰："此善事也。甘茂欲以魏取齐，公孙郝欲以韩取齐，今公取宜阳以为功，收楚、韩以安之，而诛齐、魏之罪，是以公孙郝、甘茂之无事也。"

或谓公仲

或谓公仲曰："听者听国，非必听实也，故先王听谚言于市。愿公之听臣言也。公求中立于秦而弗能得也，善公孙郝以难甘茂，劝齐兵以劝止魏，楚、赵皆公之仇也。臣恐国之以此为患也，愿公之复求中立于秦也。”

公仲曰：“奈何？”对曰：“秦王以公孙郝为党于公而弗之听，甘茂不善于公而弗为公言，公何不因行愿以与秦王语？行愿之为秦王臣也公，臣请为公谓秦王曰：‘齐、魏合与离，于秦孰利？齐、魏别与合，于秦孰强？’秦王必曰：‘齐、魏离则秦重，合则秦轻；齐、魏别则秦强，合则秦弱。’臣即曰：‘今王听公孙郝，以韩、秦之兵应齐而攻魏，魏不敢战，归地而合于齐，是秦轻也，臣以公孙郝为不忠。今王听甘茂，以韩、秦之兵据魏而攻齐，齐不敢战，不求割地而合于魏，是秦轻也，臣以甘茂为不忠。故王不如令韩中立以攻齐，王言救魏以劲之，齐、魏不能相听，必离兵交。王欲，则信公孙郝于齐，为韩取南阳，易谷川以归，此惠王之愿也。王欲，则信甘茂于魏，以韩、秦之兵据魏以郄齐，此武王之愿也。臣以为令韩以中立以劲齐，最秦之大急也。公孙郝党于齐而不肯言，甘茂薄而不敢谒也。此二人，王之大患也。愿王之熟计之也。’”

韩公仲相

韩公仲相。齐、楚之交善。秦、魏遇，且以善齐而绝齐乎楚。王使景鲤之秦，鲤与于秦、魏之遇。

楚王怒景鲤，恐齐以楚遇为有阴于秦、魏也，且罪景鲤。为谓楚王曰：“臣贺鲤之与于遇也。秦、魏之遇也，将以合齐、秦而绝齐于楚也。今鲤与于遇，齐无以信魏之合己于秦而攻于楚也，齐又畏楚之有阴于秦、魏也，必重楚。故鲤之与于遇，王之大资也。今鲤不与于遇，魏之绝齐于楚明矣。齐、楚信之，必轻王。故王不如无罪景鲤，以视齐于有秦、魏，齐必重楚，而且疑秦、魏于齐。”

王曰:“诺。”因不罪而益其列。

王　　曰

王曰:“向也,子曰‘天下无道’,今也,子曰‘乃且攻燕’者,何也?”对曰:“今谓马多力则有矣,若曰胜千钧则不然者,何也?夫千钧,非马之任也。今谓楚强大则有矣,若夫越赵、魏而斗兵于燕,则岂楚之任也哉?且非楚之任而楚为之,是弊楚也。强楚,弊楚,其于王孰便也?”

或谓魏王

或谓魏王:“王儆四强之内,其从于王者,十日之内,备不具者死。王因取其游之舟上击之。臣为王之楚,王胥臣反,乃行。”春申君闻之,谓使者曰:“子为我反,无见王矣!十日之内,数万之众,今涉魏境。”

秦使闻之,以告秦王。秦王谓魏王曰:“大国有意必来,以是而足矣。”

观鞅谓春申曰

观鞅谓春申曰:“人皆以楚为强,而君用之弱。其于鞅也不然。先君者,二十馀年未尝见攻。今秦欲逾兵于渑隘之塞,不便;假道两周倍韩以攻楚,不可。今则不然,魏且旦暮亡矣,不能爱其许、鄢陵与梧,割以予秦,去百六十里。臣之所见者,秦、楚斗之日也已。”

公仲数不信于诸侯

公仲数不信于诸侯，诸侯锢之。南委国于楚，楚王弗听。苏代为谓楚王曰："不若听而备于其反也。明之反也，常仗赵而畔楚，仗齐而畔秦。今四国锢之而无所入矣，亦甚患之。此方其为尾生之时也。"

卷二十七　韩二

楚围雍氏五月

楚围雍氏五月。韩令使者求救于秦，冠盖相望也，秦师不下殽。韩又令尚靳使秦，谓秦王曰："韩之于秦也，居为隐蔽，出为雁行。今韩已病矣，秦师不下殽。臣闻之'唇揭者其齿寒'。愿大王之熟计之！"宣太后曰："使者来者众矣，独尚子之言是。"召尚子入。宣太后谓尚子曰："妾事先王也，先王以其髀加妾之身，妾困不支也；尽置其身妾之上，而妾弗重也。何也？以其少有利焉。今佐韩，兵不众，粮不多，则不足以救韩。夫救韩之危，日费千金，独不可使妾少有利焉！"

尚靳归书报韩王，韩王遣张翠。张翠称病，日行一县。张翠至，甘茂曰："韩急矣，先生病而来！"张翠曰："韩未急也，且急矣。"甘茂曰："秦重国知王也，韩之急缓莫不知。今先生言不急，可乎？"张翠曰："韩急则折而入于楚矣，臣安敢来？"甘茂曰："先生毋复言也！"

甘茂入，言秦王曰："公仲柄得秦师，故敢捍楚。今雍氏围而秦师不下殽，是无韩也。公仲且抑首而不朝，公叔且以国南合于楚。楚、韩为一，魏氏不敢不听，是楚以三国谋秦也。如此，则伐秦之形成矣。不识坐而待伐，孰与伐人之利？"

秦王曰："善。"果下师于殽以救韩。

楚围雍氏

楚围雍氏，韩令泠向借救于秦，秦为发使公孙昧入韩。

公仲曰：“子以秦为将救韩乎？其不乎？”对曰：“秦王之言曰，请道于南郑、蓝田以入攻楚，出兵于三川以待公。殆不合，军于南郑矣。”公仲曰：“奈何？”对曰：“秦王必祖张仪之故谋。楚威王攻梁，张仪谓秦王曰：‘与楚攻梁，魏折而入于楚，韩固其与国也，是秦孤也。故不如出兵以劲魏。’于是攻皮氏，魏氏劲，威王怒，楚与魏大战，秦取西河之外以归。今也，其将扬言救韩，而阴善楚，公恃秦而劲，必轻与楚战。楚阴得秦之不用也，必易与公相支也。公战胜楚，遂与公乘楚，易三川而归；公战不胜楚，塞三川而守之，公不能救也。臣甚恶其事。司马康三反之郢矣，甘茂与昭献遇于境，其言曰‘收玺’，其实犹有约也。”

公仲恐，曰：“然则奈何？”对曰：“公必先韩而后秦，先身而后张仪。公不如亟以国合于齐、楚，秦必委国于公以解伐。是公之所以外者仪而已，其实犹之不失秦也。”

公仲为韩魏易地

公仲为韩魏易地，公叔争之而不听，且亡。史惕谓公叔曰：“公亡，则易必可成矣。公无辞以复反，且示天下轻公。公不若顺之。夫韩地易于上，则害于赵；魏地易于下，则害于楚。公不如告楚、赵。楚、赵恶之。赵闻之，起兵临羊肠；楚闻之，发兵临方城，而易必败矣。”

锜宣之教韩王取秦

锜宣之教韩王取秦,曰:"为公叔具车百乘,言之楚易三川。因令公仲谓秦王曰:'三川之言曰:秦王必取我。韩王之心不可解矣。王何不试以襄子为质于韩,令韩王知王之不取三川也?'因以出襄子而德太子。"

襄陵之役

襄陵之役,毕长谓公叔曰:"请毋用兵,而楚、魏皆德公之国矣。夫楚欲置公子高,必以兵临魏,公何不令人说昭子曰:'战未必胜。请为子起兵以之魏。'子有辞以毋战,于是太子扁、昭阳、梁王皆德公矣。"

公叔使冯君于秦

公叔使冯君于秦,恐留,教阳向说秦王曰:"留冯君以善韩臣,非上知也。主君不如善冯君而资之以秦。冯君广王而不听公叔,以与太子争,则王泽布而害于韩矣。"

谓公叔曰

谓公叔曰:"公欲得武遂于秦,而不患楚之能扬河外也。公不如令人恐楚王,而令人为公求武遂于秦。谓楚王曰:'发重使为韩求武遂于秦。秦王听,是令得行于万乘之主也。韩得武遂以限秦,毋秦患而德楚。韩,楚之县而已。秦不听,是秦、韩之怨深而交事楚也。'"

谓公叔曰

谓公叔曰:"乘舟,舟漏而弗塞,则舟沉矣;塞漏舟,而轻阳侯之波,则舟覆矣。今公自以辩于薛公而轻秦,是塞漏舟而轻阳侯之波也。愿公之察也。"

齐令周最使郑

齐令周最使郑,立韩扰而废公叔。周最患之,曰:"公叔之与周君,交也。令我使郑立韩扰而废公叔。语曰:'怒于室者色于市。'今公叔怨齐,无奈何也。必绝周君而深怨我矣。"史舍曰:"公行矣!请令公叔必重公。"

周最行,至郑,公叔大怒。史舍入见,曰:"周最固不欲来使,臣窃强之。周最不欲来,以为公也;臣之强之也,亦以为公也。"公叔曰:"请闻其说。"对曰:"齐大夫诸子有犬,犬猛,不可叱,叱之必噬人。客有请叱之者,疾视而徐叱之,犬不动;复叱之,犬遂无噬人之心。今周最固得事足下,而以不得已之故来使,彼将礼陈其辞而缓其言。郑王必以齐王为不急,必不许也。今周最不来,他人必来。来使者无交于公,而欲德于韩扰,其使之必疾,言之必急,则郑王必许之矣。"

公叔曰:"善。"遂重周最。王果不许韩扰。

韩公叔与几瑟争国

韩公叔与几瑟争国。郑强为楚王使于韩，矫以新城、阳人命世子，以与公叔争国。楚怒，将罪之。

郑强曰："臣之矫与之，以为国也。臣曰：世子得新城、阳人以与公叔争国，而得全，魏必急韩氏。韩氏急，必县命于楚，又何新城、阳人敢索？若战而不胜，走而不死，今且以至，又安敢言地？"

楚王曰："善。"乃弗罪。

韩公叔与几瑟争国

韩公叔与几瑟争国，中庶子强谓太子曰："不若及齐师未入，急击公叔。"太子曰："不可！战之于国中，必分。"对曰："事不成，身必危，尚何足以图国之全为？"太子弗听。齐师果入，太子出走。

齐明谓公叔

齐明谓公叔曰："齐逐几瑟，楚善之。今楚欲善齐甚，公何不令齐王谓楚王：'王为我逐几瑟以穷之。'楚听，是齐、楚合而几瑟走也；楚王不听，是有阴于韩也。"

公叔将杀几瑟也

公叔将杀几瑟也，谓公叔曰："太子之重公也，畏几瑟也。今几瑟死，太子无患，必轻公。韩大夫见王老，冀太子之用事也，固欲事之。太子外无几瑟之患，而内收诸大夫以自辅也，公必轻矣。不如无杀几瑟以恐太子，太子必终身重公矣。”

公叔且杀几瑟也

公叔且杀几瑟也，宋赫为谓公叔曰：“几瑟之能为乱也，内得父兄而外得秦、楚也。今公杀之，太子无患，必轻公。韩大夫知王之老而太子定，必阴事之。秦、楚若无韩，必阴事伯婴。伯婴亦几瑟也！公不如勿杀。伯婴恐，必保于公。韩大夫不能必其不入也，必不敢辅伯婴以为乱。秦、楚挟几瑟以塞伯婴，伯婴外无秦、楚之权，内无父兄之众，必不能为乱矣。此便于公。”

谓新城君曰

谓新城君曰：“公叔、伯婴恐秦、楚之内几瑟也，公何不为韩求质子于楚？楚王听而入质子于韩，则公叔、伯婴必知秦、楚之不以几瑟为事也，必以韩合于秦、楚矣。秦、楚挟韩以窘魏，魏氏不敢东，是齐孤也。公又令秦求质子于楚。楚不听，则怨结于韩，韩挟齐、魏以眄楚，楚王必重公矣。公挟秦、楚之重，以积德于韩，则公叔、伯婴必以国事公矣。”

胡衍之出几瑟于楚也

胡衍之出几瑟于楚也，教公仲谓魏王曰：“太子在楚，韩不敢离楚也。公何不试奉公子咎而为之请太子？因令人谓楚王曰：‘韩立公子咎而弃几瑟，是王抱虚质也！王不如亟归几瑟。几瑟入，必以韩权报仇于魏而德王矣。'"

几瑟亡之楚

几瑟亡之楚,楚将收秦而复之。谓芈戎曰:"废公叔而相几瑟者,楚也。今几瑟亡之楚,楚又收秦而复之。几瑟入郑之日,韩,楚之县已!公不如令秦王贺伯婴之立也。韩绝于楚,其事秦必疾。秦挟韩亲魏,齐、楚后至者先亡。此王业也。"

泠向谓韩咎曰

泠向谓韩咎曰:"几瑟亡在楚,楚王欲复之甚,令楚兵十馀万在方城之外。臣请令楚筑万家之都于雍氏之旁,韩必起兵以禁之,公必将矣。公因以楚、韩之兵奉几瑟而内之郑。几瑟得入而德公,必以韩、楚奉公矣。"

楚令景鲤入韩

楚令景鲤入韩,韩且内伯婴于秦,景鲤患之。泠向谓伯婴曰:"太子入秦,秦必留太子而合楚,以复几瑟也,是太子反弃之。"

韩咎立为君而未定也

韩咎立为君而未定也。其弟在周,周欲以车百乘重而送之,恐韩咎入韩之不立也。綦毋恢曰:"不如以百金从之。韩咎立,因曰以为戒;不立,则曰来效贼也。"

史疾为韩使楚

史疾为韩使楚，楚王问曰："客何方所循？"曰："治列子圄寇之言。"曰："何贵？"曰："贵正。"王曰："正亦可为国乎？"曰："可。"王曰："楚国多盗，正可以圉盗乎？"曰："可。"曰："以正圉盗，奈何？"

顷间，有鹊止于屋上者，曰："请问楚人谓此鸟何？"王曰："谓之鹊。"曰："谓之乌可乎？"曰："不可。"曰："今王之国，有柱国、令尹、司马、典令，其任官置吏，必曰廉洁胜任。今盗贼公行而弗能禁也，此乌不为乌，鹊不为鹊也！"

韩傀相韩

韩傀相韩，严遂重于君，二人相害也。严遂政议直指，举韩傀之过。韩傀以之叱之于朝。严遂拔剑趋之，以救解。于是严遂惧诛，亡去，游，求人可以报韩傀者。

至齐，齐人或言："轵深井里聂政，勇敢士也。避仇，隐于屠者之间。"严遂阴交于聂政，以意厚之。聂政问曰："子欲安用我乎？"严遂曰："吾得为役之日浅，事今薄，奚敢有请？"于是严遂乃具酒，觞聂政母前。仲子奉黄金百镒，前为聂政母寿。聂政惊，愈怪其厚，固谢严仲子。仲子固进，而聂政谢曰："臣有老母，家贫，客游以为狗屠，可旦夕得甘脆以养亲。亲供养备，义不敢当仲子之赐。"严仲子辟人，因为聂政语曰："臣有仇，而行游诸侯众矣。然至齐，闻足下义甚高，故直进百金者，特以为夫人粗粝之费，以交足下之欢，岂敢以有求邪？"聂政曰："臣所以降志辱身居市井者，徒幸而养老母。老母在，政身未敢以许人也。"严仲子固让，聂政竟不肯受。然仲子卒备宾主之礼而去。

久之，聂政母死，既葬，除服。聂政曰："嗟乎！政乃市井之人，鼓刀以屠，而严仲子乃诸侯之卿相也，不远千里，枉车骑而交臣。臣之所以待之至浅鲜矣，未有大功可以称者，而严仲子举百金为亲寿。我虽不受，然是深知政也！夫贤者以感忿睚眦之意，而亲信穷僻之人，而政独安可嘿然而止乎，且前日要政，政徒以老母，老母今以天年终，政将为知己者用。"遂西至濮阳见严仲子，曰："前所以不许仲子者，徒以亲在。今亲不幸，仲子所欲报仇者为谁?"严仲子具告，曰："臣之仇，韩相傀，傀又韩君之季父也。宗族盛，兵卫设，臣使人刺之，终莫能就。今足下幸而不弃，请益具车骑壮士，以为羽翼。"政曰："韩与卫中间不远，今杀人之相，相又国君之亲，此其势不可以多人。多人不能无生得失，生得失则语泄，语泄则韩举国而与仲子为仇也。岂不殆哉！"遂谢车骑人徒，辞，独行仗剑至韩。

韩适有东孟之会，韩王及相皆在焉，持兵戟而卫者甚众。聂政直入，上阶刺韩傀。韩傀走而抱哀侯，聂政刺之，兼中哀侯，左右大乱。聂政大呼，所杀者数十人。因自皮面抉眼，自屠出肠，遂以死。韩取聂政尸暴于市，县购之千金。久之，莫知谁子。

政姊闻之，曰："弟至贤，不可爱妾之躯，灭吾弟之名。非弟意也。"乃之韩，视之，曰："勇哉，气矜之隆！是其轶贲、育而高成荆矣！今死而无名，父母既殁矣，兄弟无有，此为我故也。夫爱身不扬弟之名，吾不忍也！"乃抱尸而哭之，曰："此吾弟轵深井里聂政也！"亦自杀于尸下。

晋、楚、齐、卫闻之，曰："非独政之能，乃其姊者亦列女也！"聂政之所以名施于后世者，其姊不避菹醢之诛，以扬其名也。

卷二十八　韩三

或谓韩公仲曰

或谓韩公仲曰："夫孪子之相似者，唯其母知之而已；利害之相似者，唯智者知之而已。今公国，其利害之相似，正如孪子之相似也。得以其道为之，则主尊而身安；不得其道，则主卑而身危。今秦、魏之和成，而非公适束之，则韩必谋矣。若韩随魏以善秦，是为魏从也，则韩轻矣，主卑矣。秦已善韩，必将欲置其所爱信者，令用事于韩以完之，是公危矣。今公与安成君为秦、魏之和，成固为福，不成亦为福。秦、魏之和成，而公适束之，是韩为秦、魏之门户也，是韩重而主尊矣。安成君东重于魏，而西贵于秦，操右契而为公责德于秦、魏之主，裂地而为诸侯，公之事也。若夫安韩、魏而终身相，公之下服，此主尊而身安矣。秦、魏不终相听者也。齐怒于不得魏，必欲善韩以塞魏；魏不听秦，必务善韩以备秦。是公择布而割也。秦、魏和，则两国德公；不和，则两国争事公。所谓成为福，不成亦为福者也。愿公之无疑也！"

或谓公仲曰

或谓公仲曰："今有一举而可以忠于主，便于国，利于身，愿公之行之也。今天下散而事秦，则韩最轻矣；天下合而离秦，则韩最弱矣；合离之相续，则韩最先危矣。此君国长民之大患也！今公以韩先合于秦，天下随之，是韩以天下事秦，秦之德韩也厚矣。韩与天下朝秦,而独厚取德焉。公行之计,是其于主也至忠矣。天下不合秦,秦令而不听,秦必起兵以诛不服。秦久与天下结怨构难而兵不决,韩息士民以待其亹。公行之计,是其于国也大便也。昔者,周佼以西周善于秦,而封于梗阳;周启以东周善于秦,而封于平原;今公以韩善秦,韩之重于两周也无计,而秦之争机也万于周之时。今公以韩为天下先合于秦,秦必以公为诸侯,以明示天下。公行之计,是其于身大利也。愿公之加务也!"

韩人攻宋

韩人攻宋,秦王大怒,曰:"吾爱宋,与新城、阳晋同也。韩珉与我交,而攻我甚所爱,何也?"苏秦为韩说秦王曰:"韩珉之攻宋,所以为王也。以韩之强,辅之以宋,楚、魏必恐,恐,必西面事秦。王不折一兵,不杀一人,无事而割安邑,此韩珉之所以祷于秦也。"

秦王曰:"吾固患韩之难知,一从一横,此其说何也?"对曰:"天下固令韩可知也。韩故已攻宋矣,其西事秦,以万乘自辅;不西事秦,则宋地不安矣。中国白头游敖之士,皆积智欲离秦、韩之交。伏轼结靷西驰者,未有一人言善韩者也;伏轼结靷东驰者,未有一人言善秦者也。皆不欲韩、秦之合者,何也? 则晋、楚智而韩、秦愚也。晋、楚合,必伺韩、秦;韩、秦合,必图晋、楚。请以决事。"秦王曰:"善。"

或谓韩王曰

或谓韩王曰:"秦王欲出事于梁,而欲攻绛、安邑,韩计将安出矣? 秦之欲伐韩,以东窥周室,甚唯寐忘之。今韩不察,因欲与秦,必为山东大祸矣！秦之欲攻梁也，欲得梁以临韩，恐梁之不听也，故欲病之以固交也。王不察，因欲中立，梁必怒于韩之不与己，必折为秦用，韩必举矣。愿王熟虑之也！不如急发重使之赵、梁，约复为兄弟，使山东皆以锐师戍韩、梁之西边。非为此也，山东无以救亡，此万世之计也。秦之欲并天下而王之也，不与古同。事之虽如子之事父，犹将亡之也。行虽如伯夷，犹将亡之也。行虽如桀、纣，犹将亡之也。虽善事之，无益也，不可以为存，适足以自令亟亡也。然则山东非能从亲，合而相坚如一者，必皆亡矣！"

谓郑王曰

谓郑王曰："昭釐侯，一世之明君也；申不害，一世之贤士也；韩与魏，敌侔之国也。申不害与昭釐侯执珪而见梁君，非好卑而恶尊也，非虑过而议失也。申不害之计事，曰：'我执珪于魏，魏君必得志于韩，必外靡于天下矣，是魏弊矣。诸侯恶魏必事韩，是我免于一人之下，而信于万人之上也。夫弱魏之兵而重韩之权，莫如朝魏。'昭釐侯听而行之，明君也；申不害虑事而言之，忠臣也。今之韩弱于始之韩，而今之秦强于始之秦。今秦有梁君之心矣，而王与诸臣不事为尊秦以定韩者，臣窃以为王之明为不如昭釐侯，而王之诸臣忠莫如申不害也！

"昔者，秦穆公一胜于韩原而霸西州，晋文公一胜于城濮而定天下，此以一胜立尊令，成功名于天下。今秦数世强矣，大胜以十数，小胜以百数，大之不王，小之不霸，名尊无所立，制令无所行。然而《春秋》用兵者，非以求主尊成名于天下也。昔先王之攻，有为名者，有为实者。为名者攻其心，为实者攻其形。昔者，吴与越战，越人大败，保于会稽之上。吴人入越而户抚之。越王使大夫种行成于吴，请男为臣，女为妾，身执禽而随诸御。吴人果听其辞，与成而不盟。

此攻其心者也。其后越与吴战,吴人大败,亦请男为臣,女为妾,反以越事吴之礼事越。越人不听也,遂残吴国而禽夫差。此攻其形者也。今将攻其心乎?宜使如吴;攻其形乎?宜使如越。夫攻形不如越,而攻心不如吴,而君臣上下、少长贵贱毕呼霸王,臣窃以为犹之井中而谓曰:'我将为尔求火也。'

"东孟之会,聂政、阳坚刺相兼君。许异蹴哀侯而殪之,立以为郑君。韩氏之众无不听令者,则许异为之先也。是故哀侯为君,而许异终身相焉。而韩氏之尊许异也,犹其尊哀侯也。今日郑君不可得而为也,虽终身相之焉,然而吾弗为云者,岂不为过谋哉?昔齐桓公九合诸侯,未尝不以周襄王之命。然则虽尊襄王,桓公亦定霸矣。九合之尊桓公也,犹其尊襄王也。今日天子不可得而为也,虽为桓公,吾弗为云者,岂不为过谋而不知尊哉!韩氏之士数十万,皆戴哀侯以为君,而许异独取相焉者,无他;诸侯之君无不任事于周室也,而桓公独取霸者,亦无他也。今强国将有帝王之亹,而以国先者,此桓公、许异之类也,岂可不谓善谋哉?夫先与强国之利,强国能王,则我必为之霸;强国不能王,则可以辟其兵,使之无伐我。然则强国事成,则我立帝而霸;强国之事不成,犹之厚德我也。今与强国,强国之事成则有福,不成则无患。然则先与强国者,圣人之计也。"

韩阳役于三川而欲归

韩阳役于三川而欲归,足强为之说韩王曰:"三川服矣,王亦知之乎?役且共贵公子。"王于是召诸公子役于三川者而归之。

秦大国也

秦大国也;韩,小国也。韩甚疏秦,然而见亲秦,计之,非金无以也,故卖美人。美人之贾贵,诸侯不能买,故秦买之三千金。韩因以其金事秦,秦反得其金与韩之美人。韩之美人因言于秦曰:“韩甚疏秦。”

从是观之,韩亡美人与金,其疏秦乃始益明。故客有说韩者曰:“不如止淫用,以是为金以事秦,是金必行而韩之疏秦不明。美人知内行者也,故善为计者,不见内行。”

张丑之合齐楚讲于魏也

张丑之合齐楚讲于魏也,谓韩公仲曰:“今公疾攻魏之运,魏急,则必以地和于齐、楚,故公不如勿攻也。魏缓,则必战。战胜,攻运而取之易矣;战不胜,则魏且内之。”公仲曰:“诺。”张丑因谓齐、楚曰:“韩已与魏矣!以为不然,则盖观公仲之攻也?”公仲不攻,齐、楚恐,因讲于魏而不告韩。

或谓韩相国曰

或谓韩相国曰:“人之所以善扁鹊者,为有臃肿也。使善扁鹊而无臃肿也,则人莫之为之也。今君以所事善平原君者,为恶于秦也。而善平原君,乃所以恶于秦也。愿君之熟计之也!”

公仲使韩珉之秦求武隧

公仲使韩珉之秦求武隧,而恐楚之怒也。唐客谓公仲曰:“韩之事秦也,且以求武隧也,非弊邑之所憎也。韩已得武隧,其形乃可以善楚。臣愿有言,而不敢为楚计。今韩之父兄得众者毋相。韩不能独立，势必不善楚。王曰：‘吾欲以国辅韩珉而相之，可乎？’父兄恶珉，珉必以国保楚。”公仲说，士唐客于诸公，而使之主韩、楚之事。

韩相公仲珉使韩侈之秦

韩相公仲珉使韩侈之秦，请攻魏，秦王说之。

韩侈在唐，公仲死。韩侈谓秦王曰：“魏之使者谓后相韩辰曰：‘公必为魏罪韩侈。’韩辰曰：‘不可。秦王仕之，又与约事。’使者曰：‘秦之仕韩侈也，以重公仲也。今公仲死，韩侈之秦，秦必弗入。入，又奚为挟之以恨魏王乎？’韩辰患之，将听之矣。今王不召韩侈，韩侈且伏于山中矣！”

秦王曰：“何意寡人如是之权也！令安伏？”召韩侈而仕之。

客卿为韩谓秦王曰

客卿为韩谓秦王曰：“韩珉之议，知其君不知异君，知其国不知异国。彼公仲者，秦势能诎之。秦之强，首之者，珉为疾矣。进齐、宋之兵，至首坦，远薄梁郭。所以不及魏者，以为成而过南阳之道，欲以四国西首也。所以不者，皆曰燕亡于齐，魏亡于秦，陈、蔡亡于楚。此皆绝地形，群臣比周以蔽其上，大臣为诸侯轻国也。今王位正，张仪之贵，不得议公孙郝，是从臣不事大臣也；公孙郝之贵，不得议甘茂，则大臣不得事近臣矣。贵贱不相事，各得其位，辐凑以事其上，则群臣之贤不肖可得而知也。王之明一也。公孙郝尝疾齐、韩而不加贵，则为大臣不敢为诸侯轻国矣。齐、韩尝因公孙郝而不受，则诸侯不敢因群臣以为能矣。外内不相为，则诸侯之情伪可得而知也。王之明二也。公孙郝、樗里疾请无攻韩，陈而辟去，王犹攻之也;甘茂约楚、赵而反敬魏,是其讲我,茂且攻宜阳,王犹校之也。群臣之知,无几于王之明者。臣故愿公仲之国以侍于王,而无自左右也!"

韩珉相齐

韩珉相齐,令吏逐公畴竖,大怒于周之留成阳君也。谓韩珉曰:"公以二人者为贤人也,所入之国,因用之乎?则不如其处小国。何也?成阳君为秦去韩,公畴竖,楚王善之。今公因逐之,二人者必入秦、楚,必为公患,且明公之不善于天下。天下之不善公者与欲有求于齐者,且收之,以临齐而市公。"

或谓山阳君曰

或谓山阳君曰:"秦封君以山阳,齐封君以莒。齐、秦非重韩,则贤君之行也。今楚攻齐取莒,上不交齐,次弗纳于君,是棘齐、秦之威而轻韩也。"山阳君因使之楚。

赵魏攻华阳

赵魏攻华阳,韩谒急于秦,冠盖相望,秦不救。韩相国谓田苓曰:"事急!愿公虽疾,为一宿之行。"

田苓见穰侯,穰侯曰:"韩急乎?何故使公来?"田苓对曰:"未急也。"穰侯怒曰:"是何以为公之王使乎?冠盖相望,告弊邑甚急。公曰未急,何也?"田苓曰:"彼韩急,则将变矣。"穰侯曰:"公无见王矣!臣请令发兵救韩。"

八日中,大败赵、魏于华阳之下。

秦招楚而伐齐

秦招楚而伐齐。冷向谓陈轸曰:“秦王必外向。楚之齐者,知西不合于秦,必且务以楚合于齐。齐、楚合,燕、赵不敢不听。齐以四国敌秦,是齐不穷也。向曰:‘秦王诚必欲伐齐乎?不如先收于楚之齐者。楚之齐者先务以楚合于齐,则楚必即秦矣。以强秦而有晋、楚,则燕、赵不敢不听,是齐孤矣!’向请为公说秦王。”

韩氏逐向晋于周

韩氏逐向晋于周,周成恢为之谓魏王曰:“周必宽而反之,王何不为之先言?是王有向晋于周也。”魏王曰:“诺。”

成恢因为谓韩王曰:“逐向晋者韩也,而还之者魏也,岂如道韩反之哉!是魏有向晋于周,而韩王失之也。”韩王曰:“善。”亦因请复之。

张登请费緤曰

张登请费緤曰:“请令公子年谓韩王曰:‘费緤,西周仇之,东周宝之。此其家万金,王何不召之,以为三川之守?是緤以三川与西周戒也,必尽其家以事王。西周恶之,必效先王之器以止王。’韩王必为之。西周闻之,必解子之罪以止子之事。”

安邑之御史死

安邑之御史死，其次恐不得也。输人为之谓安邑令曰："公孙綦为人请御史于王，王曰：'彼固有次乎！吾难败其法。'"因遽置之。

魏王为九里之盟

魏王为九里之盟，且复天子。房喜谓韩王曰："勿听之也！大国恶有天子，而小国利之。王与大国弗听，魏安能与小国立之？"

建信君轻韩熙

建信君轻韩熙，赵敖为谓建信侯曰："国形有之而存，无之而亡者，魏也。不可无而从者，韩也。今君之轻韩熙者，交善楚、魏也。秦见君之交反善于楚、魏也，其收韩必重矣。从则韩轻，横则韩重，则无从轻矣。秦出兵于三川，则南围鄢，蔡、邵之道不通矣。魏急，其救赵必缓矣。秦举兵破邯郸，赵必亡矣。故君收韩，可以无亹。"

段产谓新城君曰

段产谓新城君曰："夫宵行者能无为奸，而不能令狗无吠己。今臣处郎中，能无议君于王，而不能令人毋议臣于君。愿君察之也！"

段干越人谓新城君曰

段干越人谓新城君曰:“王良之弟子驾,云‘取千里’。遇造父之弟子,造父之弟子曰:‘马不千里。’王良弟子曰:‘马,千里之马也;服,千里之服也。而不能取千里,何也?’曰:‘子纆牵长。故纆牵于事,万分之一也,而难千里之行。’今臣虽不肖,于秦亦万分之一也,而相国见臣不释塞者,是纆牵长也。”

卷二十九　燕一

苏秦将为从

苏秦将为从，北说燕文侯曰："燕东有朝鲜、辽东，北有林胡、楼烦，西有云中、九原，南有呼沱、易水。地方二千馀里，带甲数十万，车七百乘，骑六千，粟支十年。南有碣石、雁门之饶，北有枣栗之利，民虽不由田作，枣栗之实，足食于民矣。此所谓天府也！

"夫安乐无事，不见覆军杀将之忧，无过燕矣。大王知其所以然乎？夫燕之所以不犯寇被兵者，以赵之为蔽于南也。秦、赵五战，秦再胜而赵三胜，秦、赵相弊，而王以全燕制其后，此燕之所以不犯难也。且夫秦之攻燕也，逾云中、九原，过代、上谷，弥地踵道数千里，虽得燕城，秦计固不能守也，秦之不能害燕亦明矣！今赵之攻燕也，发兴号令，不至十日而数十万之众军于东垣矣。度呼沱，涉易水，不至四五日距国都矣。故曰：秦之攻燕也，战于千里之外；赵之攻燕也，战于百里之内。夫不忧百里之患，而重千里之外，计无过于此者。是故，愿大王与赵从亲，天下为一，则国必无患矣！"

燕王曰："寡人国小，西迫强秦，南近齐、赵。齐、赵，强国也。今主君幸教诏之，合从以安燕，敬以国从！"于是赍苏秦车马金帛以至赵。

奉阳君李兑甚不取于苏秦

奉阳君李兑甚不取于苏秦。苏秦在燕，李兑因为苏秦谓奉阳君曰："齐、燕离，则赵重；齐、燕合，则赵轻。今君之齐，非赵之利也。臣窃为君不取也！"

奉阳君曰："何吾合燕于齐？"对曰："夫制于燕者，苏子也。而燕，弱国也，东不如齐，西不如赵，岂能东无齐、西无赵哉？而君甚不善苏秦，苏秦能抱弱燕而孤于天下哉？是驱燕而使合于齐也。且燕，亡国之馀也，其以权立，以重外，以事贵。故为君计，善苏秦则取，不善亦取之，以疑燕、齐。燕、齐疑，则赵重矣。齐王疑苏秦，则君多资。"

奉阳君曰："善。"乃使使与苏秦结交。

权之难

权之难，燕再战不胜，赵弗救。哙子谓文公曰："不如以地请合于齐，赵必救我。若不吾救，不得不事。"文公曰："善。"令郭任以地请讲于齐。赵闻之，遂出兵救燕。

燕文公时

燕文公时，秦惠王以其女为燕太子妇。文公卒，易王立，齐宣王因燕丧攻之，取十城。武安君苏秦为燕说齐王，再拜而贺，因仰而吊。齐王按戈而却曰："此一何庆吊相随之速也？"对曰："人之饥所以不食乌喙者，以为虽偷充腹，而与死同患也。今燕虽弱小，强秦之少婿也。王利其十城，而深与强秦为仇。今使弱燕为雁行，而强秦制其后，以招天下之精兵，此食乌喙之类也！"

齐王曰："然则奈何？"对曰："圣人之制事也，转祸而为福，因败而为功。故桓公负妇人而名益尊，韩献开罪而交愈固。此皆转祸而为福,因败而为功者也。王能听臣,莫如归燕之十城,卑辞以谢秦。秦知王以己之故归燕城也,秦必德王;燕无故而得十城,燕亦德王。是弃强仇而立厚交也。且夫燕、秦之俱事齐,则大王号令,天下皆从,是王以虚辞附秦,而以十城取天下也。此霸王之业矣!所谓转祸为福、因败成功者也。"

齐王大说,乃归燕城,以金千斤谢其后,顿首途中,愿为兄弟,而请罪于秦。

人有恶苏秦于燕王者

人有恶苏秦于燕王者,曰:"武安君,天下不信人也。王以万乘下之,尊之于廷,示天下与小人群也!"

武安君从齐来,而燕王不馆也。谓燕王曰:"臣,东周之鄙人也,见足下,身无咫尺之功,而足下迎臣于郊,显臣于廷。今臣为足下使,利得十城,功存危燕,足下不听臣者,人必有言臣不信,伤臣于王者。臣之不信,是足下之福也。使臣信如尾生,廉如伯夷,孝如曾参——三者天下之高行——而以事足下,不可乎?"燕王曰:"可。"曰:"有此,臣亦不事足下矣。"苏秦曰:"且夫孝如曾参,义不离亲一夕宿于外,足下安得使之之齐?廉如伯夷,不取素飡,污武王之义而不臣焉,辞孤竹之君,饿而死于首阳之山。廉如此者,何肯步行数千里而事弱燕之危主乎?信如尾生,期而不来,抱梁柱而死。信至如此,何肯扬燕、秦之威于齐,而取大功乎哉?且夫信行者,所以自为也,非所以为人也。皆自覆之术,非进取之道也。且夫三王代兴,五霸迭盛,皆不自覆也。君以自覆为可乎?则齐不益于营丘,足下不逾楚境,不窥于边城之外。且臣有老母于周,离老母而事足下,去自覆之术而谋进取之道,臣之趣固不与足下合者。足下皆自覆之君也,仆者进取之臣也,所谓以忠信得罪于君者也!"

燕王曰:“夫忠信又何罪之有也?”对曰:“足下不知也!臣邻家有远为吏者,其妻私人。其夫且归,其私之者忧之。其妻曰:‘公勿忧也,吾已为药酒以待之矣。’后二日,夫至,妻使妾奉卮酒进之。妾知其药酒也,进之则杀主父,言之则逐主母,乃阳僵弃酒。主父大怒而笞之。故妾一僵而弃酒,上以活主父,下以存主母也。忠至如此,然不免于笞。此以忠信得罪者也!臣之事,适不幸而有类妾之弃酒也。且臣之事足下,亢义益国,今乃得罪,臣恐天下后事足下者,莫敢自必也!且臣之说齐,曾不欺之也。使之说齐者莫如臣之言也,虽尧、舜之智,不敢取也!”

张仪为秦破从连横

张仪为秦破从连横,谓燕王曰:“大王之所亲,莫如赵。昔赵王以其姊为代王妻,欲并代,约与代王遇于句注之塞。乃令工人作为金斗,长其尾,令之可以击人。与代王饮,而阴告厨人曰:‘即酒酣乐,进热歠,即因反斗击之。’于是酒酣乐,进取热歠,厨人进斟羹,因反斗而击之,代王脑涂地。其姊闻之,摩笄以自刺也。故至今有摩笄之山,天下莫不闻。

“夫赵王之狼戾无亲,大王之所明见知也,且以赵王为可亲邪?赵兴兵而攻燕,再围燕都而劫大王,大王割十城乃却以谢。今赵王已入朝渑池,效河间以事秦。大王不事秦,秦下甲云中、九原,驱赵而攻燕,则易水、长城非王之有也。且今时赵之于秦,犹郡县也,不敢妄兴师以征伐。今大王事秦,秦王必喜,而赵不敢妄动矣。是西有强秦之援,而南无齐、赵之患。是故愿大王之熟计之也!”

燕王曰:“寡人蛮夷辟处,虽大男子,裁如婴儿,言不足以求正,谋不足以决事。今大客幸而教之,请奉社稷西面而事秦,献常山之尾五城。”

宫他为燕使魏

宫他为燕使魏，魏不听，留之数月。客谓魏王曰："不听燕使，何也？"曰："以其乱也。"对曰："汤之伐桀，欲其乱也。故大乱者可得其地，小乱者可得其宝。今燕客之言曰：'事苟可听，虽尽宝、地，犹为之也。'王何为不见？"魏王说，因见燕客而遣之。

苏　秦　死

苏秦死，其弟苏代欲继之，乃北见燕王哙曰："臣，东周之鄙人也。窃闻王义甚高甚顺，鄙人不敏，窃释锄耨而干大王。至于邯郸，所闻于邯郸者又高于所闻东周。臣窃负其志，乃至燕廷，观王之群臣下吏，大王天下之明主也！"王曰："子之所谓天下之明主者，何如者也？"对曰："臣闻之，明主者，务闻其过，不欲闻其善。臣请谒王之过。夫齐、赵者，王之仇雠也；楚、魏者，王之援国也。今王奉仇雠以伐援国，非所以利燕也。王自虑此，则计过；无以谏者，非忠臣也。"

王曰："寡人之于齐、赵也，非所敢欲伐也。"曰："夫无谋人之心而令人疑之，殆；有谋人之心而令人知之，拙；谋未发而闻于外，则危。今臣闻王居处不安，食饮不甘，思念报齐，身自削甲扎，曰：'有大数矣！'妻自组甲绯，曰：'有大数矣！'有之乎？"王曰："子闻之，寡人不敢隐也。我有深怨积怒于齐，而欲报之二年矣。齐者，我仇国也，故寡人之所欲伐也。直患国弊力不足矣！子能以燕敌齐，则寡人奉国而委之于子矣。"对曰："凡天下之战国七，而燕处弱焉。独战则不能，有所附则无不重。南附楚，则楚重；西附秦，则秦重；中附韩、魏，则韩、魏重。且苟所附之国重，此必使王重矣。今夫齐王，长主也，而自用也。南攻楚五年，稸积散；西困秦三年，民憔瘁，士罢弊；北与燕战，覆三军，获二将；而又以其馀兵南面，而举五千乘之劲宋，而包十二诸侯。此其君之欲得也，其民力竭也，安犹取哉？且臣闻之，数战则民劳，久师则兵弊。”

王曰：“吾闻齐有清济、浊河，可以为固；有长城、钜防，足以为塞。诚有之乎？”对曰：“天时不与，虽有清济、浊河，何足以为固？民力穷弊，虽有长城、钜防，何足以为塞？且异日也，济西不役，所以备赵也；河北不师，所以备燕也。今济西、河北尽以役矣，封内弊矣。夫骄主必不好计，而亡国之臣贪于财。王诚能毋爱宠子、母弟以为质，宝珠玉帛以事其左右，彼且德燕而轻亡宋，则齐可亡已！”王曰：“吾终以子受命于天矣！”曰：“内寇不与，外敌不可距。王自治其外，臣自报其内，此乃亡之之势也！”

燕王哙既立

燕王哙既立，苏秦死于齐。苏秦之在燕也，与其相子之为婚，而苏代与子之交。及苏秦死，而齐宣王复用苏代。

燕哙三年，与楚、三晋攻秦，不胜而还。子之相燕，贵重主断。苏代为齐使于燕，燕王问之曰：“齐宣王何如？”对曰：“必不霸。”燕王曰：“何也？”对曰：“不信其臣。”苏代欲以激燕王以厚任子之也。于是燕王大信子之。子之因遗苏代百金，听其所使。鹿毛寿谓燕王曰：“不如以国让子之。人谓尧贤者，以其让天下于许由，由必不受，有让天下之名，实不失天下。今王以国让相子之，子之必不敢受，是王与尧同行也。”燕王因举国属子之，子之大重。或曰：“禹授益，而以启为吏，及老，而以启为不足任天下，传之益也。启与支党攻益而夺之天下。是禹名传天下于益，其实令启自取之。今王言属国子之，而吏无非太子人者，是名属子之，而太子用事。”王因收印自三百石吏而效之子之。子之南面行王事,而哙老不听政,顾为臣,国事皆决子之。

子之三年,燕国大乱,百姓恫怨。将军市被、太子平谋,将攻子之。储子谓齐宣王:"因而仆之,破燕必矣!"王因令人谓太子平曰:"寡人闻太子之义,将废私而立公,饬君臣之义,正父子之位。寡人之国小,不足先后,虽然,则唯太子所以令之。"太子因数党聚众,将军市被围公宫,攻子之,不克。将军市被及百姓乃反攻太子平,将军市被死已殉。

国构难数月,死者数万众,燕人恫怨,百姓离意。孟轲谓齐宣王曰:"今伐燕,此文、武之时,不可失也。"王因令章子将五都之兵,以因北地之众以伐燕。士卒不战,城门不闭,燕王哙死,齐大胜燕,子之亡。

二年,燕人立公子平,是为燕昭王。

初苏秦弟厉因燕质子而求见齐王

初苏秦弟厉因燕质子而求见齐王。齐王怨苏秦,欲囚厉。燕质子为谢,乃已,遂委质为臣。燕相子之与苏代婚,而欲得燕权,乃使苏代持质子于齐。齐使代报燕,燕王哙问曰:"齐王其伯也乎?"曰:"不能。"曰:"何也?"曰:"不信其臣。"

于是燕王专任子之,已而让位,燕大乱。齐伐燕,杀王哙、子之。燕立昭王。而苏代、厉遂不敢入燕,皆终归齐,齐善待之。

苏代过魏

苏代过魏,魏为燕执代。齐使人谓魏王曰:"齐请以宋封泾阳君,秦不受。秦非不利有齐而得宋地也,不信齐王与苏子也。今齐、魏不和如此其甚,则齐不欺秦。秦信齐,齐、秦合,泾阳君有宋地,非魏之利也。故王不如东苏子,秦必疑而不信苏子矣。齐、秦不合,天下无变,伐齐之形成矣。"于是出苏代。之宋,宋善待之。

燕昭王收破燕后即位

燕昭王收破燕后即位,卑身厚币,以招贤者,欲将以报仇。故往见郭隗先生曰:"齐因孤国之乱,而袭破燕。孤极知燕小力少,不足以报。然得贤士与共国,以雪先王之耻,孤之愿也。敢问以国报仇者奈何?"

郭隗先生对曰:"帝者与师处,王者与友处,霸者与臣处,亡国与役处。诎指而事之,北面而受学,则百己者至;先趋而后息,先问而后嘿,则什己者至;人趋己趋,则若己者至;冯几据杖,眄视指使,则厮役之人至;若恣睢奋击,呴藉叱咄,则徒隶之人至矣。此古服道致士之法也。王诚博选国中之贤者而朝其门下,天下闻王朝其贤臣,天下之士必趋于燕矣。"

昭王曰:"寡人将谁朝而可?"郭隗先生曰:"臣闻古之君人有以千金求千里马者,三年不能得。涓人言于君曰:'请求之。'君遣之。三月,得千里马,马已死,买其首五百金,反以报君。君大怒曰:'所求者生马,安事死马而捐五百金?'涓人对曰:'死马且买之五百金,况生马乎?天下必以王为能市马,马今至矣!'于是不能期年,千里之马至者三。今王诚欲致士,先从隗始。隗且见事,况贤于隗者乎?岂远千里哉?"于是昭王为隗筑宫而师之。乐毅自魏往,邹衍自齐往,剧辛自赵往,士争凑燕。燕王吊死问生,与百姓同其甘苦。

二十八年,燕国殷富,士卒乐佚轻战。于是遂以乐毅为上将军,与秦、楚、三晋合谋以伐齐。齐兵败,闵王出走于外。燕兵独追北,入至临淄，尽取齐宝，烧其宫室宗庙。齐城之不下者，唯独莒、即墨。

齐　伐　宋

齐伐宋，宋急。苏代乃遗燕昭王书曰："夫列在万乘，而寄质于齐，名卑而权轻；秦、齐助之伐宋，民劳而实费；破宋，残楚淮北，肥大齐，仇强而国弱也。此三者，皆国之大败也。而足下行之，将欲以除害取信于齐也，而齐未加信于足下，而忌燕也愈甚矣。然则足下之事齐也，失所为矣！夫民劳而实费，又无尺寸之功，破宋肥仇而世负其祸矣。足下以宋加淮北，强万乘之国也，而齐并之，是益一齐也；北夷方七百里，加之以鲁、卫，此所谓强万乘之国也，而齐并之，是益二齐也。夫一齐之强而燕犹不能支也，今乃以三齐临燕，其祸必大矣！

"虽然，臣闻知者之举事也，转祸而为福，因败而成功者也。齐人紫败素也，而贾十倍；越王句践栖于会稽，而后残吴，霸天下；此皆转祸而为福，因败而为功者也。今王若欲转祸而为福，因败而为功乎？则莫如遥伯齐而厚尊之，使使盟于周室，尽焚天下之秦符，约曰：'夫上计破秦，其次长宾之秦。'秦挟宾客以待破，秦王必患之。秦五世以结诸侯，今为齐下，秦王之志，苟得穷齐，不惮以一国都为功。然而王何不使布衣之人以穷齐之说说秦？谓秦王曰：'燕、赵破宋肥齐、尊齐而为之下者，燕、赵非利之也。弗利而势为之者，何也？以不信秦王也。今王何不使可以信者接收燕、赵？今泾阳君若高陵君先于燕、赵，秦有变，因以为质，则燕、赵信秦矣。秦为西帝，赵为中帝，燕为北帝，立为三帝而以令诸侯。韩、魏不听，则秦伐之；齐不听，则燕、赵伐之。天下孰敢不听？天下服听，因驱韩、魏以攻齐，曰：必反宋地而归楚之淮北。夫反宋地，归楚之淮北，燕、赵之所同利也；并立三帝，燕、赵之所同愿也。夫实得所利，名得所愿，则燕、赵之弃齐也犹释弊躧。今王之不收燕、赵,则齐伯必成矣！诸侯戴齐而王独弗从也,是国伐也。诸侯戴齐而王从之,是名卑也。王不收燕、赵,名卑而国危;王收燕、赵,名尊而国宁。夫去尊宁而就卑危,知者不为也!'秦王闻若说也,必如刺心。然则王何不务使知士以若此言说秦？秦伐齐必矣。夫取秦,上交也;伐齐,正利也。尊上交,务正利,圣王之事也。"

燕昭王善其书,曰:"先人尝有德苏氏,子之之乱,而苏氏去燕。燕欲报仇于齐,非苏氏莫可。"乃召苏氏,复善待之,与谋伐齐,竟破齐,闵王出走。

苏代谓燕昭王曰

苏代谓燕昭王曰:"今有人于此,孝如曾参、孝己,信如尾生高,廉如鲍焦、史鰌,兼此三行以事王,奚如?"王曰:"如是足矣!"对曰:"足下以为足,则臣不事足下矣。臣且处无为之事,归耕乎周之上地,耕而食之,织而衣之。"王曰:"何故也?"对曰:"孝如曾参、孝己,则不过养其亲耳。信如尾生高,则不过不欺人耳。廉如鲍焦、史鰌,则不过不窃人之财耳。今臣为进取者也。臣以为:廉不与身俱达,义不与生俱立;仁义者,自完之道也,非进取之术也!"

王曰:"自忧不足乎?"对曰:"以自忧为足,则秦不出殽塞,齐不出营丘,楚不出疏章。三王代位,五伯改政,皆以不自忧故也。若自忧而足,则臣亦之周负笼耳,何为烦大王之廷耶？昔者,楚取章武,诸侯北面而朝;秦取西山,诸侯西面而朝。曩者,使燕毋去周室之上,则诸侯不为别马而朝矣。臣闻之,善为事者,先量其国之大小,而揆其兵之强弱,故功可成而名可立也。不能为事者,不先量其国之大小,不揆其兵之强弱,故功不可成而名不可立也。今王有东向伐齐之心,而愚臣知之。"

王曰:“子何以知之?”对曰:“矜戟砥剑,登丘东向而叹,是以愚臣知之。今夫乌获举千钧之重,行年八十而求扶持。故齐虽强国也,西劳于宋,南罢于楚,则齐军可败而河间可取。”燕王曰:“善!吾请拜子为上卿,奉子车百乘,子以此为寡人东游于齐,何如?”对曰:“足下以爱之故与,则何不与爱子与诸舅、叔父、负床之孙?不得,而乃以与无能之臣,何也?王之论臣,何如人哉?今臣之所以事足下者,忠信也。恐以忠信之故,见罪于左右。”

王曰:“安有为人臣尽其力、竭其能而得罪者乎?”对曰:“臣请为王譬。昔周之上地尝有之。其丈夫官三年不归,其妻爱人。其所爱者曰:‘子之丈夫来,则且奈何乎?’其妻曰:‘勿忧也,吾已为药酒而待其来矣。’已而其丈夫果来,于是因令其妾酌药酒而进之。其妾知之,半道而立,虑曰:‘吾以此饮吾主父,则杀吾主父;以此事告吾主父,则逐吾主母。与杀吾主父、逐吾主母者,宁佯踬而覆之。’于是因佯僵而仆之。其妻曰:‘为子之远行来之,故为美酒,今妾奉而仆之。’其丈夫不知,缚其妾而笞之。故妾所以笞者,忠信也。今臣为足下使于齐,恐忠信不谕于左右也!臣闻之曰:‘万乘之主,不制于人臣;十乘之家,不制于众人;匹夫徒步之士,不制于妻妾。’而又况于当世之贤主乎?臣请行矣,愿足下之无制于群臣也!”

燕王谓苏代曰

燕王谓苏代曰:“寡人甚不喜訑者言也!”苏代对曰:“周地贱媒,为其两誉也:之男家曰女美,之女家曰男富。然而周之俗不自为取妻。且夫处女无媒,老且不嫁;舍媒而自衒,弊而不售。顺而无败,售而不弊者,唯媒而已矣。且事非权不立,非势不成。夫使人坐受成事者,唯訑者耳!”王曰:“善矣!”

卷三十 燕二

秦召燕王

秦召燕王,燕王欲往。苏代约燕王曰:"楚得枳而国亡,齐得宋而国亡,齐、楚不得以有枳、宋事秦者,何也?是则有功者,秦之深仇也。秦取天下,非行义也,暴也。

"秦之行暴于天下,正告楚曰:'蜀地之甲,轻舟浮于汶,乘夏水而下江,五日而至郢;汉中之甲,乘舟出于巴,乘夏水而下汉,四日而至五渚。寡人积甲宛,东下随,知者不及谋,勇者不及怒,寡人如射隼矣!王乃待天下之攻函谷,不亦远乎?'楚王为是之故,十七年事秦。秦正告韩曰:'我起乎少曲,一日而断太行;我起乎宜阳而触平阳,二日而莫不尽繇;我离两周而触郑,五日而国举。'韩氏以为然,故事秦。秦正告魏曰:'我举安邑,塞女戟,韩氏、太原卷;我下枳道南阳、封、冀,包两周;乘夏水,浮轻舟,强弩在前,铦戈在后决荣口,魏无大梁;决白马之口,魏无济阳;决宿胥之口,魏无虚、顿丘。陆攻则击河内,水攻则灭大梁。'魏氏以为然,故事秦。

"秦欲攻安邑,恐齐救之,则以宋委于齐,曰:'宋王无道,为木人以写寡人,射其面。寡人地绝兵远,不能攻也。王苟能破宋有之,寡人如自得之。'已得安邑,塞女戟,因以破宋为齐罪。秦欲攻齐,恐天下救之,则以齐委于天下,曰:'齐王四与寡人约,四欺寡人,必率天下以攻寡人者三。有齐无秦,无齐有秦。必伐之,必亡之。'已得宜阳、少曲,致蔺、石,因以破齐为天下罪。秦欲攻魏,重楚,则以南阳委于楚,曰:'寡人固与韩且绝矣!残均陵,塞鄳隘,苟利于楚,寡人如自有之。'魏弃与国而合于秦,因以塞鄳隘为楚罪。

"兵困于林中,重燕、赵,以胶东委于燕,以济西委于赵。赵得讲于魏,至公子延,因犀首属行而攻赵。兵伤于离石,遇败于马陵。而重魏,则以叶、蔡委于魏。已得讲于赵,则劫魏,魏不为割。困则使太后、穰侯为和,嬴则兼欺舅与母。适燕者曰以胶东,适赵者曰以济西,适魏者曰以叶、蔡,适楚者曰以塞鄳隘,适齐者曰以宋。此必令其言如循环,用兵如刺蜚绣。母不能制,舅不能约。

"龙贾之战,岸门之战,封陆之战,高商之战,赵庄之战,秦之所杀三晋之民数百万,今其生者,皆死秦之孤也。西河之外,上雒之地、三川,晋国之祸,三晋之半。秦祸如此其大,而燕、赵之秦者,皆以争事秦说其主。此臣之所大患!"

燕昭王不行,苏代复重于燕。燕反约诸侯从亲,如苏秦时,或从或不,而天下由此宗苏氏之从约。代、厉皆以寿死,名显诸侯。

苏代为奉阳君说燕于赵以伐齐

苏代为奉阳君说燕于赵以伐齐,奉阳君不听。乃入齐恶赵,令齐绝于赵。齐已绝于赵,因之燕,谓昭王曰:"韩为谓臣曰:'人告奉阳君曰:使齐不信赵者,苏子也;今齐王召蜀子使不伐宋,苏子也;与齐王谋道取秦以谋赵者,苏子也;令齐守赵之质子以甲者,又苏子也。请告子以请齐,果以守赵之质子以甲,吾必守子以甲。'其言恶矣。虽然,王勿患也。臣故知入齐之有赵累也!出为之以成所欲,臣死而齐大恶于赵,臣犹生也!令齐、赵绝,可大纷已。持臣非张孟谈也,使臣也如张孟谈也,齐、赵必有为智伯者矣!

"奉阳君告朱讙与赵足曰:'齐王使公王曰命说曰:必不反韩珉,今召之矣。必不任苏子以事,今封而相之。令不合燕,今以燕为上交。吾所恃者顺也,今其言变有甚于其父,顺始与苏子为仇。见之

知无厉，今贤之两之。已矣！吾无齐矣！'

"奉阳君之怒甚矣！如齐王王之不信赵而小人奉阳君也，因是而倍之，不以今时大纷之解而复合，则后不可奈何也。故齐、赵之合，苟可循也，死不足以为臣患；逃不足以为臣耻；为诸侯不足以为臣荣；被发自漆为厉，不足以为臣辱。然而臣有患也，臣死而齐、赵不循，恶交分于臣也，而后相效，是臣之患也。若臣死而必相攻也，臣必勉之而求死焉！尧、舜之贤而死，禹、汤之知而死，孟贲之勇而死，乌获之力而死。生之物固有不死者乎？在必然之物以成所欲，王何疑焉？

"臣以为不若逃而去之。臣以韩、魏循自齐而为之取秦，深结赵以劲之。如是，则近于相攻。臣虽为之，累燕。奉阳君告朱谨曰：'苏子怒于燕王之不以吾故，弗予相，又不予卿也，殆无燕矣。'其疑至于此！故臣虽为之，不累燕，又不欲王。伊尹再逃汤而之桀，再逃桀而之汤，果与鸣条之战，而以汤为天子。伍子胥逃楚而之吴，果与伯举之战，而报其父之仇。今臣逃而纷齐、赵，始可著于《春秋》。且举大事者孰不逃？桓公之难，管仲逃于鲁；阳虎之难，孔子逃于卫；张仪逃于楚；白珪逃于秦；望诸相中山也，使赵，赵劫之求地，望诸攻关而出逃；外孙之难，薛公释戴逃出于关，三晋称以为士。故举大事，逃不足以为辱矣！"

卒绝齐于赵，赵合于燕以攻齐，败之。

苏代为燕说齐

苏代为燕说齐，未见齐王，先说淳于髡曰："人有卖骏马者，比三旦立市，人莫之知。往见伯乐，曰：'臣有骏马，欲卖之，比三旦立于市，人莫与言。愿子还而视之，去而顾之。臣请献一朝之贾。'伯乐乃还而视之，去而顾之，一旦而马价十倍。今臣欲以骏马见于王，莫为臣先后者。足下有意为臣伯乐乎？臣请献白璧一双,黄金千镒,以为马食。”

淳于髡曰:“谨闻命矣。”入,言之王而见之,齐王大说苏子。

苏代自齐使人谓燕昭王曰

苏代自齐使人谓燕昭王曰:“臣间离齐、赵,齐、赵已孤矣。王何不出兵以攻齐？臣请为王弱之。”燕乃伐齐攻晋。

令人谓闵王曰:“燕之攻齐也,欲以复振古地也。燕兵在晋而不进,则是兵弱而计疑也。王何不令苏子将而应燕乎？夫以苏子之贤,将而应弱燕,燕破必矣。燕破,则赵不敢不听,是王破燕而服赵也!”闵王曰:“善。”乃谓苏子曰:“燕兵在晋,今寡人发兵应之,愿子为寡人为之将。”对曰:“臣之于兵,何足以当之,王其改举！王使臣也,是败王之兵而以臣遗燕也。战不胜,不可振也!”王曰:“行！寡人知子矣。”

苏子遂将,而与燕人战于晋下,齐军败,燕得甲首二万人。苏子收其馀兵以守阳城,而报于闵王曰:“王过举,令臣应燕,今军败,亡二万人。臣有斧质之罪,请自归于吏以戮。”闵王曰:“此寡人之过也。子无以为罪!”

明日,又使燕攻阳城及狸,又使人谓闵王曰:“日者齐不胜于晋下,此非兵之过,齐不幸而燕有天幸也。今燕又攻阳城及狸,是以天幸自为功也！王复使苏子应之,苏子先败王之兵,其后必务以胜报王矣!”王曰:“善。”

乃复使苏子,苏子固辞,王不听,遂将以与燕战于阳城。燕人大胜,得首三万。齐君臣不亲,百姓离心,燕因使乐毅大起兵伐齐,破之。

苏代自齐献书于燕王曰

苏代自齐献书于燕王曰："臣之行也，固知将有口事，故献御书而行，曰：'臣贵于齐，燕大夫将不信臣；臣贱，将轻臣；臣用，将多望于臣；齐有不善，将归罪于臣；天下不攻齐，将曰善为齐谋；天下攻齐，将与齐兼鄮臣。臣之所重处，重卯也！'王谓臣曰：'吾必不听众口与谗言，吾信汝也，犹刬刈者也！上可以得用于齐，次可以得信于下，苟无死，女无不为也。以女自信可也。与之言曰：去燕之齐可也，期于成事而已！'

"臣受令以任齐，及五年，齐数出兵，未尝谋燕。齐、赵之交，一合一离。燕王不与齐谋赵，则与赵谋齐。齐之信燕也，至于虚北地行其兵。今王信田伐与参、去疾之言，且攻齐，使齐犬马駥而不言燕。今王又使庆令臣曰：'吾欲用所善。'王苟欲用之，则臣请为王事之。王欲醳臣，刬任所善，则臣请归醳事。臣苟得见，则盈愿。"

陈翠合齐燕

陈翠合齐燕，将令燕王之弟为质于齐，燕王许诺。太后闻之，大怒，曰："陈公不能为人之国，亦则已矣！焉有离人子母者？老妇欲得志焉！"

陈翠欲见太后，王曰："太后方怒子，子其待之。"陈翠曰："无害也。"遂入见太后，曰："何臞也？"太后曰："赖得先王雁鹜之馀食，不宜臞。臞者，忧公子之且为质于齐也。"陈翠曰："人主之爱子也，不如布衣之甚也。非徒不爱子也，又不爱丈夫子独甚！"太后曰："何也？"对曰："太后嫁女诸侯，奉以千金，赍地百里，以为人之终也。今王愿封公子,百官持职,群臣效忠。曰:‘公子无功不当封。’今王之以公子为质也,且以为公子功而封之也。太后弗听。臣是以知人主之不爱丈夫子独甚也。且太后与王幸而在,故公子贵。太后千秋之后,王弃国家,而太子即位,公子贱于布衣。故非及太后与王封公子,则公子终身不封矣!”

太后曰:“老妇不知长者之计。”乃命公子束车制衣为行具。

燕昭王且与天下伐齐

燕昭王且与天下伐齐,而有齐人仕于燕者,昭王召而谓之曰:“寡人且与天下伐齐,旦暮出令矣。子必争之,争之而不听,子因去而之齐。寡人有时复合和也,且以因子而事齐。”当此之时也,燕、齐不两立,然而常独欲有复收之之志若此也。

燕饥

燕饥,赵将伐之。楚使将军之燕,过魏,见赵恢。

赵恢曰:“使除患无至,易于救患。伍子胥、宫之奇不用,烛之武、张孟谈受大赏。是故谋者皆从事于除患之道,而先使除患无至者。今予以百金送公也,不如以言。公听吾言而说赵王曰:‘昔者,吴伐齐,为其饥也。伐齐,未必胜也,而弱越乘其弊以霸。今王之伐燕也,亦为其饥也。伐之未必胜,而强秦将以兵承王之西,是使弱赵居强吴之处,而使强秦处弱越之所以霸也。愿王之熟计之也!’”

使者乃以说赵王,赵王大悦,乃止。燕昭王闻之,乃封之以地。

昌国君乐毅为燕昭王合五国之兵而攻齐

昌国君乐毅为燕昭王合五国之兵而攻齐,下七十馀城,尽郡县之以属燕。三城未下而燕昭王死。惠王即位,用齐人反间,疑乐毅,而使骑劫代之将。乐毅奔赵,赵封以为望诸君。齐田单欺诈骑劫,卒败燕军,复收七十城以复齐。燕王悔,惧赵用乐毅承燕之弊以伐燕。

燕王乃使人让乐毅,且谢之,曰:“先王举国而委将军,将军为燕破齐,报先王之仇,天下莫不振动,寡人岂敢一日而忘将军之功哉?会先王弃群臣,寡人新即位,左右误寡人。寡人之使骑劫代将军者,为将军久暴露于外,故召将军且休计事。将军过听,以与寡人有郄,遂捐燕而归赵。将军自为计则可矣,而亦何以报先王之所以遇将军之意乎?”

望诸君乃使人献书报燕王曰:“臣不佞,不能奉承先王之教以顺左右之心,恐抵斧质之罪以伤先王之明,而又害于足下之义,故遁逃奔赵。自负以不肖之罪,故不敢为辞说。今王使使者数之罪,臣恐侍御者之不察先王之所以畜幸臣之理,而又不白于臣之所以事先王之心,故敢以书对。

“臣闻贤圣之君,不以禄私其亲,功多者授之;不以官随其爱,能当之者处之。故察能而授官者,成功之君也;论行而结交者,立名之士也。臣以所学者观之,先王之举错,有高世之心,故假节于魏王,而以身得察于燕。先王过举,擢之乎宾客之中,而立之乎群臣之上。不谋于父兄,而使臣为亚卿。臣自以为奉令承教,可以幸无罪矣,故受命而不辞。先王命之曰:‘我有积怨深怒于齐,不量轻弱而欲以齐为事。’臣对曰:‘夫齐,霸国之馀教也,而骤胜之遗事也,闲于兵甲,习于战攻。王若欲攻之,则必举天下而图之。举天下而图之,莫径于结赵矣。且又淮北、宋地,楚、魏之所同愿也。赵若许约,楚、魏、宋尽力,四国攻之,齐可大破也。'先王曰:'善。'臣乃口受令,具符节,南使臣于赵。顾反命,起兵随而攻齐。以天之道,先王之灵,河北之地,随先王举而有之于济上。济上之军,奉令击齐,大胜之。轻卒锐兵,长驱至国。齐王逃遁走莒,仅以身免。珠玉财宝、车甲珍器,尽收入燕。大吕陈于元英,故鼎反于历室,齐器设于宁台,蓟丘之植植于汶皇。自五伯以来,功未有及先王者也!先王以为惬其志,以臣为不顿命,故裂地而封之,使之得比乎小国诸侯。臣不佞,自以为奉令承教,可以幸无罪矣,故受命而弗辞。

"臣闻贤明之君,功立而不废,故著于《春秋》;蚤知之士,名成而不毁,故称于后世。若先王之报怨雪耻,夷万乘之强国,收八百岁之蓄积,及至弃群臣之日,馀令诏后嗣之遗义,执政任事之臣所以能循法令、顺庶孽者,施及萌隶,皆可以教于后世。臣闻善作者不必善成,善始者不必善终。昔者,伍子胥说听乎阖闾,故吴王远迹至于郢。夫差弗是也,赐之鸱夷而浮之江。故吴王夫差不悟先论之可以立功,故沉子胥而不悔。子胥不蚤见主之不同量,故入江而不改。夫免身全功以明先王之迹者,臣之上计也!离毁辱之非,堕先王之名者,臣之所大恐也!临不测之罪,以幸为利者,义之所不敢出也!臣闻古之君子,交绝不出恶声;忠臣之去也,不洁其名。臣虽不佞,数奉教于君子矣。恐侍御者之亲左右之说而不察疏远之行也,故敢以书报。唯君之留意焉!"

或献书燕王

或献书燕王:"王而不能自恃,不恶卑名以事强。事强可以令国安长久,万世之善计。以事强而不可以为万世,则不如合弱。将奈何合弱而不能如一?此臣之所为山东苦也!

“比目之鱼，不相得则不能行，故古之人称之，以其合两而如一也。今山东合弱而不能如一，是山东之知不如鱼也。又譬如车士之引车也，三人不能行，索二人，五人而车因行矣。今山东三国弱而不能敌秦，索二国，因能胜秦矣。然而山东不知相索，智固不如车士矣。胡与越人，言语不相知，志意不相通，同舟而凌波，至其相救助如一也。今山东之相与也，如同舟而济，秦之兵至，不能相救助如一，智又不如胡、越之人矣。三物者，人之所能为也，山东之主遂不悟，此臣之所为山东苦也！愿大王之熟虑之也！

“山东相合，之主者不卑名，之国者可长存，之卒者出士以戍韩、梁之西边，此燕之上计也。不急为此，国必危矣，主必大忧。今韩、梁、赵三国以合矣，秦见三晋之坚也，必南伐楚。赵见秦之伐楚也，必北攻燕。物固有势异而患同者。秦久伐韩，故中山亡；今久伐楚，燕必亡。臣窃为王计，不如以兵南合三晋，约戍韩、梁之西边。山东不能坚为此，此必皆亡。”

燕果以兵南合三晋也。

客谓燕王曰

客谓燕王曰：“齐南破楚，西屈秦，用韩、魏之兵，燕、赵之众，犹鞭策也。使齐北面伐燕，即虽五燕不能当。王何不阴出使，散游士，顿齐兵，弊其众，使世世无患？”燕王曰：“假寡人五年，寡人得其志矣。”苏子曰：“请假王十年。”燕王说，奉苏子车五十乘，南使于齐。

谓齐王曰：“齐南破楚，西屈秦，用韩、魏之兵，燕、赵之众，犹鞭策也。臣闻当世之举王，必诛暴正乱，举无道，攻不义。今宋王射天笞地，铸诸侯之象，使侍屏匽，展其臂，弹其鼻。此天下之无道不义，而王不伐，王名终不成！且夫宋，中国膏腴之地，邻民之所处也。与其得百里于燕，不如得十里于宋。伐之，名则义，实则利，王何为弗为?”齐王曰:“善。”遂兴兵伐宋,三覆宋,宋遂举。

燕王闻之,绝交于齐,率天下之兵以伐齐,大战一,小战再,顿齐国,成其名。故曰:“因其强而强之,乃可折也;因其广而广之,乃可缺也。”

赵且伐燕

赵且伐燕。苏代为燕谓惠王曰:“今者臣来,过易水,蚌方出曝,而鹬啄其肉,蚌合而拑其喙。鹬曰:‘今日不雨,明日不雨,即有死蚌。’蚌亦谓鹬曰:‘今日不出,明日不出,即有死鹬。’两者不肯相舍,渔者得而并禽之。今赵且伐燕,燕、赵久相支,以弊大众,臣恐强秦之为渔父也!故愿王之熟计之也。”惠王曰:“善。”乃止。

齐魏争燕

齐魏争燕。齐谓燕王曰:“吾得赵矣。”魏亦谓燕王曰:“吾得赵矣。”燕无以决之,而未有适予也。苏子谓燕相曰:“臣闻辞卑而币重者,失天下者也;辞倨而币薄者,得天下者也。今魏之辞倨而币薄。”燕因合于魏,得赵,齐遂北矣。

卷三十一　燕三

齐韩魏共攻燕

齐韩魏共攻燕，燕使太子请救于楚，楚王使景阳将而救之。暮舍，使左右司马各营壁地。已植表。景阳怒，曰："女所营者，水皆至，灭表。此焉可以舍！"乃令徙。明日，大雨，山水大出，所营者水皆灭表，军吏乃服。

于是遂不救燕，而攻魏雝丘，取之，以与宋。三国惧，乃罢兵。魏军其西，齐军其东，楚军欲还，不可得也。景阳乃开西和门，昼以车骑，暮以烛见，通使于魏。齐师怪之，以为燕、楚与魏谋之，乃引兵而去。齐兵已去，魏失其与国，无与共击楚，乃夜遁。楚师乃还。

张丑为质于燕

张丑为质于燕，燕王欲杀之。走，且出境，境吏得丑。丑曰："燕王所为将杀我者，人有言我有宝珠也，王欲得之。今我已亡之矣，而燕王不我信。今子且致我，我且言子之夺我珠而吞之，燕王必当杀子，刳子腹及子之肠矣！夫欲得之君不可说以利。吾要且死，子肠亦且寸绝！"境吏恐而赦之。

燕王喜使栗腹以百金为赵孝成王寿

燕王喜使栗腹以百金为赵孝成王寿，酒三日，反报曰："赵民其壮者皆死于长平，其孤未壮，可伐也。”王乃召昌国君乐间而问曰：“何如？”对曰：“赵，四达之国也，其民皆习于兵，不可与战。”王曰：“吾以倍攻之，可乎？”曰：“不可。”曰：“以三，可乎？”曰：“不可。”王大怒。左右皆以为赵可伐，遽起六十万以攻赵：令栗腹以四十万攻鄗，使庆秦以二十万攻代。赵使廉颇以八万遇栗腹于鄗，使乐乘以五万遇庆秦于代。燕人大败，乐间入赵。

燕王以书且谢焉，曰：“寡人不佞，不能奉顺君意，故君捐国而去，则寡人之不肖明矣！敢端其愿，而君不肯听，故使使者陈愚意，君试论之。语曰：‘仁不轻绝，智不轻怨。’君之于先王也，世之所明知也。寡人望有非则君掩盖之，不虞君之明罪之也；望有过则君教诲之，不虞君之明罪之也！且寡人之罪，国人莫不知，天下莫不闻。君微出明怨以弃寡人，寡人必有罪矣。虽然，恐君之未尽厚也！谚曰：‘厚者不毁人以自益也，仁者不危人以要名。’以故掩人之邪者，厚人之行也；救人之过者，仁者之道也。世有掩寡人之邪，救寡人之过，非君心所望之？今君厚受位于先王以成尊，轻弃寡人以快心，则掩邪救过，难得于君矣！且世有薄于故厚施，行有失而故惠用。今使寡人任不肖之罪，而君有失厚之累，于为君择之也，无所取之。国之有封疆，犹家之有垣墙，所以合好掩恶也。室不能相和，出语邻家，未为通计也。怨恶未见而明弃之，未尽厚也。寡人虽不肖乎，未如殷纣之乱也；君虽不得意乎，未如商容、箕子之累也。然则不内盖寡人而明怨于外，恐其适足以伤于高而薄于行也！非然也，苟可以明君之义，成君之高，虽任恶名，不难受也。本欲以为明寡人之薄，而君不得厚；扬寡人之辱，而君不得荣。此一举而两失也！义者不亏人以自益，况伤人以自损乎？愿君无以寡人不肖累往事之美。昔者，柳下惠吏于鲁，三黜而不去。或谓之曰：‘可以去。’柳下惠曰：‘苟与人之异，恶往而不黜乎？犹且黜乎，宁于故国尔！’柳下惠不以三黜自累，故前业不忘；不以去为心，故远近无议。今寡人之罪，国人未知，而议寡人者遍天下。语曰：'论不修心，议不累物，仁不轻绝，智不简功。'弃大功者辍也，轻绝厚利者怨也。辍而弃之，怨而累之，宜在远者，不望之乎君也！今以寡人无罪，君岂怨之乎？愿君捐怨，追惟先王，复以教寡人。意君曰'余且慝心以成而过，不顾先王以明而恶'，使寡人进不得修功，退不得改过。君之所揣也，唯君图之！此寡人之愚意也。敬以书谒之。"

乐间、乐乘怨不用其计，二人卒留赵，不报。

秦 并 赵

秦并赵，北向迎燕。燕王闻之，使人贺秦王。

使者过赵，赵王系之。使者曰："秦、赵为一，而天下服矣。燕之所以受命于赵者，为秦也。今臣使秦而赵系之，是秦、赵有郄；秦、赵有郄，天下必不服，而燕不受命矣。且臣之使秦，无妨于赵之伐燕也。"赵王以为然而遣之。

使者见秦王，曰："燕王窃闻秦并赵，燕王使使者贺千金。"秦王曰："夫燕无道，吾使赵有之，子何贺？"使者曰："臣闻全赵之时，南邻为秦，北下曲阳为燕，赵广三百里，而与秦相距五十馀年矣，所以不能反胜秦者，国小而地无所取。今王使赵北并燕，燕、赵同力，必不复受于秦矣！臣窃为王患之。"

秦王以为然，起兵而救燕。

燕太子丹质于秦

燕太子丹质于秦，亡归。见秦且灭六国，兵以临易水，恐其祸至，太子丹患之。谓其太傅鞫武曰："燕、秦不两立，愿太傅幸而图之!”武对曰:“秦地遍天下,威胁韩、魏、赵氏,则易水以北,未有所定也。奈何以见陵之怨,欲排其逆鳞哉?”太子曰:“然则何由?”太傅曰:“请入图之。”

居之有间,樊将军亡秦之燕,太子容之。太傅鞫武谏曰:“不可!夫秦王之暴而积怨于燕,足为寒心,又况闻樊将军之在乎?是以委肉当饿虎之蹊,祸必不振矣!虽有管、晏,不能为谋。愿太子急遣樊将军入匈奴以灭口。请西约三晋,南连齐、楚,北讲于单于,然后乃可图也。”太子丹曰:“太傅之计,旷日弥久,心惛然恐不能须臾。且非独于此也,夫樊将军困穷于天下,归身于丹,丹终不迫于强秦而弃所哀怜之交置之匈奴,是丹命固卒之时也。愿太傅更虑之。”鞫武曰:“燕有田光先生者,其智深,其勇沉,可与之谋也。”太子曰:“愿因太傅交于田先生,可乎?”鞫武曰:“敬诺。”

出见田光,道太子曰:“愿图国事于先生。”田光曰:“敬奉教。”乃造焉。太子跪而逢迎,却行为道,跪而拂席。田先生坐定,左右无人,太子避席而请曰:“燕、秦不两立,愿先生留意也!”田光曰:“臣闻骐骥盛壮之时,一日而驰千里,至其衰也,驽马先之。今太子闻光壮盛之时,不知吾精已消亡矣。虽然,光不敢以乏国事也。所善荆轲,可使也!”太子曰:“愿因先生得交于荆轲,可乎?”田光曰:“敬诺。”即起,趋出,太子送之至门,曰:“丹所报,先生所言者,国大事也,愿先生勿泄也!”田光俯而笑,曰:“诺。”

偻行见荆轲,曰:“光与子相善,燕国莫不知。今太子闻光壮盛之时,不知吾形已不逮也。幸而教之,曰:‘燕、秦不两立,愿先生留意也。’光窃不自外,言足下于太子,愿足下过太子于宫。”荆轲曰:“谨奉教。”田光曰:“光闻长者之行,不使人疑之。今太子约光曰:‘所言者国之大事也,愿先生勿泄也。’是太子疑光也!夫为行使人疑之,非节侠士也。”欲自杀以激荆轲,曰:“愿足下急过太子,言光已死,明不言也。”遂自刭而死。

轲见太子，言田光已死，明不言也。太子再拜而跪，膝下行流涕，有顷而后言曰："丹所请田先生无言者，欲以成大事之谋。今田先生以死明不泄言，岂丹之心哉？"荆轲坐定，太子避席顿首曰："田先生不知丹不肖，使得至前，愿有所道，此天所以哀燕不弃其孤也！今秦有贪饕之心，而欲不可足也。非尽天下之地、臣海内之王者，其意不餍！今秦已虏韩王，尽纳其地，又举兵南伐楚，北临赵。王翦将数十万之众临漳、邺，而李信出太原、云中。赵不能支秦，必入臣，入臣则祸至燕。燕小弱，数困于兵，今计举国不足以当秦。诸侯服秦，莫敢合从。丹之私计，愚以为诚得天下之勇士，使于秦，窥以重利，秦王贪其贽，必得所愿矣。诚得劫秦王，使悉反诸侯之侵地，若曹沫之与齐桓公，则大善矣！则不可，因而刺杀之。彼大将擅兵于外，而内有大乱，则君臣相疑。以其间诸侯，诸侯得合从，其偿破秦必矣！此丹之上愿，而不知所以委命。唯荆卿留意焉。"久之，荆轲曰："此国之大事，臣驽下，恐不足任使。"太子前顿首，固请无让，然后许诺。

于是尊荆轲为上卿，舍上舍，太子日日造问，供太牢异物，间进车骑美女，恣荆轲所欲，以顺适其意。久之，荆卿未有行意。秦将王翦破赵，虏赵王，尽收其地，进兵北略地，至燕南界。太子丹恐惧，乃请荆卿曰："秦兵旦暮渡易水，则虽欲长侍足下，岂可得哉？"荆卿曰："微太子言，臣愿得谒之。今行而无信，则秦未可亲也。夫今樊将军，秦王购之金千斤，邑万家。诚能得樊将军首，与燕督亢之地图献秦王，秦王必说见臣，臣乃得有以报太子。"太子曰："樊将军以穷困来归丹，丹不忍以己之私而伤长者之意，愿足下更虑之。"

荆轲知太子不忍，乃遂私见樊於期，曰："秦之遇将军可谓深矣，父母宗族皆为戮没！今闻购将军之首金千斤、邑万家，将奈何？"樊将军仰天太息流涕，曰："吾每念，常痛于骨髓，顾计不知所出耳！"轲曰："今有一言，可以解燕国之患，而报将军之仇者，何如？"樊於期乃前曰："为之奈何？"荆轲曰："愿得将军之首以献秦，秦王必喜而善见臣，臣左手把其袖，而右手揕抗其胸。然则将军之仇报，而燕国见陵之耻除矣！将军岂有意乎？”樊於期偏袒扼腕而进曰：“此臣日夜切齿拊心也，乃今得闻教！”遂自刎。太子闻之，驰往，伏尸而哭，极哀。既已，无可奈何，乃遂收盛樊於期之首，函封之。于是太子预求天下之利匕首，得赵人徐夫人之匕首，取之百金，使工以药淬之，以试人，血濡缕，人无不立死者。乃为装遣荆轲。燕国有勇士秦武阳，年十二，杀人，人不敢与忤视。乃令秦武阳为副。

荆轲有所待，欲与俱，其人居远未来，而为留待。顷之，未发。太子迟之，疑其有改悔，乃复请之，曰：“日以尽矣。荆卿岂无意哉？丹请先遣秦武阳。”荆轲怒，叱太子曰：“今日往而不反者，竖子也！今提一匕首，入不测之强秦，仆所以留者，待吾客与俱。今太子迟之，请辞决矣！”遂发。太子及宾客知其事者，皆白衣冠以送之。至易水上，既祖，取道。高渐离击筑，荆轲和而歌，为变徵之声，士皆垂泪涕泣。又前而为歌曰：“风萧萧兮易水寒，壮士一去兮不复还！”复为忼慨羽声，士皆瞋目，发尽上指冠。于是荆轲遂就车而去，终已不顾。

既至秦，持千金之资币物，厚遗秦王宠臣中庶子蒙嘉。嘉为先言于秦王，曰：“燕王诚振畏，慕大王之威，不敢兴兵以拒大王，愿举国为内臣，比诸侯之列，给贡职如郡县，而得奉守先王之宗庙。恐惧不敢自陈，谨斩樊於期头，及献燕之督亢之地图，函封，燕王拜送于庭，使使以闻大王。唯大王命之。”

秦王闻之，大喜。乃朝服，设九宾，见燕使者咸阳宫。荆轲奉樊於期头函，而秦武阳奉地图匣，以次进。至陛下，秦武阳色变振恐，群臣怪之。荆轲顾笑武阳，前为谢曰：“北蛮夷之鄙人，未尝见天子，故振慑。愿大王少假借之，使毕使于前。”秦王谓轲曰：“起，取武阳所持图！”轲既取图，奉之，发图，图穷而匕首见。因左手把秦王之袖，而右手持匕首揕抗之。未至身，秦王惊，自引而起，绝袖。拔剑，剑长，掺其室。时恐急，剑坚，故不可立拔。荆轲逐秦王，秦王还柱而走，群臣惊愕，卒起不意，尽失其度。而秦法，群臣侍殿上者，不得持尺兵。诸郎中执兵，皆陈殿下，非有诏，不得上。方急时，不及召下兵，以故荆轲逐秦王，而卒惶急，无以击轲，而乃以手共搏之。是时，侍医夏无且以其所奉药囊提轲，秦王之方还柱走，卒惶急，不知所为。左右乃曰："王负剑！王负剑！"遂拔以击荆轲，断其左股。荆轲废，乃引其匕首提秦王，不中，中柱。秦王复击轲，被八创。轲自知事不就，倚柱而笑，箕踞以骂曰："事所以不成者，乃欲以生劫之，必得约契以报太子也。"左右既前斩荆轲，秦王目眩良久。而论功赏群臣及当坐者，各有差。而赐夏无且黄金二百镒，曰："无且爱我，乃以药囊提轲也！"

于是秦大怒燕，益发兵诣赵，诏王翦军以伐燕，十月而拔燕蓟城。燕王喜、太子丹等皆率其精兵东保于辽东。秦将李信追击燕王，王急，用代王嘉计，杀太子丹，欲献之秦。秦复进兵攻之，五岁而卒灭燕国，而虏燕王喜。秦兼天下。

其后，荆轲客高渐离，以击筑见秦皇帝，而以筑击秦皇帝，为燕报仇，不中而死。

卷三十二　宋卫

齐　攻　宋

齐攻宋,宋使臧子索救于荆。荆王大说,许救甚劝。臧子忧而反。其御曰:"索救而得,有忧色,何也?"臧子曰:"宋小而齐大。夫救于小宋而恶于大齐,此王之所忧也。而荆王说甚,必以坚我。我坚而齐弊,荆之利也。"臧子乃归。齐王果攻,拔宋五城,而荆王不至。

公输般为楚设机

公输般为楚设机,将以攻宋。墨子闻之,百舍重茧,往见公输般,谓之曰:"吾自宋闻子。吾欲借子杀王!"公输般曰:"吾义固不杀王!"墨子曰:"闻公为云梯,将以攻宋。宋何罪之有?义不杀王而攻国,是不杀少而杀众!敢问攻宋何义也?"公输般服焉,请见之王。

墨子见楚王,曰:"今有人于此,舍其文轩,邻有弊舆而欲窃之;舍其锦绣,邻有短褐而欲窃之;舍其粱肉,邻有糟糠而欲窃之。此为何若人也?"王曰:"必为有窃疾矣。"墨子曰:"荆之地方五千里,宋方五百里,此犹文轩之与弊舆也。荆有云梦,犀兕麋鹿盈之,江、汉鱼鳖鼋鼍为天下饶,宋所谓无雉兔鲋鱼者也,此犹粱肉之与糟糠也。荆有长松、文梓、楩、楠、豫樟,宋无长木,此犹锦绣之与短褐也。臣以王吏之攻宋,为与此同类也!"

王曰:"善哉!请无攻宋。"

犀首伐黄

犀首伐黄,过卫,使人谓卫君曰:“弊邑之师过大国之郊,曾无一介之使以存之乎?敢请其罪!今黄城将下矣,已,将移兵而造大国之城下。”

卫君惧,束组三百绲,黄金三百镒,以随使者。南文子止之,曰:“是胜黄城,必不敢来;不胜,亦不敢来。是胜黄城,则功大名美,内临其伦。夫在中者恶临,议其事。蒙大名,挟成功,坐御以待中之议,犀首虽愚,必不为也。是不胜黄城,破心而走,归,恐不免于罪矣,彼安敢攻卫以重其不胜之罪哉?”

果胜黄城,帅师而归,遂不敢过卫。

梁王伐邯郸

梁王伐邯郸,而征师于宋。宋君使使者请于赵王曰:“夫梁兵劲而权重,今征师于弊邑,弊邑不从,则恐危社稷;若扶梁伐赵,以害赵国,则寡人不忍也。愿王之有以命弊邑!”赵王曰:“然。夫宋之不足如梁也,寡人知之矣。弱赵以强梁,宋必不利也。则吾何以告子而可乎?”使者曰:“臣请受边城,徐其攻而留其日,以待下吏之有城而已。”赵王曰:“善。”

宋人因遂举兵入赵境,而围一城焉。梁王甚说,曰:“宋人助我攻矣!”赵王亦说,曰:“宋人止于此矣!”故兵退难解,德施于梁,而无怨于赵。故名有所加,而实有所归。

谓大尹曰

谓大尹曰："君日长矣，自知政，则公无事。公不如令楚贺君之孝，则君不夺太后之事矣，则公常用宋矣！"

宋与楚为兄弟

宋与楚为兄弟。齐攻宋，楚王言救宋。宋因卖楚重以求讲于齐，齐不听。苏秦为宋谓齐相曰："不如与之，以明宋之卖楚重于齐也。楚怒，必绝于宋而事齐。齐、楚合，则攻宋易矣。"

魏太子自将

魏太子自将，过宋外黄。外黄徐子曰："臣有百战百胜之术，太子能听臣乎？"太子曰："愿闻之。"

客曰："固愿效之。今太子自将攻齐，大胜并莒，则富不过有魏，而贵不益为王。若战不胜，则万世无魏。此臣之百战百胜之术也！"太子曰："诺。请必从公之言而还。"客曰："太子虽欲还，不得矣！彼利太子之战攻，而欲满其意者众，太子虽欲还，恐不得矣！"

太子上车请还，其御曰："将出而还，与北同，不如遂行。"遂行，与齐人战而死，卒不得魏。

宋康王之时

宋康王之时，有雀生䲴于城之陬。使史占之，曰："小而生巨，必霸天下。”康王大喜，于是灭滕伐薛，取淮北之地。乃愈自信，欲霸之亟成，故射天笞地，斩社稷而焚灭之，曰：“威服天下鬼神。”骂国老谏者为无颜之冠，以示勇。剖伛之背，锲朝涉之胫，而国人大骇。

齐闻而伐之，民散，城不守，王乃逃倪侯之馆，遂得而死。见祥而不为祥，反为祸。

智伯欲伐卫

智伯欲伐卫，遗卫君野马四百，白璧一。卫君大悦，群臣皆贺，南文子有忧色。卫君曰：“大国大欢，而子有忧色何？”文子曰：“无功之赏，无力之礼，不可不察也！野马四，白璧一，此小国之礼也，而大国致之。君其图之！”卫君以其言告边境。智伯果起兵而袭卫，至境而反，曰：“卫有贤人，先知吾谋也。”

智佰欲袭卫

智伯欲袭卫，乃佯亡其太子，使奔卫。南文子曰：“太子颜为君子也，甚爱而有宠，非有大罪而亡，必有故。”使人迎之于境，曰：“车过五乘，慎勿纳也！”智伯闻之，乃止。

秦攻卫之蒲

秦攻卫之蒲。胡衍谓樗里疾曰：“公之伐蒲，以为秦乎？以为魏乎？为魏则善，为秦则不赖矣。卫所以为卫者，以有蒲也。今蒲入于魏，卫必折于魏。魏亡西河之外而弗能复取者，弱也。今并卫于魏，魏必强。魏强之日，西河之外必危。且秦王亦将观公之事，害秦以善魏，秦王必怨公。”樗里疾曰：“奈何?”胡衍曰：“公释蒲勿攻，臣请为公入戒蒲守，以德卫君。”樗里疾曰：“善。”

胡衍因入蒲，谓其守曰：“樗里子知蒲之病也。其言曰：‘吾必取蒲。’今臣能使释蒲勿攻。”蒲守再拜，因效金三百镒焉，曰：“秦兵诚去，请厚子于卫君。”

胡衍取金于蒲，以自重于卫。樗里子亦得三百金而归，又以德卫君也。

卫使客事魏

卫使客事魏，三年不得见。卫客患之，乃见梧下先生，许之以百金。梧下先生曰：“诺。”乃见魏王，曰：“臣闻秦出兵，未知其所之。秦、魏交而不修之日久矣。愿王专事秦，无有佗计！”魏王曰：“诺。”

客趋出，至郎门而反，曰：“臣恐王事秦之晚！”王曰：“何也?”先生曰：“夫人于事己者过急，于事人者过缓。今王缓于事己者，安能急于事人?”“奚以知之?”“卫客曰事王三年不得见，臣以是知王缓也。”魏王趋见卫客。

卫嗣君病

卫嗣君病。富术谓殷顺且曰：“子听吾言也以说君，勿益损也，君必善子。人生之所行，与死之心异。始君之所行于世者，食高丽也；所用者，绁错、挐薄也。群臣尽以为君轻国而好高丽，必无与君言国事者。子谓君：‘君之所行天下者甚谬！绁错主断于国，而挐薄辅之，自今以往者，公孙氏必不血食矣！’”

君曰：“善。”与之相印，曰：“我死，子制之！”嗣君死，殷顺且以君令相公期。缧错、挐薄之族皆逐也。

卫嗣君时

卫嗣君时，胥靡逃之魏，卫赎之百金，不与。乃请以左氏。群臣谏曰："以百金之地，赎一胥靡，无乃不可乎？"君曰："治无小，乱无大。教化喻于民，三百之城，足以为治；民无廉耻，虽有十左氏，将何以用之？"

卫人迎新妇

卫人迎新妇，妇上车，问："骖马，谁马也？"御曰："借之。"新妇谓仆曰："拊骖，无笞服！"车至门，扶，教送母："灭灶，将失火。"入室，见臼，曰："徙之牖下，妨往来者。"主人笑之。

此三言者，皆要言也，然而不免为笑者，蚤晚之时失也。

卷三十三　中山

魏文侯欲残中山

魏文侯欲残中山,常庄谈谓赵襄子曰:“魏并中山,必无赵矣!公何不请公子倾以为正妻,因封之中山?是中山复立也。”

犀首立五王

犀首立五王,而中山后持。齐谓赵、魏曰:“寡人羞与中山并为王。愿与大国伐之,以废其王。”中山闻之,大恐,召张登而告之曰:“寡人且王,齐谓赵、魏曰,羞与寡人并为王,而欲伐寡人。恐亡其国,不在索王。非子莫能吾救!”登对曰:“君为臣多车重币,臣请见田婴。”中山之君遣之齐。

见婴子,曰:“臣闻君欲废中山之王,将与赵、魏伐之,过矣!以中山之小而三国伐之,中山虽益废王,犹且听也!且中山恐,必为赵、魏废其王而务附焉。是君为赵、魏驱羊也,非齐之利也。岂若中山废其王而事齐哉?”田婴曰:“奈何?”张登曰:“今君召中山,与之遇而许之王,中山必喜而绝赵、魏。赵、魏怒而攻中山,中山急而为君难其王,则中山必恐,为君废王事齐。彼患亡其国,是君废其王而立其国,贤于为赵、魏驱羊也。”田婴曰:“诺。”

张丑曰:“不可!臣闻之,同欲者相憎,同忧者相亲。今五国相与王也,负海不与焉。此是欲皆在为王,而忧在负海。今召中山,与之遇而许之王,是夺五国而益负海也。致中山而塞四国,四国寒心,必先与之王而故亲之，是君临中山而失四国也。且张登之为人也，善以微计荐中山之君久矣！难信以为利。”田婴不听，果召中山君而许之王。张登因谓赵、魏曰：“齐欲伐河东。何以知之？齐羞与中山之为王甚矣，今召中山，与之遇而许之王，是欲用其兵也。岂若令大国先与之王，以止其遇哉？”赵、魏许诺，果与中山王而亲之，中山果绝齐而从赵、魏。

中山与燕赵为王

中山与燕赵为王，齐闭关不通中山之使，其言曰：“我万乘之国也，中山千乘之国也，何侔名于我？”欲割平邑以赂燕、赵，出兵以攻中山。

蓝诸君患之。张登谓蓝诸君曰：“公何患于齐？”蓝诸君曰：“齐强，万乘之国，耻与中山侔名，不惮割地以赂燕、赵，出兵以攻中山。燕、赵好位而贪地，吾恐其不吾据也。大者危国，次者废王。奈何吾弗患也？”张登曰：“请令燕、赵固辅中山而成其王，事遂定。公欲之乎？”蓝诸君曰：“此所欲也。”曰：“请以公为齐王而登试说公。可，乃行之。”蓝诸君曰：“愿闻其说。”

登曰：“王之所以不惮割地以赂燕、赵，出兵以攻中山者，其实欲废中山之王也。王曰：‘然。’然则王之为费且危！夫割地以赂燕、赵，是强敌也；出兵以攻中山，首难也。王行二者，所求中山未必得。王如用臣之道，地不亏而兵不用，中山可废也。王必曰：‘子之道奈何？’”蓝诸君曰：“然则子之道奈何？”张登曰：“王发重使，使告中山君曰：‘寡人所以闭关不通使者，为中山之独与燕、赵为王，而寡人不与闻焉，是以隘之。王苟举趾以见寡人，请亦佐君。’中山恐燕、赵之不己据也，今齐之辞云‘即佐王’，中山必遁燕、赵，与王相见。燕、赵闻之，怒绝之，王亦绝之，是中山孤。孤何得无废？以此说齐王，齐王听乎?”蓝诸君曰:“是则必听矣。此所以废之,何在其所存之矣?”张登曰:“此王所以存者也！齐以是辞来,因言告燕、赵而无往,以积厚于燕、赵。燕、赵必曰:‘齐之欲割平邑以赂我者,非欲废中山之王也,徒欲以离我于中山而己亲之也。’虽百平邑,燕、赵必不受也!”蓝诸君曰:“善。”

遣张登往,果以是辞来,中山因告燕、赵而不往,燕、赵果俱辅中山,而使其王,事遂定。

司马憙使赵

司马憙使赵,为己求相中山。公孙弘阴知之。中山君出,司马憙御,公孙弘参乘。弘曰:“为人臣,招大国之威,以为己求相,于君何如?”君曰:“吾食其肉,不以分人!”司马憙顿首于轼,曰:“臣自知死至矣!”君曰:“何也?”“臣抵罪。”君曰:“行！吾知之矣。”

居顷之,赵使来,为司马憙求相。中山君大疑公孙弘,公孙弘走出。

司马憙三相中山

司马憙三相中山,阴简难之。田简谓司马憙曰:“赵使者来属耳,独不可语阴简之美乎？赵必请之,君与之,即公无内难矣。君弗与赵,公因劝君立之以为正妻,阴简之德公无所穷矣。”

果令赵请,君弗与。司马憙曰:“君弗与赵,赵王必大怒;大怒,则君必危矣！然则立以为妻,固无请人之妻不得而怨人者也!”

田简自谓取使,可以为司马憙,可以为阴简,可以令赵勿请也。

阴姬与江姬争为后

阴姬与江姬争为后，司马憙谓阴姬公曰："事成，则有土子民；不成，则恐无身。欲成之，何不见臣乎？"阴姬公稽首曰："诚如君言，事何可豫道者！"

司马憙即奏书中山王，曰："臣闻'弱赵强中山'。"中山王悦而见之，曰："愿闻'弱赵强中山'之说。"司马憙曰："臣愿之赵，观其地形险阻，人民贫富，君臣贤不肖，商敌为资，未可豫陈也。"中山王遣之。

见赵王，曰："臣闻赵，天下善为音，佳丽人之所出也。今者臣来，至境，入都邑，观人民谣俗，容貌颜色，殊无佳丽好美者！以臣所行多矣，周流无所不通，未尝见人如中山阴姬者也。不知者特以为神，力言不能及也。其容貌颜色，固已过绝人矣；若乃其眉目准頞权衡，犀角偃月，彼乃帝王之后，非诸侯之姬也。"赵王意移，大悦，曰："吾愿请之，何如？"司马憙曰："臣窃见其佳丽，口不能无道尔。即欲请之，是非臣所敢议。愿王无泄也！"

司马憙辞去，归报中山王，曰："赵王非贤王也，不好道德，而好声色；不好仁义，而好勇力。臣闻其乃欲请所谓'阴姬'者。"中山王作色不悦，司马憙曰："赵，强国也，其请之必矣。王如不与，即社稷危矣；与之，即为诸侯笑。"中山王曰："为将奈何？"司马憙曰："王立为后，以绝赵王之意。世无请后者，虽欲得请之，邻国不与也！"中山王遂立以为后，赵王亦无请言也。

主父欲伐中山

主父欲伐中山，使李疵观之。李疵曰："可伐也！君弗攻，恐后天下。”主父曰：“何以？”对曰：“中山之君所倾盖与车而朝穷闾隘巷之士者，七十家。”主父曰：“是贤君也，安可伐？”李疵曰：“不然。举士，则民务名不存本；朝贤，则耕者惰而战士懦。若此不亡者，未之有也。”

中山君飨都士

中山君飨都士，大夫司马子期在焉。羊羹不遍，司马子期怒而走于楚，说楚王伐中山，中山君亡。有二人挈戈而随其后者，中山君顾谓二人：“子奚为者也？”二人对曰：“臣有父，尝饿且死，君下壶飧饵之。臣父且死，曰：‘中山有事，汝必死之！’故来死君也。”中山君喟然而仰叹曰：“与不期众少，其于当厄；怨不期深浅，其于伤心。吾以一杯羊羹亡国，以一壶飧得士二人。”

乐羊为魏将

乐羊为魏将，攻中山。其子时在中山，中山君烹之作羹，致于乐羊，乐羊食之。古今称之：“乐羊食子以自信，明害父以求法。”

昭王既息民缮兵

昭王既息民缮兵，复欲伐赵。武安君曰：“不可！”王曰：“前年国虚民饥，君不量百姓之力，求益军粮以灭赵。今寡人息民以养士，蓄积粮食，三军之俸有倍于前，而曰‘不可’。其说何也？”

武安君曰：“长平之事，秦军大克，赵军大破；秦人欢喜，赵人畏惧。秦民之死者厚葬，伤者厚养，劳者相飨，饮食铺馈，以靡其财；赵人之死者不得收，伤者不得疗，涕泣相哀，戮力同忧，耕田疾作，以生其财。今王发军，虽倍其前，臣料赵国守备，亦以十倍矣！赵自长平已来，君臣忧惧，早朝晏退，卑辞重币，四面出嫁，结亲燕、魏，连好齐、楚，积虑并心，备秦为务。其国内实，其交外成。当今之时，赵未可伐也！”

王曰：“寡人既以兴师矣。”乃使五校大夫王陵将而伐赵。陵战失利，亡五校。王欲使武安君，武安君称疾不行。王乃使应侯往见武安君，责之曰：“楚地方五千里，持戟百万，君前率数万之众入楚，拔鄢郢，焚其庙，东至竟陵，楚人震恐，东徙而不敢西向。韩、魏相率，兴兵甚众，君所将之卒不能半之，而与战之于伊阙，大破二国之军，流血漂卤，斩首二十四万，韩、魏以故至今称东藩。此君之功，天下莫不闻。今赵卒之死于长平者已十七八，其国虚弱，是以寡人大发军，人数倍于赵国之众，愿使君将，必欲灭之矣。君尝以寡击众，取胜如神，况以强击弱、以众击寡乎？”

武安君曰：“是时楚王恃其国大，不恤其政，而群臣相妒以功，谄谀用事，良臣斥疏，百姓心离，城池不修，既无良臣，又无守备。故起所以得引兵深入，多倍城邑，发梁焚舟以专民，以掠于郊野，以足军食。当此之时，秦中士卒，以军中为家，将帅为父母，不约而亲，不谋而信，一心同功，死不旋踵。楚人自战其地，咸顾其家，各有散心，莫有斗志。是以能有功也。伊阙之战，韩孤顾魏，不欲先用其众；魏恃韩之锐，欲推以为锋。二军争便之力不同，是以臣得设疑兵以待韩阵，专军并锐，触魏之不意。魏军既败，韩军自溃，乘胜逐北，以是之故能立功。皆计利形势，自然之理，何神之有哉？今秦破赵军于长平，不遂以时乘其振惧而灭之，畏而释之，使得耕稼以益蓄积，养孤长幼以益其众，缮治兵甲以益其强，增城浚池以益其固。主折节以下其臣，臣推体以下死士。至于平原君之属，皆令妻妾补缝于行伍之间。臣人一心，上下同力，犹句践困于会稽之时也。以今伐之，赵必固守。挑其军战，必不肯出；围其国都，必不可克；攻其列城，必未可拔；掠其郊野，必无所得。兵出无功，诸侯生心，外救必至。臣见其害，未睹其利。又病，未能行。”

应侯惭而退，以言于王。王曰：“微白起，吾不能灭赵乎？”复益发军，更使王龁代王陵伐赵。围邯郸八、九月，死伤者众，而弗下。赵王出轻锐以寇其后，秦数不利。武安君曰：“不听臣计，今果何如？”王闻之，怒，因见武安君，强起之，曰：“君虽病，强为寡人卧而将之！有功，寡人之愿，将加重于君；如君不行，寡人恨君。”

武安君顿首曰：“臣知行虽无功，得免于罪；虽不行无罪，不免于诛。然惟愿大王览臣愚计，释赵养民，以诸侯之变，抚其恐惧，伐其憍慢，诛灭无道，以令诸侯，天下可定。何必以赵为先乎？此所谓为一臣屈而胜天下也！大王若不察臣愚计，必欲快心于赵，以致臣罪，此亦所谓胜一臣而为天下屈者也。夫胜一臣之严焉，孰若胜天下之威大耶？臣闻明主爱其国，忠臣爱其名。破国不可复完，死卒不可复生。臣宁伏受重诛而死，不忍为辱军之将。愿大王察之！”王不答而去。